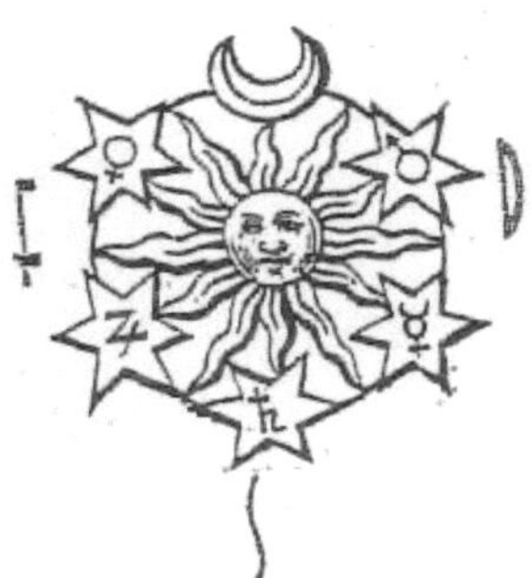

Verlag Frank-Daniel Schulten

Anton Franz Ritter von Perger

Deutsche Kräutersagen und Baumsagen

Vollständig überarbeitet von Frank-Daniel Schulten

„Krut, steine unde wort,
hant an kreften grôzen hort.“
Freidank III., 6

Verlag Frank-Daniel Schulten

Die Originalausgabe erschien 1864 im *Verlag August Schaber*, Dresden, unter dem Titel *„Deutsche Pflanzensagen, gesammelt und gereiht von A. Ritter von Perger, Professor und Scriptor der k. k. Hofbibliothek in Wien“*. Die Vorlage für diese Neuausgabe stammt aus der Sammlung Daniel Hornfisher.

Lektorat, vollständige Überarbeitung des Ursprungstextes, Ergänzungen, zusätzliche Anmerkungen, Fußnoten und inhaltliche Korrekturen: Frank-Daniel Schulten.

1. Auflage, Mai 2019.

Verlag Frank-Daniel Schulten, Iserlohn.
www.fulcanelli.de.
schulten-verlag@gmx.de
Druck: BoD GmbH, Norderstedt.

Umschlaggestaltung: Grete C. Söcker, Emden.
Coverphoto: Adobe Stock. © by “Butch”.

Printed in Germany.
ISBN 10: 3-932961-53-6.
ISBN 13: 978-3-932961-53-3.

INHALT

Einleitung

Jahrelang musste ich, wie so mancher andere, der sich den Wissenschaften weiht, in den Mauern der Stadt verweilen. Dort konnte mich dann sattsehen an den bürgerlich beliebten Akazien, an den steifen Pappeln, und ich durfte auf- und abwandeln in dem Schatten der buschigen Rosskastanien. In den Gärten begrüßten mich aber die aufgekünstelten Georginen und Pelargonien sowie großköpfige, zwergenhafte Dreifaltigkeitsblumen, die mich so wehmütig anschauten, als ob sie sagen wollten: „Sieh doch, was man uns alles angetan hat!"

Ich gewöhnte mich nach und nach an diese armen Gefangenen, konnte es aber nicht über mich bringen, mich ihnen weiter zu nähern. Die Eiche jedoch, die Buche, die stolze Tanne, die prachtvolle Fichte, ja selbst der Efeu blieben mir dort fern, und sie erschienen mir fast nur noch in meinen Träumen.

Schließlich kam aber – wie bei allen Dingen – doch eine Wendung. Durch sie wurde es mir vergönnt, wieder einige Monate im frischen, fröhlichen Grün zu leben, und schon in den ersten Maitagen war ich wieder vertraut mit der den Frühling erschließenden Primel, mit der düsteren Haselwurz, dem sonderbaren Arum und den reizenden Orchideen, die auf unseren Wiesen blühen. Die Föhren auf den steilen Kalkfelsen, die Buchen am sonnigen Hang und oben auf der Bergeskuppe die uralten Eichen, sie grüßten mich – oder vielmehr ich grüßte sie – wie liebe alte Bekannte, und ich fühlte mich glücklicher und freudiger in ihrer Umgebung als unter all den vornehmen und hochgelehrten Büchern, die mich wie ein mittelalterliches Bollwerk umgeben hatten.

Ich rief mir nun alles wieder ins Gedächtnis, was ich über die Pflanzenwelt während und nach meiner Schulzeit gelernt hatte, und dann ging es wie von selbst immer weiter und weiter. Der Garten des Hauses, in welchem ich den Sommer verbrachte, lag an einem munteren Gebirgsbach, und an seinem Ufer stand eine prachtvolle, nie von einer feindlichen Axt berührte Esche. Nirgends weilte ich lieber als an dieser einsamen, malerischen Stelle, denn dort wehte mir im Säuseln der Eschenzweige der Atem der Vergangenheit um die Stirn.

Die Esche war ja in den nordischen Mythen der heiligste aller Bäume. Er verband Himmel und Erde sowie Erde und Hölle. Seine Äste trieben durch die ganze Welt, und sie reichten sogar über den Himmel hinaus. Nur von den Nornen wurde diese Esche Yggdrasil begossen. Eine ihrer Wurzeln wuchs ins Reich der Asen, eine zu den Hrimtrusen und eine zu Hel, und unter jeder Wurzel rauschte ein heiliger Quell!

Auch vor mir rieselte der Bach, und immer lebendiger wurde die Erinnerung, immer lebhafter stiegen die Bilder des längst dahingeschiedenen Einst in mir auf. So entstand dann, fast ohne mein Zutun, der Wunsch, die vielfältigen Sagen von unseren heimischen Bäumen und Pflanzen in ein Ganzes zu fassen, um sie wie duftende Früchte dem freundlich Entgegenkommenden darzureichen.

Ich sage dem „entgegenkommenden" Leser, denn es wird wohl manchen kühlen Menschen geben, der dieses Buch nicht mit Liebe zur Hand nimmt. Was bedeuten ihm auch Sagen, was sollen ihm Pflanzensagen in einer Zeit geben wie der heutigen, wo alles nach dem sogenannten „Realen" hastet? Und doch haben diese Überlieferungen ihren realen Wert, denn abgesehen davon, dass sie größtenteils von einer mal blühenden, mal abenteuerlichen Phantasie zeugen, sind sie von großer Bedeutung für die Kulturgeschichte, ja für die Geschichte selbst, welcher sie natürlich nach Maßgabe der Umstände sogar eine gewisse Färbung, eine gewisse Kennzeichnung geben.

So gehört zu den Pflanzensagen z. B. auch der Glaube, dass man aus Blumenasche wieder neue und schönere Blumen hervorbringen könne. Schon die Templer sollen neben ihren anderen Geheimnissen auch dieses gekannt haben. Was sagt man aber dazu, wenn Fürsten der jüngeren Vergangenheit eigene Studien über diesen Gegenstand anstellten, wenn Gelehrte wie Frank von Frankenau eigene Werke über diese „Pflanzenwiedergeburt" verfassten und wenn sich selbst ein Kaiser, nämlich Ferdinand III., so ernsthaft mit dieser Sache beschäftigte, dass er den bekannten Renaissancegelehrten

Athanasius Kircher schriftlich wissen ließ, dass er und seine Weisen das Mittel besäßen, diese Neugestaltung der Pflanzen zu bewirken? Dieses Mittel bestand darin, dass man den Samen irgendeiner Pflanze zu Pulver zerrieb, mit Tau befeuchtete und zuerst in Pferdedünger und dann an der Sonne und im Mondlicht ruhen ließ, worauf sich eine Asche bildete, die man in einem oben und unten zusammengeschmolzenen Glas aufbewahrte. Hielt man dieses Glas über eine Flamme, so gestalteten sich an den Wänden Blätter, Zweige und Blumen, welche aber beim Abkühlen wieder verschwanden.[1] Es ist möglich, dass durch diese Behandlung irgendein flüchtiges Salz entstand, welches bei seiner Erwärmung Kristalle bildete, aber es ist für uns wohl unbegreiflich, dass man diese zweigartigen Kristalle für Laubwerk und Blumen halten konnte. Indes, man sah damals mit ganz anderen Augen als wie die unseren sind.

Ist es nicht, um noch etwas anderes Historisches zu erwähnen, äußerst kennzeichnend für den Geist des siebenzehnten Jahrhunderts, dass man gewisse Kräuter zur sogenannten „Passauer Kunst", das heißt zum Unverwundbarmachen gegen Hiebe und Schüsse benutzte, so wie man für das Gießen von Freikugeln Johanniskäfer [Glühwürmchen] verwendete? Man glaubte außerdem an eine Feuerwurzel, die von einem hohen Berg in Ägypten kam und welche die vortreffliche Eigenschaft besaß, vor Brandschäden zu behüten. Wenn nämlich an das Haus desjenigen, der sie besaß, Feuer gelegt wurde, so verbrannten nur die zum Anzünden herbeigebrachten Stoffe, ohne dass Latten und Balken, Heu oder Stroh von den Flammen ergriffen wurden. Hartmann[2] berichtet, dass vornehmlich die Zigeuner mit dieser Wurzel „ihre gottlosen Feuerkünste trieben."

Und sind die furchtbaren Hexenprozesse mit all ihren abenteuerlichen Begleiterscheinungen nicht historisch? Glaubten nicht selbst die damaligen hochstudierten Rechtsgelehrten fest daran, dass jene weiblichen Wesen in der ersten Mainacht auf Besenstielen und Ofengabeln zum Brocken ritten; dass sie durchs Schlüsselloch zu schlüpfen und sogar in einen Baum zwi-

[1] Frank, Palinginesie, S. 29.

[2] Neue Teufelskünste, S. 32.

schen Rinde und Holz zu dringen vermochten? Erzählt nicht schon der Satiriker Hans Sachs, dass der Teufel eine Haselrute schälte, mit welcher er einem alten Weib die bedungenen Schuhe hinreichte, damit diese Alte ihm nicht zwischen Holz und Rinde käme? Gaben sich die Ärzte und Naturkundigen jener finsteren Epoche nicht jede Mühe, um die Bestandteile jener Salbe aufzufinden, mit welcher sich die Hexen einschmierten, wenn sie durch den Schornstein ausfliegen wollten? Der weise Hieronymus Cardanus sagt, dass diese Salbe aus den Säften von Eppich, Wolfsmilch, Nachtschatten und Tormentilla bereitet wurde, die man mit Ruß vermengte, und dass diese schwarze Schmiere durch einen Zusatz von Lauch, Taumellolch und Bohnenbrühe noch mehr Kraft gewänne.

Der gelehrte Arzt della Porta zeichnete auf, dass die Hexensalbe aus irgendeinem Fett bestand, welches mit Kalmus, Pappelblättern, Helioselinum [Sonneneppich/Apium graveolens], Eisenhut, Nachtschatten und Fledermausblut gekocht wurde[3]. – Rezepte, die an Shakespeares Hexenküche erinnern und von denen der Alchemist Christoph Helwig[4] sehr richtig anmerkt, dass jene Frauen, welche ihren Leib mit solchen Salben einrieben, von den Säften des Nachtschattens, des Taumellolchs, des Bilsenkrauts und des Eisenhuts betäubt wurden und dass ihnen dann träumte, wie sie bei Nacht umherfuhren, Saitenspiel hörten, bei herrlichen Tafeln saßen und vieles mehr.

Man bereitete die Hexensalbe auch aus folgenden neun Kräutern zu: Mondkraut (Osmunda), Isenkraut (Verbena), Wodanskraut (Mercurialis), Wodansbart (Sempervivum), Liebfrauenhaar (Adianthum capillis veneris), Sonnenwende (Heliotropium), Bilsenkraut, Tollkirsche und Eisenhut, und die drei letzten Pflanzen genügen schon allein, um jemanden hirnverwirrt zu machen.

Ebenso bezeichnend ist es, dass man in jenen Tagen an gewisse Tränke glaubte, welche die Liebe erweckten, oder, was manchmal wirklich zu wün-

---

[3] Heinrich Bruno Schindler, Der Aberglaube des Mittelalters, S. 160.
[4] Zauberarzt, S. 98.

schen wäre, den Gram verscheuchen sollten. Schon in den Gudrunliedern wird ein solcher Trank des Vergessens erwähnt, denn als die schöne Gudrun um Sigurd trauert, heißt es[5]:

„Crimhild brachte
den Becher mir dar,
den kalten, herben,
dass ich des Harms vergesse."

Liebestränke waren aber schon vor Plinius bekannt, und Galenus eiferte heftig gegen den Gebrauch dieser „pocula amatoria", die aus höchst aufreizenden Substanzen bestanden und daher die übelsten Folgen nach sich zogen. So erzählt Hieronymus von Herr in seinen *„Annotationen"*, dass ein junger Mann, dem man einen solchen Liebestrank eingeflößt hatte, einen hässlichen Schorf (Echara) bekam. Die damaligen Ärzte wussten sich in diesen Fall nicht anders zu helfen, als dass sie dem armen Kranken verordneten, sechs Wochen lang Tag und Nacht aufrecht zu stehen, damit die üblen Säfte allmählich in die Füße hinabsinken sollten, und man kann sich denken, welche Qual mit einer solchen Anordnung verbunden war!

Die Arzneimittel, welche man gegen Liebestränke anwendete, waren ebenfalls mehr abergläubisch als vernunftgemäß, und es wird genügen, wenn wir sehen, dass neben dem alles heilenden Theriak[6] auch Bezoar[7], Mumie, Magnetstein, Perlmutt und selbst Perlen vergeudet wurden. Eine harmlosere Art von Liebestrank wurde aus den neunerlei Kräutern bereitet, die am Tage Maria Himmelfahrt geweiht wurden.

Dass man in jenen Tagen auch den Mond mit den Pflanzen in enge Verbindung brachte, lag sehr nahe, glaubt doch heute noch das Landvolk an seinen besonderen Einfluss: Bei Neumond soll man Heilkräuter und Tau einsammeln, weil sie zu dieser Zeit „frisch und lauter" sind. Das Gras darf

---

[5] Gudhrùnar kvidha önur., Strophe 21.

[6] Ein Allheilmittel, das aus zahlreichen Substanzen zusammengesetzt ist. Die Rezepte variieren oft sehr stark (F.-D. S.).

[7] Stein aus unverdaulichen Bestandteilen in den Mägen bestimmter Tiere (F.-D. S.).

dann jedoch nicht gemäht werden, weil es sonst beim Trocknen zu sehr zusammenfällt. Bei zunehmendem Mond soll kein Holz geschlagen werden, weil dann die Säfte im Aufsteigen sind. Außerdem sollen dann keine Gräben aufgeworfen werden, weil sie sonst bald wieder zuwachsen. Dagegen sollen alle über der Erde wachsenden Früchte bei zunehmendem Mondlicht gesät werden, und am Lechrain[8] glaubt man noch immer, dass die Früchte jener Obstbäume, welche bei wachsendem Mond blühen, ganz besonders gedeihen, da dann „die Blühkraft recht schöpfen“[9] kann.

Bei Vollmond soll gemäht werden, damit das Gras schnell zu Heu wird, auch soll dann Holz geschlagen werden, weil dessen Säfte nunmehr abwärts steigen und es daher rasch trocknet. – Der Vollmond heißt deshalb auch „Holzwadel“. Bei abnehmendem Mond sollen jene Früchte angebaut werden, die unter der Erde wachsen, nämlich Kartoffeln, Rüben usw. Man soll jetzt auch fleißig das Unkraut jäten, da in diesem Viertel alle Gewächse an Kraft abnehmen und jenes daher auch schnell verdirbt.

Nicht minder bezeichnend ist die Sage von der Springwurzel, welche sich ebenfalls schon bei Plinius findet. Er schreibt nämlich: „Demokritos hat es gesagt, und Theophrastus glaubte daran, es gebe ein Kraut, welches, wenn es von einem Vogel zu einem Baum gebracht wird, den Keil, den die Hirten hineinschlugen, durch bloße Berührung herauszieht. Hat man davon auch keine zuverlässige Nachricht, so erregt es doch die volle Verwunderung und nötigt zu dem Geständnis, dass vieles über das Gewöhnliche hinausgeht.“[10]

Plinius, der überhaupt unterschiedslos Dichtung und Wahrheit aufzeichnete, scheint also selbst an die Existenz einer solchen Pflanze geglaubt zu haben, da er sich auf so bedeutende Männer wie Demokrit und Theophrastus Eresius beruft. Konrad von Meydenberg schreibt in seinem *„Buch von der Natur“* ganz naiv: „Ein Vogel, heisset zu latein ‚merops‘ und heisset zu deutsch ‚Baumhäckel‘ (Specht) und nistet in den hohlen Bäumen, und wenn

---

[8] Region am Fluss Lech (F.-D. S.).

[9] Karl von Leoprechting, Aus dem Lechrain, 150.

[10] XXV, 5.

man seine Kinder verschlägt mit einem Zwickel (das Nestloch verspundet), so bringt er ein Kraut und hält es vor den Zwickel, so fährt der Zwickel heraus. Das Kraut heißt ‚herba meropis', d. h. ‚Baumhäckelkraut', und heißt in dem Zauberbuch: ‚chora', und es wäre nicht gut, wenn man es allgemein kennte, denn es gehen alle Schlösser damit auf."

Dieses Spechtkraut soll die Kreuzblätterige Wolfsmilch (Euphorbia latyris) sein, welche in Italien „Sferra-cavallo" genannt wird, weil ihre Wirkung auf Metalle so groß ist, dass Pferde, welche darauf treten, sogleich die Hufeisen verlieren.[11]

Man kann sie aber nur dann erhalten, wenn man beim Herannahen des Spechtes großen Lärm macht, so dass er erschrickt und die Wurzel fallen lässt. Andere breiten ein weißes oder rotes Tuch unter dem Baum aus, auf welches er die Wurzel wirft, sobald er das Nest vom Keil befreit hat.

Nach einer rabbinischen Sage verschaffte sich Salomon, als er den großen Tempel bauen wollte, den Berge spaltenden „Schamir". Er ließ das Nest eines heckenden Auerhahns aufsuchen und mit einem Kristall bedecken. Als nun der Auerhahn nicht zu seinen Jungen konnte, flog er fort, holte den „Schamir" und wollte ihn auf den Kristall legen. Da fing aber Salomos Diener so heftig zu schreien an, dass der Vogel erschrak und den „Schamir" fallen ließ.[12]

Aber nicht nur zu solch großen Dingen wie zum Zersprengen der Felsen für einen Tempelbau wurde die Springwurzel verwendet. Man zog sie auch herab ins alltägliche Leben und benutzte sie zum Zahnziehen: „Nehmt Weizenmehl und Roggen", heißt es, „mischt darunter Springwurzel, macht ein Teiglein, und legt es in den hohlen Zahn, so fällt er nach einer Weile selbst heraus."[13] – Das wäre freilich ein noch bequemeres Mittel als die heutige Betäubung durch Schwefeläther!

---

[11] Grimm, Deutsche Mythologie, 926.

[12] Altdeutsche Wälder, Nr. 89.

[13] Helwig, Zauberarzt, S. 81.

Auch in Schweden ist die Sage von der Springwurzel heimisch, dort kennt die Wurzel aber nicht nur der Specht, sondern auch die Alster, der Wiedehopf, der Rabe und die Schwalbe, und hat man diesen Vögeln ihre Eier hartgekocht, so machen sie diese mit Hilfe der Springwurzel wieder weich.[14]

Bei Owen in Schwaben soll sich auf dem Beurerberg eine Springwurzel befinden, welche das Gewitter teilt und abhält.

Gleichfalls aus einer Wurzel gebildet waren die Alraunen, die Geld und Gut ins Haus brachten und von Leichtgläubigen oft teuer bezahlt wurden. Der Glaube an den Alraun stammt von den Griechen, welche in der Mandragora eine Zauberwurzel erblickten, welche schon von der Circe benutzt wurde. Pythagoras und Dioskorides schrieben über die Mandragora, und Plinius versäumte nicht, das Seinige zu ihrem Ruf beizutragen. Josephus Flavius berichtet von einer Wurzel, deren Ausgraben so gefährlich war, dass man einen Hund an diese band und ihn so lang peitschte, bis er sie aus dem Boden zog, woraufhin er sogleich tot umfiel. Ebenso glaubt man, dass die Wurzel Dudaim, aus welcher Laban[15] seinen Hausgötzen schnitzte, jene Mandragora gewesen sei, mit der man in späterer Zeit die Sage vom Alraun verschmolz.

Diese glücksbringende Wurzel wächst nur unter einem Galgen, an welchem ein Erzdieb gehängt wurde. Sie muss jeden Freitag in rotem Wein gebadet, in ein Kleid von roter und weißer Seide gehüllt und in ein Mäntelchen von schwarzem Samt gewickelt werden. Der sorgfältig gepflegte Alraun offenbarte nun aus Dankbarkeit Verborgenes und Zukünftiges. Er vermehrte das Geld, vergrößerte die Hauswirtschaft und konnte vom Vater nicht auf den ältesten, sondern nur auf den jüngsten Sohn vererbt werden. Auch die Jungfrau von Orléans soll einen solchen Alraun gehabt haben, von dem sogar in ihrem Verhör die Rede war. Eine ausführliche Beschreibung der Alraune liegt jedoch außerhalb des Zwecks dieses Buches.[16]

---

[14] Heinrich Bruno Schindler, Der Aberglaube des Mittelalters, 187.

[15] Person aus dem Alten Testament (F.-D. S.).

[16] Vgl. Graesse, Beiträge zur Literatur, S.45 sowie meine Abhandlung über den Alraun in den *Schriften des Wiener Alterthums-Vereins*, Wien 1862.

Von der Wünschelrute, die in der Geschichte des Aberglaubens eine so bedeutende Stelle einnimmt, wird später bei der Beschreibung des Haselstrauchs das Nötigste gesagt werden.

Galten die meisten der bisher angeführten Beispiele als Belege für eine dunkle und abenteuerliche Mentalität so mancher früherer Zeiten, so erscheint dagegen die Sage, dass aus Gräbern Blumen sprießen, poetisch, denn sie birgt so viel Tröstendes, so viel Versöhnendes in sich. – Pflanzt man doch allenthalben Blumen auf die Hügel seiner Lieben, um den düsteren Hort der Verwesung durch einen freundlichen Schmuck zu umhüllen, um über der Nacht des Grabes einen neuen Frühling zu schaffen, der auf diese Weise lebhaft an das Bild einer schöneren Auferstehung erinnert! Wer pflückt nicht gerne Blumen von den Gräbern seiner Ahnen, um sie als Andenken mitzunehmen … Aber es sollen – sagt die Sage – nur solche sein, welche man selbst gepflanzt hat, denn sonst kommt der Tote nachts vorbei und fordert den Raub zurück.

Eine große Anzahl, ja, die meisten Volkslieder von unglücklich Liebenden schließen damit, dass aus ihren Gräbern Blumen und Bäume wachsen. So heißt es z. B. in dem schwedischen Lied „*Klein Rosa*“:

„Es wachsen Lilien auf beider Grab,
Sie wuchsen zusammen mit jedem Blatt. (…)
Und beider Mund eine Ros' entspross.“

Im Lied vom „*Grafen und der Maid*“ heißt es:

„Da wuchsen nach drei viertel Jahren,
Aus ihrem Grab drei Nelken[17]*.“*

In anderen Volksliedern wird erzählt, dass Veilchen, Vergissmeinnicht, Reben, Efeu, Linden usw. aus den Grabhügeln emporwuchsen. Hübsch ist

[17] Kretschmar, Volkslieder, I., 91.

auch die Vorstellung in einem litauischen Volkslied, in welchem von einem Mädchen die Rede ist, das eine Rose vom Grab ihres Jünglings bricht und sie der Mutter bringt, welche sagt:

„Das ist ja die Rose nicht,
Ist des Jünglings Seele.“[18]

Diese zarte Art der Seelenwanderung erscheint sehr häufig in Legenden. So sprießen aus den Gräbern von unschuldig Hingerichteten weiße Lilien, so wächst aus dem Hügel des Huorco wundheilender Rosmarin.[19]

Aus dem Grab eines Mädchens wuchsen drei Rosen hervor, die nur der Geliebte brechen durfte, und in dem englischen Lied von *„Schön' Margaret und William“* heißt es:

„Aus ihrer Brust eine Rose entsprang,
Eine Linde aus der seinen;
Man sah sie oben am Kirchturmknauf
Sich zum Liebesknoten vereinen.“[20]

Diese Geschichte erinnert an Tristan und Isolde, welche König Marke an verschiedenen Seiten der Kirche begraben ließ, damit sie auch noch im Tode getrennt waren. Aus ihren Gräbern wuchsen aber Efeuranken empor, die sich ineinander verschlangen.

Eine altnordische Dichtung der Tristansage erzählt, dass aus jedem der Gräber der Liebenden ein Baum so hoch aufwuchs, dass sich die Zweige beider Bäume über dem Kirchendach erreichten und ineinander verrankten. Bei Eilhart[21] endet Tristans Geschichte damit, dass König Marke auf Isoldes Grab einen Rosenstock und auf Tristans eine Weinrebe pflanzen ließ, und dass diese beiden so dicht ineinanderwuchsen, dass es unmöglich war, sie zu

---

[18] Koberstein, Fortleben, Weimarer Jahrbuch, I., 96.
[19] Grimm, Deutsche Mythologie, 1142.
[20] Percy, bei Jaimison, I., 33.
[21] Koberstein, 85.

trennen. Schließlich schildert eine andere Variante[22], dass auf Tristans Grab allein eine Rebe entkeimte, welche den Sarg Isoldes umschlang, und obschon König Marke sie abschneiden ließ, wuchs sie immer aufs Neue fort. Wie anmutig diese Sage ist, die auf eine Vereinigung der Liebenden nach dem Tode verweist, geht auch daraus hervor, dass sie sogar von dem scharfsinnigen, aber nicht wirklich poetischen Theodor Gottlieb von Hippel[23] in seinen *„Lebensläufen"* verwendet wurde, wo er von zwei Bäumen erzählt, die sich über den Gräbern eines jungen Paares umeinanderwanden.

Auch auf den Gräbern vieler Heiligen erblühten Blumen. Valvasor[24] nennt in diesem Zusammenhang den Heiligen Marianus, den Heiligen Eusebius sowie den Heiligen Vitalis in Salzburg. Rosen blühten im Winter ans den Gräbern des Alexander Martyr, des Heiligen Rufin, des Heiligen Julian, des Heiligen Aciphelus und der Heiligen Victoria.[25]

Sankt Joscio starb in Verzückung, weil er die Heilige Maria so sehr verehrte. Deshalb wuchsen aus seinem Mund fünf Rosen mit den fünf Buchstaben MARIA darauf. Aus dem Mund des Heiligen Wilhelm von Montpellier blühte „durch das Grab hindurch" eine Lilie, auf welcher die Worte „Ave Maria" zu lesen waren. Auch aus dem Grab des Heiligen Andreas von Rinn spross eine Lilie mit Buchstaben, die man aber nicht enträtseln konnte. Ein mutwilliger Knabe aus dem Geschlecht der Pögler brach sie und brachte dadurch so viel Unglück über sein Haus, dass selten ein Pögler eines natürlichen Todes starb.[26]

Nach der Himmelfahrt der Mutter Gottes wuchsen ebenfalls Blumen aus ihrem Sarg.

Bemerkenswert ist ebenfalls, dass auch nach Schlachten Blumen auf dem Kampffeld wuchsen. So kündet das altfranzösische Gedicht von der

---

22 Hagen, Minnesinger, 4, 605.
23 Hippel, Sämtliche Werke, III, 185.
24 Krain, II, 558.
25 Menzel, Christliche Symbolik, II., 284.
26 Zingerle, 136.

Schlacht bei Ronceveaux, dass Karl der Große zu spät kam, um seine Getreuen zu retten. Aber den Tod Rolands und seiner Gefährten rächte er dadurch, dass er den Sarazenen die vollständige Niederlage zufügte. Nun sollten die Toten begraben werden, aber wie konnte man die Christen aus diesem ungeheuren Leichenhaufen herausfinden? Da befahl Karl der Große seinem ganzen Heer inbrünstig zu beten, und siehe, am nächsten Morgen war durch jeden Sarazenen ein Dornbusch gewachsen! Bei den Leichen der Christen waren dagegen zwei weiße Blüten aufgekeimt.[27] Stricker gibt dies in seinem Gedicht von Karl dem Großen auf folgende Weise wider[28]:

„Unz die naht ein ende nam
und der vil liehte tac quam (…),
die kristen wâren gescheiden,
betâlle von den heiden
und lâgen beide sunder.
Zwei ungeliche wunder
sach man an in beiden;
durch jeslichen heiden
der da ze tôde lac erslagen
was gewahsen ein hagen,
und waren alle gestalt
als sie waeren sehs jar alt.
Sus lagen die unwerden
gezwicket zu der erden.
Die kristen lagen hin dan,
da fach man jeslichem man
bi sinem houpte stân
eine wize bluome wolgetân."

Auch nach der berühmten Schlacht bei Sempach entsprossen Blumen, besonders an jener Stelle, an welcher Herzog Leopold erschlagen wurde. Man bewahrte eine solche Blume noch im sechzehnten Jahrhundert im

---

[27] Monin, Dissert. sur le Roman de Roncevaux, p. 52.
[28] Ausgabe von Bartsch, V., 10845.

Schloss Tirol in einer Schachtel mit aufgeleimten Zetteln auf, in welcher auch eine Urkunde lag, in der unter anderem stand:

„Ich, Ludovicus zu Käss, Pfarrherr zu Sempach, tue kund ... da sein fürstlich Gnad erschlagen und sein Leib erfunden worden, ist desselben Jahrs ein großer schöner plumb (Blume) auf derselben walstatt gefunden und erfunden worden, als ich solches von viel der elteren miner unterthanen und kirchgenossen gehört. Und ist der vermeldt plum voll kleiner plumli, mit rotten plettlin auswendig, und das inwendig pizlin weiß geferbt gesin.“[29]

Es ist aus dieser einfachen Beschreibung nicht zu bestimmen, was dies für eine Blume sein könnte. Es wurden zu Sempach aber noch an zwei Stellen derartige Gewächse aufgefunden. Malleolus Felix[30] berichtet auch diesen Fall und schreibt, dass die eine dieser Blumen von so wundervoller Schönheit und von so ungewöhnlicher Größe war, wie dies noch keines Menschen Sohn gesehen habe, und dass sie zum Andenken in der Kapelle von Sempach aufbewahrt wurde. Wie sie übrigens von hier ins Schloss Tirol kam, davon fand ich keine Kunde.

Nach altgermanischem Glauben galt – ebenso wie bei den Griechen – die gesamte Natur als belebt.[31] Die Pflanzen besaßen Empfindungsvermögen, die Tiere konnten sprechen, Götter, Geister und Menschen verwandelten sich in Pflanzen, aus Blumenkelchen wuchsen Kinder, und die Bäume wurden von den Iwidien (Dryaden) bewohnt. Freya nahm allen Gewächsen den Eid ab, dass sie den geliebten Balder schonen sollten, Trauernde klagten ihr Leid den Bäumen und den Wäldern. Die Göttin Nanna galt als Beherrscherin der gesamten Pflanzenwelt. Sie war die Tochter des Knospenfürsten Nep, und der Zwerg Litr erschuf die Farben der Blumen.[32]

Deshalb ist auch der Reichtum unserer Pflanzensagen so groß, und weil sehr viele aus identischen Quellen stammen, findet man, wenn auch mit

---

29 Brandis, Landeshauptleute von Tirol, S. 137.

30 De nobilitate, c. 26.

31 Grimm, Deutsche Mythologie, 613.

32 Menzel, Mythologie, 70.

großen Abweichungen, dieselben Sagen oft in den entferntesten Gegenden wieder. Und viele dieser Sagen haben überdies noch die Besonderheit, dass sie einen Übergang oder eine Vermittlung zwischen der Heidenzeit und dem Christentum bilden, wovon sich besonders bei den Bäumen manches anführen lässt.

Ich habe meinen lange gehegten Wunsch, diese Sagen zu sammeln, nun endlich ausgeführt, weil ich schon immer den heimischen Pflanzen zugetan war; weil ich, wie schon zuvor erwähnt, nie glücklicher bin, als wenn mich Wiesengrün und Waldesduft umgeben. Außerdem erschienen mir bei meinen *„Studien über deutsche Pflanzennamen"*, welche in die *„Denkschriften der k. k. Akademie zu Wien"* aufgenommen wurden, diese Pflanzensagen neben der ernsten Forschung in der Tat wie lebendige Blüten.

Daran gewöhnt, die Pflanzen stets nach ihren natürlichen botanischen Einteilungen zu betrachten, musste ich auch die Sagen auf dieselbe Weise ordnen. Ich denke, dem Botaniker und Pflanzenfreund dürfte das am liebsten sein, weil er dadurch die Pflanzen am leichtesten auffinden kann, und weil die Pflanze nicht an die Sage, die Sage aber stets an die Pflanze gebunden ist.

Von Vollständigkeit spreche ich nicht, denn am Ende erlaubt selbst das umfangreichste Werk immer noch eine Ergänzung. Ich erwähne nur noch, dass ich dieses Buch weniger für die eigentlichen Fachleute der Sagenforschung schreiben wollte. Es soll allein für jene sein, welche Sinn und Gemüt dafür haben, die Natur mit dichterischem Blick zu betrachten. – Menschen, die in der Eiche kein bloßes Stück Werkholz erblicken; die nicht alles „Unkraut" nennen, was nicht „Kohl" oder „Rübe" heißt, und die noch einen Anklang jener belebenden Innerlichkeit besitzen, die nach und nach selten zu werden scheint.

Mir ist so wohl, während ich dies schreibe! Draußen in der tiefen Dämmerung fallen die bleichen Schneeflocken nieder. Die Dächer, die Straßen sind weiß, und es ist bitterkalt, wie immer zur Zeit der Christnacht. Aber hier in der Stube ist es so heimelig, so still, die Lampe brennt so geräuschlos, der Ofen wärmt so behaglich. Gegenüber im Haus zünden die Eltern gerade die Kerzen am Weihnachtsbaum an, und am Nebenfenster sieht man die Schatten der Kinder, die voll entzückender Erwartung keinen Augenblick still stehen können. – Dies ist die richtige Zeit für Sagen!

Der Jahreskreis

Um zuerst ein allgemeines Bild, einen gewissen Überblick über die weltliche und kirchliche Verwendung der Pflanzen zu Festen und Feierlichkeiten zu geben, ist es zweckmäßig, das ganze Jahr mit seinen wichtigsten Tagen ins Auge zu fassen.

Überall und in allen Epochen übten die Jahreszeiten ihren Einfluss auf das häusliche Leben aus. Weder die Bewohner der alten germanischen Wälder noch der heutige Deutsche – der vielleicht fern von aller Natur lebt und ganz den künstlichen Genüssen der Großstadt hingegeben ist – kann diesen Einflüssen vollkommen entgehen. Für das Landvolk sind sie aber von der größten Wichtigkeit, und lange bevor es Astronomen gab, hatte die einfache Beobachtung gelehrt, dass mit dem Erscheinen eines Gestirns oder mit dem Verschwinden oder Kommen eines Sternbildes ein Wechsel in der Tageslänge, in der Temperatur, im Aufkeimen der Pflanzenwelt usw. stattfindet. Wir alle sind daran gewöhnt, das Jahr nur nach den Einteilungen des Kalenders zu betrachten. Bei den Naturmenschen, die sich ohne eine solche Einrichtung behelfen mussten, dürfte aber wohl jener Tag als der Anfang des neuen Jahres gegolten haben, an welchem die Wintersonnenwende eintrat. Es ist ja allenthalben zu bemerken, dass die Sonne im Winter an einer ganz anderen Stelle der Berge oder des Waldes untergeht als im Hochsommer. Man gab deshalb vielen dieser markanten Örtlichkeiten eigene Namen. So haben wir in unserem Hochgebirge den Sonnenwendstein, den Sonnleitstein usw., welche den dortigen Anwohnern noch immer als astronomische Bezugspunkte gelten.

Aus jener Vorzeit mag auch die Sitte stammen, den Obstbäumen durch ein Ritual Gedeihen und einen größeren Ertrag an Früchten zu verschaffen. Diese Feste scheinen eine Art Tanz gewesen zu sein, wie er bei Naturvölkern fast bei jeder Gelegenheit stattfindet, da er die einfachste Weise bietet, dem Ansinnnen einer ganzen Gesellschaft Ausdruck zu verleihen. An manchen Orten, z. B. in der Umgebung von Hildesheim, ist es noch immer Sitte, dass die Knechte in der Silvesternacht in die Obstgärten gehen, um jeden einzelnen Baum tanzen und dabei rufen:

„Freue ju Böme,
Nijahr is kômen
dit Jahr ne Kare vull,
up et Jahr en Wagen vull!“[33]

Dadurch glaubten sie, den Baum dazu zu bringen, dass er anstatt eines gefüllten Karrens einen ganzen Wagen voll Obst tragen soll. Weil dieser Tanz aber nicht immer fruchtet, haben sie noch einen anderen Brauch: Sie holen nämlich stillschweigend, während die Glocken zur Bestattung eines Toten läuten, einen großen Stein aus dem Bach und legen ihn zwischen die Zweige des Baumes. Dass diese Zweige dann fruchtbarer werden als andere, zeigt sich oft. Aber weder das Stillschweigen noch das Totengeläut nehmen irgendeinen Einfluss darauf. Es ist vielmehr der Druck, den der Stein auf die Zweige ausübt. Dadurch wird nämlich der Zufluss der Säfte vermehrt. Man beugt auch Zweige von Pfirsichbäumen und anderen künstlich nieder, damit die Früchte reichlicher und schöner werden. Auch die Blätter der Runkelrüben biegt man nach unten, belastet sie, damit die Rüben an Größe und Saft gewinnen. – Ein Mittel, das, obwohl es so alt und nützlich ist, doch nur wenigen Gärtnern bekannt ist.

An anderen Orten ist es Sitte, in der Neujahrsnacht Strohseile um die Stämme der Obstbäume zu winden, und in der Altmark wird vor dem Auf-

---

[33] Seifart, Hildesheim, II., 182.

gang der Neujahrssonne in den Gärten geschossen, damit die Bäume reichlich tragen sollen.[34]

Bei den Römern war es Sitte, ihren Freunden als Strena (Neujahrsgeschenk) Baumzweige zu senden, deren frisches Grün als Zeichen des neu begonnenen jungen Jahres dienen sollte. Im Übrigen war aber der Winter nicht die Zeit, in welcher man sich mit der Pflanzenwelt näher beschäftigen konnte, da sie mit Ausnahme der Nadelbäume gänzlich erstorben schien.

Erst im Februar, nämlich in der Nacht von Mathias (23. Februar) findet eine Art Pflanzenorakel statt. Dann winden nämlich die Mädchen im Obergischen zweierlei Kränze, die einen aus Stroh und die anderen aus Efeu und Sinngrün, und sie gehen damit zu einer Quelle. Dort tanzen sie bei Fackelschein, singen die Schwingtags[35]-Feierlieder und gehen dann rücklings zur Quelle und versuchen, einen Kranz zu erhaschen. Wer einen Kranz aus Efeu oder Sinngrün ergreift, hat Glück, ein Strohkranz gilt dagegen als düsteres Vorzeichen. Natürlich geht es bei diesem Orakel ausschließlich um Herzensangelegenheiten.

Das Immergrün

Das Sinngrün, Immergrün oder Ingrün (Vinca minor) musste schon in sehr früher Zelt dadurch auffallen, dass seine Blätter im Winter ebenso saftig und frisch blieben, wie sie es im Sommer waren. Der so gerne deutelnde Mensch erblickte daher in ihnen ein Sinnbild der Beständigkeit und Treue. Dazu kommt noch, dass die Pflanze blaue Blüten trägt und dass diese Farbe die Ewigkeit symbolisiert. Das Sinngrün war also besonders den Jungfrauen geweiht, und seine Blüten wurden „Jungfrauenkronen" genannt. Die Mädchen schmückten sich damit, wenn sie zum Tanz gingen, und in manchen Gegenden wurde keine Jungfrau, kein Junggeselle ohne einen Kranz aus Sinngrün begraben, da dieser als Zeichen der Reinheit und Unsterblichkeit galt. Man glaubte außerdem, dass ein solcher Kranz das Antlitz vor Verwe-

---

34 Temme, Sagen der Altmark, 83.

35 Das sind Tage, an denen im Sommer der Flachs geschwungen wurde (F.-D. S.).

sung schützte und lange Zeit die Kenntlichkeit konservierte. Der einst sehr berühmte Botaniker Hieronymus Bock erzählt, dass er im Jahre 1535 sah, wie ein schon vor langer Zeit bestatteter Leichnam ausgegraben wurde, der mitsamt seinem Sinngrünkranz noch völlig unversehrt war – vermutlich, weil sich das Grab in sehr trockenem Sandboden befand.

Wegen ihrer „Reinheit" wurde die Pflanze auch gegen Zauber und Liebestränke gebraucht und deshalb an schönen Maiabenden gesammelt. Sie stand auch in Ansehen wegen ihrer Heilkraft bei Wunden und gegen Darmgicht[36] der Kinder. Zu letzterem Zweck nahm man drei Schößlinge Sinngrün, drei Erdbeerstöcklein, eine Handvoll Salz und ebensoviel Brotrinde, machte ein Bündlein daraus und legte es dem Kind unter den Rücken ins Bett.[37]

Schließlich kann man durch Sinngrün auch in Erfahrung bringen, wer ein Unhold ist, und zwar auf folgende Weise: Man muss im Namen des Bösen einige Sinngrünzweige pflücken, gießt dann Öl in eine Pfanne und lässt es heiß werden. Nun nimmt man ein Sinngrünblatt, nennt dazu den Namen eines Verdächtigen und wirft das Blatt ins siedende Öl. Bleibt dieses Blatt in der Pfanne, so nimmt man ein zweites, nennt einen anderen Namen und fährt damit so lange fort, bis ein Blatt aus der Pfanne herausspringt. Jene Person, deren Name dabei genannt wird, gilt nun als Unhold.[38]

Der Efeu

Der Efeu war bei den Griechen dem Bacchus geweiht, und er soll aus Griechenland nach Italien und von dort nach Deutschland gekommen sein, wo er vollkommen einheimisch wurde, so dass man ihn in allen Wäldern findet. Als Dionysos geboren war, schützte ihn eine schnellwachsende Efeuranke vor den eifersüchtigen Blicken der Hexe. Der Efeu wurde auch zum Flechten der Dichterkränze verwendet, vor der Zeit, als Daphne in

---

36 Koterbrechen (F.-D. S.).

37 Zeitschrift für deutsche Mythologie, IV., 107.

38 Anzeiger für Kunde deutscher Vorzeit, 1854, S. 36.

einen Lorbeerbaum verwandelt wurde, und noch Horaz singt in seiner ersten Ode:

> *„Mich gesellet Efeu, der Kranz des Dichterhauptes, den*
> *Göttern.“*

Auch bei den Frühchristen besaß der Efeu wegen seines Ausdauerns im Winter eine hohe Wertschätzung, denn sie legten ihre Leichen auf Efeuranken. Im Mittelalter aber verlor er an Ansehen. Man betrachtete ihn, wenn er an einem gestürzten Baum fortgrünte, höchstens als Sinnbild eines treuen Dieners, der seinen gefallenen Herrn nicht verlässt. Christoph Helwig[39] schreibt, dass, wer mit Löffeln isst, die aus Efeuholz geschnitzt sind, vor Halsweh und Diphterie geschützt ist, und er wiederholt die schon von den Römern vertretene Ansicht, dass Efeulaub die Berauschung verhütet.

Ansonsten wissen nur noch Jäger zu erzählen, dass sich die Wildschweine mit Efeu heilen, wenn sie verwundet sind, und dass die Bache, wenn die Stunde naht, in welcher sie ihre Jungen zur Welt bringt, diese Pflanze verzehrt, damit sie leichter gebiert. Diesen Beobachtungen zufolge hing man auch finnigen[40] Hausschweinen einen Efeuzweig um den Hals. Der Efeu schützte diese Tiere auch vor Verzauberung, weshalb man auch das Sankt-Antonius-Schwein mit einem Efeukranz geschmückt dem Schlächter entgegenführte.[41] Den Efeu, welcher in der griechischen Mythologie so häufig auftaucht, kann man daher als einen „gefallenen Giganten“ betrachten, und er wurde erst in neuester Zeit wieder beachtet, wo man ihn am Fenster und in Töpfen zieht, um im Winter noch etwas Grün vor sich zu haben. Nur in Frankfurt am Main wird er noch einigermaßen geehrt, denn der Eschenheimer Turm, der unter Ludwig dem Bayern im Jahre 1364 erbaut wurde, ist ganz mit Efeu umwachsen und bildet dadurch eine altertümliche Zierde der Stadt. Man wollte den Turm schon mehrmals abtragen, aber einer Sage zu-

---

[39] Zauberarzt, S. 48 und 84.

[40] Mit Hautausschlag behaftet (F.-D. S.).

[41] Montanus, Deutsche Volksfeste, 154, 171.

folge darf kein Stein davon weggenommen werden, bis die herrlichen Efeuranken die Wetterfahne des Turmes erreichen.[42]

Aufgrund der Winterruhe der Pflanzen ist die gesamte Schneezeit von Januar bis Ostern nicht sehr reich an Bräuchen, die mit Bäumen und Kräutern in Verbindung stehen. Man beschneidet lediglich in der Fastnacht die Obstbäume, damit sie vor Raupen geschützt sind, und behängt sie, wie in der Neujahrsnacht, mit Strohseilen. Selbst die Weiberfastnacht in der Eifel gehört nur insofern hierher, als bei diesem lärmenden Fest ein Baum gefällt wird: Die Weiber müssen an diesem vor Fastnacht liegenden Tag den schönsten Baum im Wald fällen und versteigern. Von dem Erlös kaufen sie sich dann ein Fässchen Wein, das auf einen von Kühen gezogenen Wagen gelegt und unter allerlei Schabernack durchs Dorf geführt wird, woraufhin die Gesellschaft ins Wirtshaus zieht und bis in die Nacht feiert.[43]

Der Gründonnerstag geht auf ein heidnisches Frühlingsfest zurück, und an vielen Orten Deutschlands ist es noch Sitte, dass man an diesem Tag irgendetwas Grünes als Salat oder Gemüse auf den Tisch bringt. Früher stellte man Tannenreiser oder Stecheichenzweige vor die Tür und speiste Gemüse von neunerlei Kräutern, oder man hackte diese klein und buk sie mit Eiern zu einem Kuchen. Wer davon aß, war vor Bezauberung geschützt. Der Gründonnerstag ist aber besonders zum Anpflanzen geeignet. Alles an diesem Tag Gesäte ist vor Ungeziefer geschützt, und Lein und Bohnen sind, an diesem Tag angebaut, vor dem Erfrieren gefeit.

Auch für den Karfreitag, diesen in kirchlicher Hinsicht so wichtigen Tag, fand ich nur wenig auf unseren Zweck Bezügliches. Im Fricktal glaubt man, dass ein Schatz, der in einem Wald verborgen ist, am Karfreitag nur von einem Kind gesehen werden kann. So ging einst ein armer Mann aus Kaisten mit seinem achtjährigen Knaben in den Haardwald, um dürres Holz zu sammeln. Der Knabe sollte indessen Wieden [Binderuten] zum Binden der Büschel suchen, da sah er plötzlich einen Mann vor sich stehen, der in einer

---

[42] Enslin, Frankfurter Sagen, 39.

[43] Zeitschrift für deutsche Mythologie, I., 89.

Wanne „Gold wusch“. Der Knabe hob die herabgefallenen Stücke auf und brachte sie seinem Vater, der sie sogleich als Goldstücke erkannte und den Mann suchen wollte, der aber nicht mehr zu sehen war.[44]

In Schwaben soll man am Karfreitag (das altdeutsche Wort „chara“, „kar“, bedeutet „Trauer“) keine Hülsenfrüchte essen, weil man davon Geschwüre bekommt. Außerdem machen Erbsen, die in der Karfreitagnacht gesät wurden, unsichtbar. Man muss sie aber in einen mit Erde gefüllten Totenkopf stecken und diesen Schädel unter der Dachtraufe der Kirche vergraben. Nimmt man dann eine der aus dem Schädel gewachsenen Erbsen in den Mund, so wird man von niemandem gesehen.

Ein sonderbarer Brauch herrscht im Schwarzwald: Dort wird am Karfreitag um zwölf Uhr nachts die Stube sorgfältig mit einem neuen Besen gekehrt und dieser anschließend auf einen Kreuzweg gelegt, so dass sich dort am Morgen ganze Haufen solcher Besen finden, die niemand anzurühren wagt, bis sich allenfalls ein Fremder ihrer erbarmt. Es scheint, dass man dadurch die letzten Reste der wilden Faschingszeit entfernen will und daher selbst das Werkzeug dieser Reinigung opfert, damit der daran hängende Unrat nicht wieder ins Gemach gebracht wird.[45]

Der Karfreitag gilt auch als jener Tag, an welchem die Bäume am besten zu impfen sind. Außerdem erkennt man an diesem Tag auch die Hexen und schneidet zu diesem Zweck um drei Uhr morgens, der Marterstunde des Heilands, aus einer Sal-Weide [Salix caprea] eine Gerte. Diese bindet man sich um den bloßen Leib und geht dann in die Kirche, wo man sieht, wie alle Weiber, welche Hexen sind, mit dem Rücken zum Pfarrer sitzen und mit dicken Strohzöpfen behängt sind.

---

[44] Bircher, 56.

[45] Meier, Sitten in Schwaben, I., 389.

Der Palmzweig

An dem Tag, an welchem Christus in Jerusalem einzog (Markus-Evangelium, 11,8) kam ihm das Volk entgegen, breitete Kleider auf dem Boden aus und begrüßte ihn mit Palmzweigen. Deshalb findet auch am Sonntag vor der Karwoche die Palmenweihe statt. Da bei uns die Sahl-Weide der erste Strauch ist, welcher Blütenkätzchen bildet, so benutzt man ihre Zweige anstatt der Palmblätter. Aber es scheint der eigentliche Ursprung dieses kirchlichen Rituals beim Landvolk ziemlich in den Hintergrund getreten zu sein, da mit den geweihten Palmbüschen mancher Aberglaube getrieben wird: So steckt man beispielsweise den Palmbusch ins Fenster, damit keine Hexe zaubern kann. Naht ein Gewitter, so wirft man drei Palmkätzchen ins Herdfeuer, damit der Blitz nicht einschlägt. Wer am Palmsonntag drei solcher Kätzchen verschluckt, bekommt das ganze Jahr über weder Halsweh noch Fieber, auch brennt ihm das Haus nicht ab. In Niederbayern schneiden die Knechte aus der Rinde der Palmweide vier Riemen. Sie lassen sie am Palmtag weihen, legen sie am Ostersamstag in Form eines Drudenfußes [= Pentagramm] zusammen und nageln sie ans Bett, weil dadurch die Druden vertrieben werden.[46]

Sollte der Palmbusch aber von ganz besonderer Wirkung sein, so mussten auch zusätzlich Zweige der Mistel, des Sevenbaums, des Wacholders und der Stecheiche dazu genommen und dies alles an einen frisch geschälten Haselstecken gebunden werden. Im bayerischen Hochland steckte man den Palmstab nach der Weihe in den Gemüsegarten. Nach der Ostermesse jedoch beeilte sich jeder, so schnell wie möglich in den Garten zu kommen, denn wer den Palmstock auszog und ins Haus brachte, bekam ein „Voraus zum Osterlamm", nämlich einen stattlichen Schinken und rote Eier.[47]

Will man wissen, wer zuerst im Haus stirbt, pflückt man so viele Blätter vom Palmbusch wie Personen im Haus wohnen, bezeichnet jeden mit dem betreffenden Namen und wirft sie alle zugleich in die Glut. Jenes Blatt, wel-

---

[46] Friedrich Panzer, Bayerische Sagen und Bräuche, II., 163.
[47] Ludwig Steub, Das bayerische Hochland, 37.

ches zuerst verbrennt, zeigt denjenigen an, der zuerst auf den Friedhof wandern wird.

Es war natürlich, dass sich die christlichen Priester bemühten, alles mit Stumpf und Stiel auszurotten, was ans Heidentum erinnerte, und es gelang ihnen auch zum Großteil, nur konnten sie die beiden uralten Worte „Ostern" und „Weihnacht" nicht verdrängen. Das Wort Ostern stammt vom althochdeutschen „ôstar", altnordisch „austr", welches die Richtung gegen Sonnenaufgang bezeichnet, und die Göttin des Lichtes und des Tages war Ostara. Die Weihnacht bekamen wir aber von den heidnischen „Wihinächten" und dem „Julfest". Im Kloster Corvay ist ein altsächsischer Bardenchoral erhalten, den wir beim Thema „Ostern" nicht übergehen dürfen. Er lautet:

„Eostar, Eostar,
eordhan modor,
geune these
acera vaxeandra
and virdhendra,
ea cinendra,
eluiendra,
frida him!
That his yrdh si gefridhold,
And heo si geborgun,
As is halige
The on hoef enum sint."

Ostara, Ostara,
Der Erde Mutter,
lasse diesen
Acker wachsen
und grünen,
ihn blühen,
Früchte tragen,
Frieden ihm!

Dass seine Erde sei gefriedet,
und sie sei geborgen,
wie die Heiligen,
die im Himmel sind.[48]

Aus diesen Versen geht hervor, welch großen Einfluss man der Göttin Ostara auf den Feldbau zuschrieb, und dass ihr zu Ehren einst bedeutende Feste abgehalten wurden. Unser Ostern fällt aber gewöhnlich noch zu früh ins Jahr, um Anlass zu ländlichen Feierlichkeiten zu geben, bei denen Blumen verwendet werden können. Auch gingen fast alle älteren Bräuche in dem christlichen Auferstehungsfest unter. Nur an manchen Orten besteckt man noch Bäume, besonders Linden, mit Lichtern und tanzt einen Reigen um ihren Stamm. Unweit des Berges Meißner im Hessischen befindet sich eine Höhle, welche der „Hohle Stein" genannt wird. Zu ihr bringen am zweiten Ostertag die Jünglinge und Mädchen der naheliegenden Dörfer Blumensträuße, und sie schöpfen dann aus der dort befindlichen Quelle Wasser. Ohne Blumen zu bringen wagt sich aber niemand dorthin. Vielleicht hängt dieser Brauch mit einer längst entschwundenen Verehrung der Höhlenjungfrau (Perahta) zusammen, vielleicht aber auch mit einem Wasserkult (des Nibus).

Der Maibaum

Unzählige Male wurde der Mai besungen, und er wird, weil immer neue Menschen nachkommen, noch unzählige Male besungen werden, denn er ist der eigentliche Jugend-, Jubel- und Auferstehungsmonat, welcher schon von Karl dem Großen den Namen „Wonnemond" erhielt. Wohl überall in ganz Deutschland und weit darüber hinaus ist der Maibaum bekannt, und zwar seit undenklichen Zeiten. Er ist umso gewisser heidnischen Ursprungs, als der Heilige Bonifazius, der Heilige Ludgerus und andere gegen ihn eiferten. In Irland heißt der Mai noch „mina beal-tine", der Monat des Gottes Beel oder Baal. Auch später erschienen zahlreiche Verordnungen gegen den Maibaum, besonders in Bayern, z. B. von Pfalzgraf Philipp Wilhelm nach

[48] Montanus, I., 28.

Ende des Dreißigjährigen Krieges. Die oberpfälzische Polizeiordnung vom Jahre 1657 untersagte ihn als ein „unflätig unchristlich Ding". Kurfürst Karl Theodor wollte das nächtliche Mailäuten und die Maibäume bei nichts geringerem als Kerker und Prügel abgeschafft wissen, und auch der *„Codex Maximilianus"* schritt dagegen ein. Aber trotz allem ließ sich das Volk seinen Maibaum nicht nehmen, und der kunstsinnige König Ludwig, welcher solche Volksfeste liebte, gab schließlich selbst die Erlaubnis zu dieser Feier, die neben ihrer Altehrwürdigkeit so sehr in der Natur begründet liegt. Wann sonst soll sich der Mensch seines Daseins freuen, etwa im Winter, wo das ganze leblose Land vor Kälte starrt, wo auf den Feldern nur Krähen schreien und Storch, Schwalbe und Wachtel entflohen sind? Und wisst ihr, weshalb der Mai so häufig besungen wird? – Weil er so viel Stoff zum Besingen gibt! Da ist der fröhlich wachsende Tag, die warme, aber noch milde Sonne, da sind die grünenden Wälder, die zahllosen Blumen und Blüten, da zwitschert und singt es auf jedem Baum, da bauen Nachtigallen und Finken ihre Nester, da fühlt sogar der Fisch ein anderes Regen und eilt aus dem Meer die Flüsse hinauf, und aus jeder Hecke tönt das Lob der Natur. Selbst der melancholische Uhu wird sentimental und sucht sich sein Liebchen, und der Mensch sollte diese Zeit nicht feiern? Freilich mag es bei manchem Maifest, besonders in frühesten Tagen und wenn der Wein zu wirken begann, etwas wild zugegangen sein, aber das gab keinen Grund, ein Fest zu verbieten, das nur geregelt, nur geadelt werden musste, um einen wahren Glanzpunkt im Jahreskreis zu bilden.

Verständige Priester erlaubten sogar, dass am ersten Mai die Kirche mit grünen Zweigen geschmückt wurde, und der Küster tat dann das Seine hinzu und ahmte auf der Orgel den Ruf des Kuckucks nach, des eigentlichen Frühlingsverkünders, was der Andacht der Gemeinde gewiss keinen Abbruch tat, da sie dadurch lebhaft an all die herrlichen Genüsse erinnert wurde, welche sie der jugendlichen Jahreszeit verdankte.

Der Maibaum, meist eine hohe schlanke Tanne oder Fichte, deren Wipfelzweige man stehen lässt, während man den restlichen Stamm glatt abschält, wird an vielen Orten in der Abenddämmerung des letzten Apriltags aufgerichtet, damit er schon am frühesten Morgen des ersten Mai von allen

Punkten des Dorfes gesehen werden kann. Die Krone ist mit Bändern, Schnupftüchern, mit einer Flasche Wein, mit Wurst und einem Schinken behangen. Diese fallen jenem Burschen als Preis zu, der den glatten Baum bis zum Gipfel erklettert. Im bayerischen Hochland schmückt man den Baum auch mit Wappen, Inschriften, Fahnen und Kränzen, und man bringt, wahrscheinlich weniger aus Andacht, sondern um den Ortsgeistlichen für diese Sache zu gewinnen, die Marterwerkzeuge Christi daran an. Unten aber werden vier Armbrüste in Richtung der vier Himmelsrichtungen befestigt, ein Brauch, der noch aus der Zeit des Heerbanns stammt, demzufolge jeder Bauer seinem Lehnsherren mit dem Bogen in den Krieg nachziehen musste.[49]

Der Maibaum bleibt in manchen Orten nur vierzehn Tage stehen, anderswo jedoch, z. B. in Schwaben, das ganze Jahr lang, woraufhin er dann verkauft und das eingelöste Geld vertrunken wird. Außer diesem, der ganzen Gemeinde gehörenden, Maibaum, gibt es noch andere Maien. So setzt der Bursche einen mit Äpfeln, Backwerk und Bändern gezierten Maien, der aus einer jungen Birke oder Tanne besteht, vor die Tür oder das Kammerfenster seiner Liebsten. In manchen besonders frommen Orten Schwabens bekommt sogar der Pfarrer einen Maibaum. Die größte Auszeichnung ist es aber, wenn die gesamten Burschen eines Dorfes einem Mädchen einen Maibaum setzen. Denn dies geschieht nur dann, wenn es vollkommen tugendhaft und bei jedermann beliebt ist, und je höher der Baum ist, der hierzu gewählt wird, desto größer ist ihre Ehre. Es liegt etwas sittlich Schönes in dieser öffentlichen und allgemeinen Anerkennung. Als Gegensatz zu dieser Auszeichnung pflegen die Burschen am Lechrain liderlichen Dirnen dürre Bäume vor die Tür zu setzen. Sie sind mit alten Lappen oder mit einem Strohmann (Tattermann), der in zerrissenen Gewändern steckt, behangen sind.[50]

Sehr hübsch ist auch der in manchen Gegenden ausgeübte Brauch, dass am ersten Mai die Eltern und Lehrer mit den Kindern in den grünenden

---

[49] Ludwig Steub, Das bayerische Hochland, 41, 63.

[50] Karl von Leoprechting, Aus dem Lechrain, 177.

Wald gehen, um hier die Ankunft des Frühlings mit Liedern und Spielen zu feiern. In Welzheim (Schwaben) pflegt man zu Ehren der Tochter oder der Magd des Hauses die Maien auf den Düngerhaufen zu stecken, vermutlich weil man hier auf die große Wichtigkeit des Düngers verweist, welcher der wahre Schatz des Bauern ist. Man pflanzt dort auch auf den Dünger so viele Birken wie Rinder, und so viele Tannen, wie Pferde auf dem Hof leben, wahrscheinlich in dem Glauben, dass dies dem Vieh wohl bekommt, so wie man in Irland am ersten Maiabend jede Kuh über brennendes Stroh oder brennenden Reisig springen lässt.

In manchen Gegenden finden im Mai eigene Festzüge statt. So erscheint z. B. in Thüringen der geschmückte Maikönig mit der Maibraut. Neben ihm gehen der ganz in grüne Reiser gehüllte Laub-Bischof und der Wilde Mann, der von oben bis unten mit Moos umwickelt ist und eigens aus dem Wald abgeholt wird.[51]

In Hildesheim und anderen Orten wurden eigene Mai-Ritte unter Anführung des Mai-Greves[52] gehalten, der vom Magistrat dazu gewählt wurde. Lauenstein beschreibt diesen Mai-Ritt, der in Hildesheim bis zum Jahr 1760 stattfand, als Augenzeuge. Man sandte zuerst einen mit vier Pferden bespannten Wagen in den Wald hinaus, um so viele Birkenzweige zu holen, wie die Pferde ziehen konnten. Kam dieser „Mai" aus dem Holz, so wurde er vom Mai-Greve und seinen Genossen, die alle hoch zu Ross waren, sowie von den Stadtsoldaten begrüßt, und die letzteren feuerten ihre Gewehre ab. Dann ging man zum Frühstück. Nach dem Essen wurde der „Mai" mit Musik und Flintenschüssen in die Stadt geführt, und der mit einem Maikranz gezierte Mai-Greve verteilte nun an alle bedeutenden Persönlichkeiten der Stadt und auch an die Kirchen die mitgebrachten Maienzweige. Nach den beendeten Festlichkeiten führte der Magistrat den Mai-Greve bei Trompeten- und Paukenschall vom Rathaus in den Ratskeller und bewirtete

---

51 Sommer, 180.

52 Greve = Dorfvorsteher. (F.-D. S.).

ihn. Das Amt des Mai-Greves konnte aber nur ein Sohn reicher Eltern übernehmen, weil damit Würde und großen Kosten verbunden waren.[53]

Auch im Hessischen existierte eine solche Maifeier, die mittlerweile aber nur noch von Knaben abgehalten wird.

Selbst bei der Gesellschaft der Hanse fand ein Maienzug statt, aber von ganz besonderer Art. Es wurden nämlich in der Stadt Bergen die Lehrlinge der Hanse in Booten zur nächsten Hüttung geführt, wo sie Maienzweige schneiden und bis zum Abend bleiben mussten. Während ihrer Abwesenheit richteten die Aufseher das sogenannte „Paradies“ ein. Sie schlossen dazu einen bestimmten Raum des Hofes durch Teppiche ab und brachten eine Bank und mehrere Rutenbündel herein. Abends kamen die Knaben mit den Maien, und sie pflanzten Tannen in dem freigelassenen Hofraum, und am nächsten Tag gab es im Garten Schmaus und Mummenschanz. Jeder Knabe trug dabei seinen Maien in der Hand und bekam zu guter Letzt ein Glas Wein. Dann hielt man ihnen eine Rede und erwähnte dabei ein Spiel, das nun an die Reihe kommen sollte, fügte aber hinzu, dass derjenige, der sich nicht getraue, dieses Spiel mitzumachen, aus der Hanse austreten könne, was eigentlich bedeuten sollte, dass, wer sich weigerte, das Spiel mitzumachen, aus der Hanse ausgeschlossen wurde. Die armen Jungen versprachen nun alles und baten um eine gnädige Behandlung. Dann kam der Narr des Mummenschanzes und holte einen nach dem anderen in das „Paradies“, wo man sie auf die Bank legte und mit Ruten blutig peitschte, wobei die Trommel gerührt und die Zimbeln geschlagen wurden, damit man ihr Geschrei nicht hörte. Dieses grausame Maifest endete mit einem Abendschmaus, bei welchem die Gegeißelten bedienen mussten. Wagte es aber einer von ihnen, sich aus Schmerz oder Ermattung niederzusetzen, so wurde er zur Strafe am nächsten Tag ins Wasser geworfen. – Dies alles sollte zur Abhärtung dienen![54]

---

[53] Lauenstein, Geschichte von Hildesheim, V. sowie Seifart, Hildesheim, I., 129.
[54] Sartorius, Geschichte der Hansa, Nr. 384.

Mit den Maienzweigen, so harmlos sie eigentlich waren, trieb man auch Aberglauben und steckte sie in alle Winkel des Hauses, um die Hexen und bösen Geister zu verscheuchen.

Das Maiglöckchen

Da vom Mai die Rede ist, muss nun auch des jungfräulichen Maiglöckchens (Convallaria majalis) gedacht werden, welche der Göttin Ostara geweiht war und die gewiss eine der zierlichsten unserer heimischen Pflanzen ist. Sie brachte Glück in der Liebe, deshalb heißt es auch in der *„Bedeutung der Blumen"*, aus der wir noch oft zitieren werden: „Wer sein lieb mit freuden anefahet und er hofft noch große freude zu entphaenn, der sollt mayblumen tragen."[55]

Auch die legendäre Weiße Frau erschien zuweilen mit Maiglöckchen, und der greise Burgvogt Kuno auf Sebenstein erzählte mir, dass er sie einst mit einem Strauß dieser Blumen bei Mondschein in der Burgkapelle gesehen hatte. Er fertigte von dieser Erscheinung, an die er fest und steif glaubte, eine Zeichnung an, an die ich mich, obwohl seitdem schon viele Jahre verflossen sind, noch genau erinnere.

Im Schloss zu Wohlfartsweiler liegt ein Schatz verborgen, wegen dem alle sieben Jahre eine weiße Jungfrau mit einem Strauß von Maiglöckchen erschien[56], und merkwürdigerweise mussten gewisse Grundstücke einzelner hessischer Dorfschaften, z. B. zu Orpheröde, jährlich einen Strauß Maiglöckchen als Steuer entrichten. Es ist schade, dass der Ursprung dieser Sitte nicht bekannt ist. Vermutlich lebte einst ein sehr guter Lehnsherr, der von armen Leuten keinen Zins nehmen wollte, und der sich deshalb nur einen Maiglöckchenstrauß bedingte.

Als die poetische Betrachtung der Blumenwelt verschwand und die Quacksalberei vorherrschend wurde, war das Maiglöckchen nicht mehr die

---

[55] Grimm, Altdeutsche Wälder, I., Nr. 20.

[56] Grimm, Deutsche Mythologie, 914.

Lieblingsblüte einer Göttin, sondern sie trug nach damaliger Sprachweise „die Signatur des Schlaganfalls", nämlich „weil ihre Blumen wie Tropfen niederhängen." Pflückt man sie vor Sonnenaufgang und noch vom Tau benetzt und gießt Malvasier darüber, so erhält man das berühmte „*Aqua apoplectica Hartmanni*", ein Mittel gegen den Schlaganfall![57] – Welch ein phantasiearmes Zeitalter war es, in welchem man die Heilkräfte der Pflanzen, die sogenannten „Geisterlein" oder „Signaturen", also aus der äußeren Gestalt von Kraut und Blume erkennen wollte! So heißt es unter anderen: „Kringelrunde Kräuter wie Wermut, Odermennig und Gauchheil helfen gegen die Krankheiten des Kopfes. Feinblättrige wie Spargel und Fenchel helfen den Haaren. Blumen, deren Gestalt an ein Auge erinnert, wie z. B. Maaslieb, Rose, Augentrost, nutzen den Augen. Quendel und Eisenhut tragen das Zeichen des Ohrs, der Ampfer hat die Signatur der Zunge, und weil die Nessel Brennspitzen trägt, muss sie das Stechen im Inneren des Leibes heilen." So trieb man damals die Heilkunst, und man weiß nicht, ob man sie nicht noch einfältiger, noch abenteuerlicher als den geistlosesten Aberglauben nennen soll, besonders, weil bei ihr die Gesundheit und das Leben auf dem Spiel stehen!

Der Pfingstkönig

Pfingsten brachte wieder ein eigenes Fest, und zwar das des Wasservogels, welches sehr verbreitet war und das ebenfalls aus sehr grauer Vorzeit stammt. Sein Abschluss besteht darin, dass irgendjemand ins Wasser geworfen wird, in welchem er sich zum Vergnügen aller so lange abmüht, bis es ihm gelingt, wieder das Ufer zu erreichen. In Bayern wurde derjenige Knecht, der am Pfingstmontag am spätesten austrieb, von den übrigen Burschen ergriffen und in den Wald geführt, wo sie ihn ganz in grüne Zweige einhüllten, auf ein Pferd setzten und mit ihm in Begleitung der ganzen Dorfschaft zum nächsten Teich ritten, wo sie ihn vom Ross herab – feierlich ins Wasser warfen![58]

---

[57] Helwig, Zauberarzt 53.

[58] Schmeller, I., 320.

Michael Denis schreibt, dass auch in Österreich die Dorfjungen einen aus ihrer Mitte als Pfingstkönig mit grünen Zweigen bekleideten, ihm das Angesicht schwärzten und ihn in den Bach warfen.[59] In neuerer Zeit scheint dieser Brauch weit um Wien herum gänzlich verschwunden zu sein.

Zu Wössingen in Schwaben wurde der Pfingstzug mit besonderer Feierlichkeit abgehalten: Sieben Burschen hielten dabei einen Wettstreit ab, bei welchem Preise verliehen und zugleich bestimmt wurde, wer den Wasservogel darstellen musste. Der erste Reiter, der ans Ziel kam, erhielt einen mit Bändern geschmückten Baum, der zweite ein Schwert, der dritte einen Geldbeutel, der vierte einen Eierkorb, der fünfte einen Schmalztiegel, der sechste aber ging leer aus und musste der Wasservogel sein, und der siebte, als der schlechteste Reiter, war der Knecht des Wasservogels und musste dessen Pferd führen.[60]

Es gab bei diesem Ritt stets mach lustige Szene, besonders zwischen den beiden letzten Reitern, von denen natürlich keiner der Wasservogel werden wollte, weil jeder das unfreiwillige Bad und das Ausgelachtwerden scheute.

Was die einstige Bedeutung dieses Bades war, ist nicht mehr genau zu bestimmen, doch mochte es zu einem alten Wasserkult gehören und als eine Art Opfer oder Weihe gegolten haben, die man der Gottheit des Regens darbrachte. Vielleicht sollte aber der Wasservogel, der stets mit Laub verhüllt und dessen Gesicht durch Schwärzen unkenntlich gemacht war, einen „Wilden Mann" (Waldmann, Walddämon) darstellen, den man, um sich seiner zu entledigen, ins Wasser warf. Solche Wilden Männer, mit einem entwurzelten Baum in der Hand und mit dem Laubgürtel um die Lenden, findet man auch in Wappen und als Schildhalter. Grimm[61] merkt an, dass es der Nachforschung wert wäre, wann dieser Waldmann zuerst in ein Wappen aufgenommen wurde.

---

59 Denis, Lesefrüchte, I., 130.

60 Friedrich Panzer, Bayerische Sagen und Bräuche, II., 88.

61 Mythologie, 454.

In neuerer Zeit wurde das Ganze nichts weiter als lediglich ein Schabernack, bei welchem man seinem Mutwillen an irgendeinem Missliebigen freien Lauf ließ, welcher der Gewalt der Menge nicht widerstehen konnte und am besten gute Miene zum bösen Spiel machte. Da man an manchen Orten den faulsten Knecht dazu bestimmte, so wie man beim Heimtragen des Grases das trägste Mädchen mit Wasser beschüttete, so wandelte sich auch der Name „Wasservogel" in den gemeineren Ausdruck „Pfingstlümmel", den man oft auch als Schimpfnamen hört. In Preußen heißt der „Wasservogel" auch „Pfingstkamm" oder „Pfingstmaier", und an einigen Orten Bayerns wird er „Pfingstquack" genannt.

In anderen Bezirken wird der lebendige Wasservogel durch eine Puppe ersetzt, so z. B. in Holzheim (Schwaben). Hier wird der Strohmann mit weißen Schmalzblumen (Ranunculus aconitifolius?) und mit Wasservogelblumen (Caltha palustris) umschlungen, welche häufig von weit hergeholt werden müssen und, wenn sie gar nicht zu finden sind, durch Erdweizen (Polygonum Fagopyrum) ersetzt werden. Diese blumengeschmückte Puppe nimmt ein Bursche vor sich aufs Pferd, und der Zug derjenigen, die den Wettritt mitmachen wollen, schließt sich an. Vor jedem Haus wird ein Spruch aufgesagt, und wer bei dem Wettritt der Erste ist, gewinnt den Wasservogel, den er dann seiner Schwester, Braut oder Geliebten schenkt, welche man die „Pfingstbraut" nennt. Der Wasservogel wird dann auf dem Giebel ihres Hauses aufgestellt und bleibt bis zum nächsten Pfingsten dort.[62]

In der Altmark, besonders in Serbien, nimmt das Ganze eine andere Wendung: Hier wird die Wasservogel-Puppe mit Feldblumen bekränzt. Sie bekommt eine aus Erlenholz geschnitzte Tabakspfeife in den Mund und wird auf eine scheckige Kuh gesetzt, die man ins Dorf treibt, wo aber alle Häuser verschlossen werden und jeder sie von sich fortjagt, bis schließlich durch das viele Hin- und Herlaufen der Kuh die Puppe herabfällt oder zerstört wird. Dem Wasservogel will hier also niemand Eintritt vergönnen.[63]

---

[62] Friedrich Panzer, Bayerische Sagen und Bräuche, II., 86.
[63] Kuhn, 316.

Im Fricktal werden zu Pfingsten Laubreiser in Pyramidenform um zwei Reifen geflochten. In diesen Pfingstkorb, an dessen Spitze ein Blumenstrauß steht, schlüpft ein Knabe und trägt ihn auf den Achseln und geht, ganz von ihm verdeckt, ins Dorf. Dorthin begleiten ihn drei Knaben, die aus sogenannten „Pfingsthörnern" blasen, die aus Weidenrinden gewunden sind. Nach dem Umzug im Dorf bekommen die Knaben ein Glas Wein, und dann wird der Pfingstkorb auf den zentralen Dorfbrunnen gestellt und von den übrigen Knaben des Ortes im Sturm erobert.[64]

Am Züricher See flochten die Knaben zu Pfingsten, während sie badeten, eine große Garbe aus Markbinsen (Juncus maximus), setzten ihr einen ebenfalls aus Binsen gewundenen Schwanenkopf und Schwanenhals daran und zogen diesen Pfingstschwan auf der Limmat[65] bis zum Schützenplatz, wo ihnen ein Trunk gereicht wurde.[66]

In Holland wurde noch in jüngerer Zeit ein kleines Mädchen, genannt die „Pinxterbloem" (Pfingstblume), in einem Wägelchen sitzend, von alten Weibern herumgeführt, die um eine Gabe baten – der letzte ärmliche Überrest des einstigen Feierzugs der herrlichen Göttin Ostara.

Der Fronleichnamstag oder Gottesleichnamstag fällt stets auf einen Donnerstag (Thors Tag). Er wurde früher am Gründonnerstag gefeiert. Man verlegte ihn aber im dreizehnten Jahrhundert auf Pfingsten, weil er vor Karfreitag nicht recht passend war. Der Umzug mit dem Leib des Herrn wird in allen katholischen Gemeinden mit großer Feierlichkeit abgehalten. Es werden vier Altäre errichtet, und Jung und Alt und überhaupt jeder, der nicht krank ist oder ein unabweisliches Geschäft hat, schließt sich dem Zug an, und das ganze Dorf scheint auf einmal in einen Garten verwandelt zu sein: Vor jedem Haus sind stattliche Baumzweige in Reihen aufgepflanzt, und die Straßen, durch welche sich der Zug bewegt, werden mit frischem Gras be-

---

64 Rochholz, Kinderlieder, 508.

65 Fluss in der Schweiz (F.-D. S.).

66 Escher, Zürichersee, 150.

streut. Die Mädchen und Knaben tragen Kränze, die Altäre sind überreich mit Blumen geschmückt. Es ist vielleicht, besonders für die Jugend, das freudigste Fest des ganzen Jahres, und es wird durch die Fülle von Laub und Blüten zu einer wahrhaft erhebenden Feier. Nur sollte man das Fronleichnamsfest nicht in Großstädten besuchen, denn hier wird es zu prächtig gefeiert, hier tritt der Aufwand zu sehr in den Vordergrund. – Es stellt nicht länger dar, wie alles dem Einzigen huldigt, sondern es dient nur noch zum Prunk der Massen. Ich sah den Fronleichnamszug in Wien, ich sah ihn zu München, in Berlin an der katholischen Kirche, ich sah ihn zu Rom, ich war selbst bei der herrlichen Infiorata zu Genzano[67]. Nirgends jedoch fühlte ich mich so tief berührt wie einst in einem unserer Gebirgsdörfer, wo man, weil die Leute arm waren und nicht viel Geld für Fahnen, Altarteppiche, Leuchter usw. hatten, Wald und Flur geplündert hatte, wo also jedes Haus, jedes Tor, jedes Fenster mit Blumengewinden geschmückt war, wo sich der wahrhaft andächtige Zug schlängelnd unter uralten Linden den Berg hinaufwand, von dem aus der Priester, unter zehnfach widerhallenden Böllerschüssen, das ganze Tal segnete! Auch für den Nichtkatholiken liegt etwas Ergreifendes in dieser schönen Feier, weil hier gleichsam die ganze Natur bei ihr mitfeiert.

Wird mit den Palmbüschen viel Aberglauben getrieben, so bleiben die Fronleichnamskränze von allem Missbrauch rein. Es geht nur die Sage, dass sie wegen ihrer Heiligkeit allen Zauber vernichten. So war einst der Knecht des Sternwirts zu Meran durch eine Hexe aus Rache in einen Mülleresel verwandelt. Er bekam aber seine natürliche Gestalt sogleich wieder, als es ihm gelang, einen Fronleichnamskranz zu erhaschen.[68]

Die Kräuterweihe

Nach diesem reizenden Fest gibt es erst einmal eine Pause. Aber der fünfzehnte August, der Tag Maria Himmelfahrt, ist von großer Wichtigkeit, denn bei dieser Feierlichkeit werden in der Kirche die Kräuter geweiht, und

[67] Ein regionales Blumenfest (F.-D. S.).

[68] Zingerle, 309.

dieser Tag heißt daher „Krautweihtag", „Sankt Mariae Würzweihe", „Büschelfrauentag", „Unser lieben Frauen Ehrentag" usw., und mit ihm beginnt am Lechrain der „Frauendreißigst", der mit dem Tag der Kreuzerhöhung (14. September) endet. Auf den Tag Maria Himmelfahrt freuen sich alle Kräuter, und sie blühen schöner, sie haben auch eine weit größere Heilkraft als zu anderen Zeiten. Das zu weihende Kräuterbüschel muss aus neunerlei Kräutern bestehen, nämlich:

1) aus Odinskopf [Alant], der dem Bild der Sonne ähnelt und die Mitte des Buschs einnehmen soll (Inula Helenium);
2) aus Hirschkraut [Wasserdost], mit dem sich verwundete Hirsche heilen (Eupatorium cannabinum);
3) aus Baldrian (Valeriana celtica);
4) aus Beifuß (Artemisia vulgare);
5) aus Eberraute (Artemisia abrotonum);
6) aus Wermut (Artemisia absinthium);
7) aus Labkraut, welches die Hexen fürchten (Galium verum);
8) aus Alpranken (Solanum dulcamara) und
9) aus Rainfarn, auch „Tannkraut" und „Muttergottesstab" genannt (Tanacetum vulgare).

Glaubte man, dass diese Kräuter noch nicht genügten, so konnte man noch Schafgarbe und Weinraute und zur Zierde etliche Gartenblumen beifügen. All diese Kräuter mussten am Donnerstag vor Maria Himmelfahrt vor Sonnenaufgang und ohne Messerschnitt gesammelt werden. Man wählte dazu die schönsten und reichsten Blüten, und der Strauß, der oft so dick war, dass man ihn kaum mit einer Hand umspannen konnte, musste dreimal mit Alpranken gebunden sein. An anderen Orten erhöhte man die Anzahl der Kräuter auf fünfzehn, nämlich: Himmelbrand (Verbascum), der in der Mitte stecken musste, Mooskolben (Typha), Bibernell (Pimpinella), Hartheu (Hypericum perforatum), Glockenblume (Campanula ranunculoides), Teufelsabbiss (Scabiosa succisa), Kümmel (Carum carvi), Geschwulstkraut (Mentha sylvestris), Mühlkraut (Tanacetum vulgare), Raute (Ruta graveolens), Unseres Herren Krone (Scirpus), Kraftwurz (Carlina acaulis), Liebstöckel (Levisticum), Teufelsklatten (Solanum dulcamara) und Fünffingerkraut (Potentilla).[69]

Ja, man fand in vielen Gegenden selbst diese Zahl noch nicht ausreichend und band Sträuße von nicht weniger als siebenundsiebzig Kräutern, in deren Mitte der Himmelbrand ebenfalls als Hauptpflanze steckte. Zu diesen Kräutern gehörte nebst den schon genannten: der Frauenmantel (Alchemilla), die Jungfer im Grünen (Nigella) [Schwarzkümmel], der Mohn, die Wegwarte (Cichoreum), der Frauenschuh (Cipripedium oder Lotos), Brennende Liebe [Scharlachlichtnelke/Lychnis chalcedonica], Schildkraut (Clypeola), Ochsenzunge (Anchusa) usw. Im Fricktal wurden den neun Kräutern der Stechapfel (Datura stramonium) beigegeben. Im Lesachtal (Kärnten) lässt am Tag Maria Himmelfahrt jeder Bauer ein Büschel Blumen und Alpenkräuter vom Pfarrer einsegnen, und der Brauch dieser Weihbüschel soll dadurch entstanden sein, dass einst zu einer jungen Hirtin ein grüngekleideter Fremder kam, der sie durch seine Schmeicheleien betören wollte. Sie bemerkte, aber, dass sein Rücken „hohl" war – ein Kennzeichen des Bösen, das in Sagen öfter erwähnt wird –, und sie erzählte deshalb diese Begegnung dem Pfarrer des Geiltals. Er riet ihr, sich freundlich zu stellen und den „Gangerl" auszufragen, was ihm doch am allerunangenehmsten sei. Der verliebte Teufel ging in die Falle und nannte die Eberraute, den Widerton [Widertonmoos, Polytrichium] und den Speik (Lavandula spica). Das Mädchen sammelte sogleich diese Pflanzen und ließ sie vom Pfarrer weihen. Als der Böse wiederkam, machte er bei dem Anblick dieses Straußes ein furchtbares Gepolter und verschwand unter Feuer und Flammen.

Solche geweihten Büsche oder Sangen [Ährenbüschel] helfen gegen die Verzauberung des Viehs: Im Fricktal legte man sie in den drei höchsten Namen (Gott Vater, Sohn und Heiliger Geist) in den Ziegelofen, damit der Brand gelingt. Im Achental (Tirol) bedient man sich eines geweihten Strau-

---

[69] Montanus, Volksfeste, I., 40 sowie Karl von Leoprechting, Aus dem Lechrain, S. 190.

ßes von Ehrenpreis, Odermennig, Widerton, Gundelrebe und Raute, um eine Hexe erscheinen zu lassen.[70]

Naht am Niederrhein ein Gewitter, so wirft die Hausfrau einige Stengel dieses Buschs auf den Kohlenherd und schließt die Tür, damit der Rauch nicht entweichen kann und der Blitz nicht einschlägt. Am Lechrain werden diese Sangen gegen den Wetterschlag auf dem Dachboden aufbewahrt, und in den Rauchnächten[71] wird mit ihnen in den Ställen geräuchert. An anderen Orten hängt man sie direkt über dem Vieh auf und lässt sie dort bis zur nächsten Kräuterweihe. Von diesen neunerlei Kräutern soll man am Gründonnerstag auch essen, damit man vor Fieber geschützt ist. Johannes Praetorius, ein Autor des 17. Jahrhunderts, berichtet von diesen neunerlei Kräutern:

„Doch kann ich mich erinnern, dass Anno 1658 ich gleich auf Johannis Tage allhier bei Leipzig, mit einem Paar guter Freunden spazieren und herbatim gegangen, von welchen mir einer sagte, wie er erstlich von einem Quacksalber gehöret hätte, dass damalen unlängst eine brocksbergische Hexin sei verbrannt worden, welche bekannt, dass sie allen hätte schaden mögen, nur zween Bauern nicht im Dorf, welche neunerlei Kräuter in ihren Häusern gehabt, die sie am Sonntag gesammelt hätten, solche aber sollen folgende gewesen sein, wie ich sie mit dem Namen Johannes abgefasset:

Iarum (Arum).
Origanum (Dosten).
Herba benedicta (Segendistel).
Allium (Knoblauch).
Nigella (Jungfer im Grünen).
Nabelkraut (Potentilla).
Excrementa diaboli (Asa foetida).
Suceisa (Scabiosa succisa).[72]

---

[70] Zeitschrift für deutsche Mythologie, III., 36 sowie 342.

[71] Winternächte, in denen Schutz- und Reinigungsräucherungen durchgeführt werden. Siehe auch S. 47. (F.-D.S.).

[72] Rockenphilosophie, 503.

Man sieht hier, dass diese neunerlei Kräuter auch am Johannistag gesammelt werden konnten. Zugleich gibt dieses Akrostichon einen Hinweis auf die wissenschaftlichen Spielereien jener Zeit, durch wdie manche alten Überlieferungen vernachlässigt wurden, deren Aufzeichnung gewiss mehr wert gewesen wäre als dieses ziemlich abgeschmackte Spielen mit leeren Formen.

Die Sonnenwendfeuer des Johannistages sind allbekannt. Man warf Beifuß und Eisenkraut (Verbena) hinein, blickte durch die Blüten des Rittersporns (Delphinium) in die Flammen, damit die Augen das ganze Jahr gesund blieben, und warf dann die ganze Pflanze in die Glut, damit alles Unglück mit ihr verbrenne.[73]

Man beklebte auch die Gläser der Laternen mit Mohnblüten, damit das Licht schön rot hindurchschien, und bei Kelberg, nahe Passau, grub man am Johannistag eine Wurzel aus, die vor dem Biss der Hunde schützte. In Hessen schneidet man zur Johannisfeier Maien, ziert den Tanzplatz damit, und die Mägde schmücken die Brunnen mit Blumen.

Am Tag Maria Himmelfahrt findet auch der sogenannte „Flurgang" oder „Eschgang" statt, nämlich das Segnen der Felder. Der Priester des Ortes geht am Morgen dieses Tages mit der gesamten Gemeinde in die Felder hinaus, die zur Dorfschaft gehören. Er gibt ihnen seinen kirchlichen Segen, damit sie besser gedeihen sollen, und er liest an Stellen, wo genügend Platz ist, so dass sich das Volk um ihn scharen kann, einige Sätze aus den vier Evangelien vor. Zum Abschluss spricht er den Wettersegen.

Ich war vor ungefähr sechzehn Jahren selbst bei einem solchen „Felderbesegnen", und zwar bei Rannersdorf nahe Wien. Das Wandeln des Zugs durch die Felder, das Singen der Chorknaben, die wehenden Fahnen und die schöne, bergige Ferne machten das Ganze zu einem sehr beeindruckenden Anblick. In neuester Zeit scheint sich dieser Brauch, ebenso wie das

73 Grimm, Deutsche Mythologie, 585.

gleichfalls an diesem Tag geübte Einweihen der Häuser und Gehöfte gänzlich zu verlieren, woran die vielen Fabriken, die jetzt überall, besonders in ebenen Gegenden, erbaut werden, einen großen Anteil haben. Sie nehmen dem Land seine Ländlichkeit und ernähren eine Bevölkerung, die nicht in der Lage ist, sich den Sitten der ursprünglichen Bewohner anzuschließen.

Die Weinlese

Nun naht der Herbst, und mit ihm kommt das Winzerfest, welches nach der Weinlese stattfindet und aus Tanzen und Schmausen besteht. Dieses recht laute Fest, wie man denn auch schon während der Lese jauchzte und Pistolen oder Flinten abfeuerte, steht mit der umgebenden Natur wenig in Beziehung. Einzig die Weinhüter tragen große Sträuße auf den Hüten, die in jüngster Zeit aber größtenteils aus Flitterblumen bestehen, welche diese Burschen von ihren Mädchen zum Geschenk erhielten. Ich will hier lediglich anmerken, dass diese Weinhüter, welche als Abzeichen einen Säbel um die Achsel tragen und ein bebändertes Kuhhorn zum Tuten mit sich führen, in den Dörfern rings um Wien am Sankt-Laurenz-Tag (10. August), bevor sie ihren Dienst antraten, einen festlichen Umzug hielten. Bei ihm spielte der Weinhüterkranz die Hauptrolle. Die Hüter, angetan mit allen Abzeichen ihrer Würde, versammelten sich im Gemeinde-Wirtshaus. Den Zug eröffneten die Gerichtsdiener des Dorfes in vollem Ornat. Dann kamen sechs bis zehn Spielleute, unter denen der Posaunist nicht fehlen durfte. Hierauf folgten zwei Weinhüter, welche an einer geschmückten Querstange den Weinhüterkranz trugen. Dieser Kranz hatte ungefähr drei Schuh[74] Durchmesser, war bis zu zehn Zoll[75] hoch und aus Weinlaub, Buchs oder Wacholder geflochten und mit Äpfeln und vergoldeten Nüssen besteckt. Oben zogen sich sechs grüne Bögen hin, an welchen sich die breite Bandschleife befand, mittelst welcher der Kranz an die Querstange gebunden wurde. An den unteren Enden dieser Bögen hingen große Büschel von Seidenbändern, und mitten im Kranz war eine prachtvolle Traubendolde befestigt. Hinter dem

[74] 1 Schuh oder Fuß = ca. 28 - 32 cm (F.-D. S.).

[75] 1 Zoll = ca. 2 – 3 cm (F.-D. S.).

Kranz folgten die übrigen Hüter mit vollen Weinflaschen, um deren Flaschenhälse sie ihre Schnupftücher geschlungen hatten, damit sie die Flaschen im Kreis schwingen konnten. Die Hüter wurden von ihren Schwestern, Freundinnen, Brüdern usw. begleitet, und der ganze Zug ging unter Jauchzen zum Ortsgericht, wo er vom Richter empfangen und dann ein Ehrentrunk gereicht wurde. Nachdem die Förmlichkeiten beendet waren, trug man den Hüterkranz ins Wirtshaus zurück, wo er über einem besonderen Tisch aufgehängt wurde, der für die Hüter frei bleiben musste. Seit dem Jahr 1848, das für die Erhaltung alter Bräuche nicht sehr förderlich war, ist der Zug mit dem Weinhüterkranz weitgehend verschwunden, weshalb ich hier die Gelegenheit nutze, diese Zeilen seinem Andenken zu widmen.

Herbst und Winter

Das Allerheiligenfest wurde im vierten Jahrhundert von der Ostkirche gestiftet. Der Heilige Chrysostomus schrieb seine zweiundsiebzigste Homilie für diesen Tag, der im achten Jahrhundert auch in Deutschland, England und Frankreich eingeführt wurde. Um das Jahr 740 verlegte Gregor III. ihn auf den ersten November, an dem bei den meisten neu bekehrten (keltischen?) Völkern noch immer ein großes heidnisches Fest stattfand, welches durch die Feier aller Heiligen verdrängt werden sollte. In Finnland fand ein solches Fest noch im vorigen Jahrhundert zu Ehren Kauris, des Gottes der Winde, statt. – Der November heißt bekanntlich auch der „Windmonat“.

Der nachfolgende Tag, Allerseelen, wurde vom Abt Odilo von Cluny gestiftet, weil die von Jerusalem heimkehrenden Pilger, als sie am feuerspeienden Ätna vorüberfuhren, in dessen Krater das jämmerliche Geschrei der armen Seelen gehört hatten, für deren Erlösung nun allgemein gebetet werden sollte. In unseren Tagen ist der Allerseelentag besonders dem Andenken an die Verstorbenen gewidmet. Deshalb zieht man auch schon vor dem Allerheiligentag auf die Friedhöfe hinaus, um die Gräber vom Unkraut zu befreien und mit Blumen zu schmücken, wobei jedoch in dieser späten Jahreszeit nicht viel Wahl bleibt. Das Sinngrün, die Ringelblume, die Levkoje und der Goldlack sind am häufigsten anzutreffen, doch verwendet man auch Buchszweige und Efeu, und im Gebirge auch den Wacholder. Die

Strohblume (Immortelle) wird mit Sinngrün zu großen Kränzen geflochten, welche bei uns den ganzen Winter über auf dem Grabhügel liegen oder um das Grabkreuz geschlungen bleiben. Am Lechrain setzt man auch die roten Fruchtbüschel der Eberesche zur Zierde rings um das Grab.

Am Andreasabend finden bei den Mädchen Orakel statt, nämlich das Bleigießen, das Schwimmenlassen der Schiffchen, das Pantoffelwerfen usw. Hier sind nur zwei solcher Orakel anzuführen, nämlich jenes, dass die Mägde nachts in den Holzschuppen gehen und dort im Dunkeln einen Scheit hervorziehen. Ist dieses Scheit gerade, so bekommt sie einen hübschen, ist es aber verbogen, so wartet ihrer ein hässlicher oder ein krummer Mann.[76]

Das zweite Orakel besteht darin, dass die Mädchen, ebenfalls im Dunkeln, in den Obstgarten eilen, um einen Zweig abzupflücken, welcher dann in Wasser gesteckt wird. Blüht er schnell und reichlich, so deutet es auf eine baldige Heirat hin.

Auch am Barbaratag (4. Dezember) holt man an vielen Orten Zweige von den Obstbäumen, besonders von Kirschen, und stellt sie im Zimmer in Wasser. Entwickeln sie rasch ihre Knospen und kommen sie bald zum Blühen, so bedeutet dies ein fruchtbares Jahr. Dieses Ritual ist nicht ohne Grund, denn da sich sowohl die Blatt- als Blütenknospen für das nächste Jahr schon im Herbst ansetzen, kann man auch aus der größeren Anzahl der einen oder der anderen auf mehr oder weniger Obst schließen. An manchen Orten müssen diese Barbarazweige aber zuerst geweiht werden, weshalb man sieht, wie sie von alten Frauen an den Kirchenpforten verkauft werden. Werden die Zwetschgenbäume in der Thomasnacht tüchtig geschüttelt, so tragen sie reichlich.

Die vier Rauchnächte, nämlich die Nacht vor dem Thomastag [21. Dezember] und die drei Nächte vor Weihnachten, Neujahr und Dreikönig, sind voller Schauer und Geheimnisse. Da haben alle Gespenster Macht, und alles Böse kann sich frei entfalten. Die Rauchnächte erhielten ihren Namen

76 Lorichius, Aberglaube von Freiburg, 64.

dadurch, weil bei ihrem Hereinbrechen der Geistliche nach dem Abendläuten, eine Glutpfanne in der Linken tragend, das ganze Haus mit Weihrauch ausräuchert, um es vor allen dämonischen Einflüssen zu behüten. Er hält in seiner Rechten ein Stück geweihte Kreide und schreibt damit auf alle Türen die Buchstaben K. M. B. (Kaspar, Melchior, Balthasar, die Namen der Heiligen Drei Könige) und die aktuelle Jahreszahl. Dadurch werden alle Hexen und Druden abgehalten und das Vieh und die Früchte geschützt.[77]

Auch die Neunerlei Kräuter benutzt man in den Rauchnächten, indem man von jedem Kraut etwas in die Betten legt, ebenso in die Borne, aus welchen die Pferde und Rinder gefüttert werden. Oder man mengt diese Kräuter mit Wacholderbeeren und Weihrauch, wirft sie auf die Glutpfanne und räuchert damit das ganze Haus aus, doch erst, wenn die Kühe gemolken und die Pferde gefüttert sind, denn nach dem Räuchern darf niemand in den Stall gehen.[78]

Das Räuchern ist überhaupt ein durch die ganze Welt verbreiteter Brauch, der selbst von Naturvölkern bei ihren Zaubereien geübt wird. Die Geisterbanner hatten gewisse Räucherungen, die so stark und eigentümlich dufteten, dass die Sinne der Anwesenden davon beinahe betäubt wurden. Dass beim Geruch viel natürliche Abneigung oder Zuneigung existiert, zeigt sich schon in der Tierwelt, so geht die Katze dem Baldrian nach, so soll die Kröte die Ausdünstung des Dosten fliehen, so schnaubt und riecht die Kuh fortwährend beim Grasen, um am Duft jene Kräuter zu erkennen, die ihr behagen. Selbst wir Menschen sind höchst eigen in dieser Beziehung: Es gibt beispielsweise Frauen und sogar Männer, denen vom Erdbeerduft unwohl wird. Die römischen Frauen fürchten den Geruch von Rosen, und manchem verursacht schon der schwächste Wohlgeruch ein unangenehmes Gefühl in Nase und Stirn. Dagegen vertragen kränkliche Frauen oft heftige Gerüche wie z. B. den des Bisams. Man heilt noch heute Geschwülste, Gicht und Schlaganfälle mit Räucherungen, und das Landvolk um Wien hat sein besonderes Rheumakraut zum Räuchern für Männer (Stachys recta)

[77] Ludwig Steub, Das bayerische Hochland, 58.
[78] Karl von Leoprechting, Aus dem Lechrain, 204.

und ein anderes (Galium verum) für Frauen. Daher ist es auch keineswegs zu verwundern, wenn man auch Räucherungen mit Pflanzen vornahm, um sich vor den Einflüssen geisterhafter Wesen zu bewahren.

Das schönste Fest der winterlichen Jahreszeit ist das Christfest. In den Tagen des Heidentums feierte man, wie schon früher erwähnt, die Wintersonnenwende, und in England wurde noch in später Zeit ein großer Holzblock, der Juelblock, auf dem Herd angezündet. Um ihn versammelte sich dann die ganze Familie, um Lieder zu singen und um zu trinken. Dieser Klotz musste Tag und Nacht glühen, so lange die „Wihinächte" dauerten. Zuletzt musste aber noch ein Stück übrig bleiben, mit welchem man den Juelblock des nächsten Jahres anzündete.[79]

Um das heidnische Fest zu verdrängen, verlegte man die Feier der Geburt Christi auf diese Tage, und die Christnacht wurde schnell die heiligste der Nächte. Shakespeare schildert sie in der ersten Szene des „Hamlet" so schön, dass ich mich nicht enthalten kann, diese Stelle hier anzuführen. Marcellus spricht:

„Sie sagen, immer, wenn die Jahreszeit naht,
Wo man des Heilands Ankunft feiert, singe
Die ganze Nacht durch dieser frühe Vogel (= der Hahn).
Dann darf kein Geist umhergehn, sagen sie,
Die Nächte sind gesund, dann trifft kein Stern,
Kein Elfe faht, noch dürfen Hexen zaubern,
So gnadenvoll und heilig ist die Zeit."

Diese ungewöhnliche Heiligkeit erstreckte sich auch auf die Pflanzen, und manche erblühten zu Ehren des neugeborenen Heilands in dieser winterlichen Nacht. Bei Marienstein im Elsass entfaltete sich am Christabend mitten im Schnee eine Rose, die das ganze Jahr über geschlossen war. Sie duftete herrlich und warf einen lichten Schein weit um sich.[80]

---

[79] Grimm, Aberglaube, Nr. 1109.
[80] Zeitschrift für deutsche Mythologie, I., 402.

Außerdem blühten in der Christnacht auch Nelken, die Silge [Selinum], der Poley, der Safran, die Nieswurz, die Mandragora sowie Kirschbaumzweige. Auch die Rose von Jericho (Anastatica hierochuntica), die das ganze Jahr dürr und wie tot erscheint, entfaltet sich und verströmt einen köstlichen Geruch. Sie heißt deshalb auch „Auferstehungsblume" und ist vor allem dem Heiland geweiht. Sie existierte vor der Geburt Christi noch nicht und spross zuerst unter den Schritten der Heiligen Jungfrau hervor, als sie mit ihrem Sohn nach Ägypten entfloh.[81]

Besonders merkwürdig ist aber, dass in der Mitternachtsstunde der Christnacht Apfelbäume blühen und Früchte tragen, obschon dieser Baum doch zum Sündenfall im Paradies führte. Aber vielleicht blüht er eben deshalb, um zu sühnen, dass seine Frucht von der Schlange als Verführungsmittel gebraucht wurde. Wie groß der Glaube an dieses plötzliche mitternächtliche Erwachen des Apfelbaums war, geht unter anderem auch aus einer lateinischen Handschrift der k. k. Hofbibliothek zu Wien[82] hervor, in welcher sich ein Schreiben des Bischofs von Bamberg (vom 16. Januar 1426) an Nikolaus von Dinkelsbühl befindet, in dem von zwei Apfelbäumen gesprochen wird, die in der Christnacht blühten und Früchte trugen. Ein gewisser Andreas von Weitra bestätigt diese Tatsache, indem er nicht nur die Farbe dieser Äpfel beschreibt, sondern auch angibt, dass er sie selbst in den Händen gehabt hatte.

Auch in Tibur am Rhein gab es einen solchen Apfelbaum, dessen Früchte dem Landgrafen von Hessen überbracht wurden[83], und ein ähnlicher stand im Gavondischen Garten zu Würzburg.[84] – Der Glaube ist allmächtig und kann Berge versetzen! Wir aber, die auf lauter mathematischen Formeln zu wandeln pflegen, werden in der Christnacht kaum die warme Stube verlassen, um blühende Apfelbäume im Garten zu suchen. Nichtsdestotrotz spricht aus jenem Glauben eine so innige Andacht, eine so mächtige Vereh-

---

[81] Praetorius, Saturnalia, 82, 333.
[82] Handschrift Nr. 4899, fol. 312.
[83] Praetorius, Saturnalia. 50.
[84] Zeitschrift für deutsche Mythologie, I., 106.

rung für den neugeborenen Heiland, dass man selbst vor derlei wunderlichen Dingen eine Art Achtung gewinnt, wenn man sich nicht auf einen allzu prosaischen Standpunkt stellt.

Die Äpfel finden sich noch heute auf allen Weihnachtsbäumen, und der Brauch, sich am Christabend Geschenke zu machen, stammt ebenfalls aus der Heidenzeit. Das älteste Sinnbild Wodans war ein grünender Baum, und selbst Geisterwesen verteilten in der Weihnacht Geschenke. Nach Saxo Grammatikus saß Hadding[85] am Christabend bei Tisch, als ein unterirdisches Weiblein den Kopf aus dem Boden steckte und ihn mit einem frischen Kraut beschenkte.

Ein armer Bürger aus Budissin wurde zur Weihnacht von einem kleinen Männlein mit einem großen runden Hut eingeladen und mit Äpfeln und Nüssen beschenkt, die dann zu Gold wurden. In der Christnacht schüttelt man von den Bäumen Brot und von den Sträuchern Bretzeln. Aschenbrödel schüttelte prächtige Kleider vom Baum, auch Kinder werden von den Bäumen herabgeschüttelt. Wenn man in der Christnacht nasse Strohbänder um die Obstbäume bindet, so werden sie fruchtbar, denn diese Bänder halten den Rauhreif ab, der die Knospen erfrieren lässt. Auch soll man mit gebogenem Finger an jeden Obstbaum klopfen und, um ihn an die heilige Zeit zu erinnern, dabei sagen:

„Auf, Baum, heut ist die heilige Nacht;
Bring Früchte mehr als du je gebracht.“

Außerdem soll man in den zwölf Rauhnächten den Obstbäumen keinen Spinnrocken sehen lassen, sonst gibt es im nächsten Jahr keine Früchte.

---

85 Ein dänischer Sagenheld (F.-D. S.).

II.
Kräuter, Pflanzennamen und das Ausgraben

Wer wollte leugnen, dass die „Kinder der verjüngten Sonne" zu den anmutigsten Dingen unserer Erde gehören und dass sie nicht nur auf Frauen, sondern auch auf Männer (sogar auf ernste) einen gewissen Einfluss ausüben, der sich mit dem Alter zwar mildern, aber nie ganz verschwinden kann. Das Leben manches Naturforschers gibt Beweise dafür, und kündet nicht auch der greise, weißgelockte Gärtner, der bis zu seinen Tod von seinen Lieblingen nicht ablassen kann, dass ihn ein inniges Band daran knüpft, dass sie ein gewisses Etwas an sich haben, was nicht die Tierwelt, am wenigsten aber die anorganische Natur darzubieten vermag? Es ist ihr bescheidenes, schweigendes und doch so herrliches Blühen, wodurch sie so anziehend werden. Sie sind Geschöpfe des Lichtes, und Form und Farbe entwickeln sich an ihnen mit der größten Regelmäßigkeit und mit dem mannigfaltigsten Reichtum. Welcher Unterschied ist zwischen den beiden Königinnen der Blumenwelt, der Rose und der Lilie! Weder ihre allgemeine Tracht noch die Gestalt der Blüten und aller ihrer einzelnen Teile besitzen die mindeste Ähnlichkeit. Ja, diese sind sich in vielerlei Hinsicht sogar entgegengesetzt, und doch ist jede so vollendet in sich, so sehr ein Ganzes, so eigentümlich, dass das Volk die eine dieser Blumen durchgängig als Sinnbild der Freude und des Glücks, und die andere als das Symbol der Unschuld und jungfräulichen Reinheit bezeichnet. Sollte es nur an dem Rot der einen und in dem Weiß der anderen liegen? Sollte es nur an der Tradition liegen, dass bei so vielen Völkern die Rose und die Lilie die gleiche Bedeutung haben?

Mag es vielleicht der Fall sein, dass sich Naturvölker nur deshalb mit Blumen zieren, weil es in der Natur des Menschen liegt, sich zu schmücken. Bei den hochgebildeten Griechen aber, die einen Homer, einen Sophokles, einen Phidias zu den Ihrigen zählten, war es nicht bloß dieser äußere Schmuck. Es war vielmehr eine innere Beziehung, ein gewisses, wenn auch nicht ausgesprochenes Verständnis zwischen jenen geistig blühenden Menschen und den duftspendenden Blumen der Wiese und des Hains. Ich erinnere hier nur an die vielen antiken Blumenmythen, an die düstere Asphodeloswiese der Unterwelt, von welcher die *Odyssee* (24. 13) erzählt, sowie an das freudige Bekränzen von Altären, Götterbildern, Siegern, Priestern und Dichtern. Bei der Heimfahrt war das Schiff eines Hellenen mit Blumen geschmückt, beim heiteren Gelage der Becher, und man darf sich bei so häufiger Verwendung von Kränzen nicht verwundern, dass das Kränzewinden sogar zu einer Art von Studium wurde und dass man geschmackvoll flechtende Mädchen reich entlohnte.

Die Germanen besaßen ein ähnliches Naturgefühl wie die Griechen. Für die alten Deutschen waren die Blumen von Göttern an einsamen Stellen erschaffen. Unter den Schritten der Göttinnen sprossen Blüten hervor, die hohen Berge hegten die größten Kostbarkeiten der Pflanzenwelt und die besten Heilkräuter. Fromme Jungfrauen waren mit Blumen geschmückt, und Blüten brachten Heilung und Segen. Man war der Ansicht, dass es unter den Pflanzen, wie unter den Menschen, edlere und gemeinere gebe, und dass sich gewisse Pflanzen sehr gut, andere aber gar nicht miteinander vertrugen. So hat die Raute, wie schon Plinius erwähnt, eine Vorliebe für den Feigenbaum und wächst auch in unseren Gärten am liebsten in seiner Nähe. So hasst der Weinstock den Rettich, so meiden sich Eiche und der Hasel usw.

Blumen, Laub und Bäume wurden auch in die Wappen sowohl der Helden als auch der Städte aufgenommen. Die Friesen und Seeländer setzten beispielsweise sieben Seerosenblätter auf ihren Schild, weil sie unter diesem Zeichen zu siegen glaubten.[86]

Wer aber auf Zauberkräuter, besonders auf die Irrwurz trat, verirrte sich und musste die Schuhe ausziehen, wenn er sich wieder zurechtfinden wollte. Zu Tragös in der Steiermark verirrten sich erst vor einigen Jahren einige meiner Freunde, weil ihr Führer auf eine Irrwurz getreten war.

---

[86] Grimm, Deutsche Mythologie, 620.

Die Totenblume (Calendula officinalis) will niemand als Geschenk annehmen, und wer an einer Blume riecht, die auf einem Grab wuchs, verliert den Geruchssinn. Gelbe Blumen sollte man überhaupt nicht seiner Geliebten geben, denn diese deuten auf Eifersucht hin. Anderseits wusste die Jungfrauen genau, welche Blume sie als ein Zeichen der Begünstigung und als ein Zeichen des Verschmähens zu spenden hatten: Vergissmeinnicht, Maiglöckchen und Himmelsherold waren gute Zeichen. Dagegen symbolisierten das Vorwitzblümlein und Schabab (Nigella) Verhöhnung.

Wo innig Liebende für immer scheiden mussten, da verdorrte das Gras. Aus Tränen spross die Lilie, aus Blutstropfen die Rose, aus vielerlei gemischtem Blut die edle Weintraube. Auch die Wiesenperle (Margarita) und die Windrose sprossen aus gefallenen Blutstropfen hervor. Träume von Blumen und Obst deuten auf den nahen Tod irgendeines Verwandten hin. Kinder mit Blumen zu bekränzen ist nicht gut, denn sie sterben dann bald.

Das Überreichen einer Blume galt im Mittelalter als Aufforderung zum Tanz, und der Bittende musste dabei einen Kehr oder Walzer sprechen, der sich auf diese Blume bezog. Nahm die Dame die Blume an, so galt dies als Erlaubnis, sie zum Reigen zu führen. Es war besonders in Frankreich Sitte, der Braut von ihrer Verlobung bis zum Hochzeitstag jeden Morgen einen schönen Blumenstrauß zu senden.

Der Herzog von Montpellier schickte seiner Braut, Julie von Argennes, am Neujahrsmorgen 1634, an dem die Vermählung stattfand, ein prachtvolles Buch, in welchem die schönsten Blumen von den besten Malern auf Pergament gemalt waren. Die besten Dichter mussten die gemalten Blumen durch Auslosen unter sich verteilen, um zu jeder ein Madrigal[87] dazudichten, in welchem die jeweilige Blume die reizende Julia ansprach. Dieses Prachtwerk hieß: „*La guirlande de Juliette*“. Es soll später eine Kopie davon gemacht worden sein. Im Jahr 1795 wurde eines dieser Bücher zum Verkauf angeboten.[88]

---

[87] Gedicht bzw. Wechselgesang (F.-D. S.).

[88] Vgl. Huetiana, Amsterdam, 1723.

Blumen gehörten bei den Troubadouren zu den Gesangspreisen. Die eine war aus Gold, die andere aus Silber, und sie stellten entweder das Veilchen (Violetta), den Akelei (Ayglantine) oder die Kuckucksblume (Flor del gauch) [Orchis maculata] dar, und aus den Statuten der Troubadoure geht hervor, dass man diesen Blumen einen tieferen Sinn beilegte. [89]

Schließlich darf man auch das Blumenorakel nicht vergessen, das Goethe beim Spaziergang Fausts so schön beschrieb: „Er liebt mich – liebt mich nicht“, usw. Schon bei Walther von der Vogelweide finden wir eine ähnliche Formel:

„Si tuot, sie entuot, si tuot, si entuot, si tuot,
swie dike ichz tete, so was ie daz ende guot“.

In Österreich spricht man:

„Er (oder sie) liebt mich –, von Herzen –, mit Schmerzen –, ein wenig –, oder gar nicht.“

In der Schweiz sagen die Mädchen:

„Ledig si? – Hochsig han? – Ins Chlösterli ga?“;

und die Burschen:

„Reich –, arm –, oder mittelgattig? – Oder: viel –, wenile –, gar nit?“

Die Blumen, welche zu diesem Spiel gebraucht werden, sind meistens das Maßlieb (Bellis) und die bereits erwähnte Wiesenperle (Chrysanthemum leucanthemum), doch kann auch die Gemswurz (Doronicum) dazu benutzt werden, obgleich ihre Blüten gelb sind. Mit der Ringelblume soll man aber

---

[89] Grimm, Bedeutung der Blumen, 135.

dieses Spiel nicht wagen, denn dies ist die Blume der Gräber, und sie führt leicht eine Trennung der Liebenden herbei. Von den Gräsern benutzt man die Segge (Carex) und das Rispengras (Poa) zu diesen Orakeln, indem man beim Aussprechen der Formel die Früchte nach und nach abpflückt.

Bei den Festkämpfen, die in manchen Ortschaften zwischen zwei Knaben gehalten werden, welche den Sommer und Winter personifizieren, ist einer der Teilnehmer, der „Blumengraf", vollkommen mit Blumen bedeckt.

In einem Schaltjahr verlieren aber alle Kräuter ihre Kraft. Hexenkräuter, wenn sie gepflückt sind, fangen unter freiem Himmel zu sieden an und verdunsten. Kranke Pflanzen werden geheilt, wenn man sie mit einem Stück Fleisch bestreicht und dieses unter der Traufe vergräbt.[90]

Heilkräuter mussten aber nicht immer als Tee gekocht oder ausgepresst werden, sondern es reichte oft aus, sie unter das Kopfkissen zu legen, an den Arm zu binden oder im Gürtel zu tragen. All diese Sitten, Bräuche, Ansichten, Orakel usw., so mannigfaltig und bunt sie auch sein mögen, deuten klar darauf hin, dass man das ganze menschliche Sein mit der Pflanzenwelt verwoben glaubte. In der Tat wäre das Leben ohne diese freundliche Beigabe gewiss viel ärmer, wie sich auch Ben Johnson ohne Bäume kein glückliches Dasein denken konnte.

Sehr merkwürdig sind daher auch viele Blumennamen. Manche erinnern noch an die alten Götter, so z. B. die Tyrsviole, später in Viola martis übersetzt, der Tyrshelm, Thorshelm, Thorshut (Aconitum), die Wielandswurz (Valeriana), die Wielandsbeere oder Tyswurz, altnordisch Tyvidhr (Daphne mezereum); Lokes Hafer (Lolium temulentum), Balders Augenbraue (Anthemis cotula), usw. Die Mistel, welche dem Donar geweiht war, heißt auch Donnerbesen, die Mauerraute (Sedum) Donnerkraut und Donnerbart; der Erdrauch (Fumaria) Donnerflug; und die Mannstreue (Eryngium) Donnerdistel. Pflanzen, die man mit der Sonne in Beziehung glaubte, erhielten von

90 Heinrich Bruno Schindler, Der Aberglaube des Mittelalters, 176.

dieser ihre Benennung, z. B. Sonnenwende, Sonnenblume, Sonnengünsel, Sonnenkraut usw. Es gibt auch eine Mondviole, ein Mondkraut und eine Mondraute. Viele Kräuter erhielten ihre Namen vom Kuckuck, so die Kuckucksblume (Lychnis flos cuculi). Das Schaumkraut (Cardamine) heißt Kuckucksspeichel, weil man glaubte, dass der Schaum, der sich häufig an der Pflanze vorfindet und der von der Schaumzikade stammt, vom Kuckuck ausgeworfen sei. Der Sauerklee (Oxalis acetosella) hieß gauches ampfera und wird noch Kuckuckslauch und Kuckucksbrot, in der Schweiz aber Kuckuckssauer genannt. Mehrere von unseren Orchideen heißen wegen ihrer Flecken Kuckucksblumen.

Der Günsel (Ajuga) heißt Blauer Kuckuck, das Pfennigkraut (Lysimachia nummularia) und die Anagallis werden häufig Gauchheil genannt, der Bocksbart (Tragopogon) heißt in Schwaben Kuckigauch usw. Man brachte diese Pflanzen mit dem Kuckuck in Verbindung, weil sie wie dieser Vogel Vorboten des Frühlings sind.

Andere Kräuter, denen man entweder böse Eigenschaften oder aber im Gegenteil die Kraft zuschrieb, den Teufel zu verscheuchen, erhielten von diesem ihren Namen. Zu den ersteren gehören: die Teufelsmilch (Wolfsmilch, Euphorbium), eine Pflanze, welche einst die beste Milch gab, bis sie von bösen Hirten verflucht wurde. Die Teufelsklaue (Lycopodium clavatum) wurde von Hexen zum Wetterbrauen und Nestelknüpfen[91] benutzt. Der Teufelszwirn (Clematis vitalba) wurde von den Bettlern gebraucht, um am eigenen Körper künstliche Geschwüre damit zu erzeugen, und die Ackerwinde (Convolvulus arvensis) heißt Teufelsdarm, weil er sich so dicht am Boden hinwindet, dass man leicht darüber strauchelt.

Zu den zweiten gehörte der Teufelsabbiss (Scabiosa succisa), von welchem mehrere Sagen existieren. So machte einst ein junger Mann mit dem Teufel einen Pakt, dass ihm dieser die Heilkraft aller Pflanzen lehren sollte. Da aber der junge Arzt zu geschickt wurde, glaubte der Teufel, er würde der

---

[91] Eine magische Praktik, bei der ein Zauber in einen Knoten gelegt wird, meistens, um Impotenz hervorzurufen (F.-D. S.).

Hölle zu viele Seelen vorenthalten, und er machte ihn daher blind. Der junge Mann wusste aber doch das Kraut zu finden, dessen Wurzel für ihn selbst heilsam war, und er wurde wieder sehend. Da ergrimmte der Teufel, der selbst den Vertrag gebrochen hatte, und biss die augenheilende Wurzel ab, die seitdem immer in dieser Gestalt wächst und den Namen Teufelsabbiss erhielt.[92]

Der Botaniker Schönsperger erzählt, dass der Teufel mit dieser Wurzel große Gewalt trieb und dass sich deshalb die Heilige Maria erbarmte und ihm diese Kraft nahm, weswegen er im Zorn die Wurzel abbiss.[93]

Vor dem Johannistag ist sie aber noch unabgebissen. Sie hilft auch noch gegen Zauberei, Behexung, und – böse Weiber! Ein Engel soll sie dem Heiligen Winfrid als Mittel gegen Halsweh und besonders gegen die Bräune [Diphterie] gezeigt haben. Wirft man sie aber bei einer Mahlzeit unter den Tisch, so entsteht Zank unter den Gästen.[94]

Das Kraut Jageteufel, Teufelsflucht, Teufelsfuchtel (Hypericum perforatum), gewöhnlich Hartheu [Johanniskraut] genannt, besitzt Kräfte gegen Zauberei und gegen den Teufel wie sonst kaum ein anderes Kraut. Diese Pflanze wurde schon beim Fest der Sommersonnenwende, auf welches heutzutage der Johannistag verlegt ist, zum Schmuck der Götterbilder, Altäre und Opfertiere verwendet. Wenn man die Blätter des Hartheus durchs Licht ansieht, gewahrt man viele helle Punkte, welche davon herrühren, weil der Teufel, erbost über die Macht dieser Pflanze, alle ihre Blätter mit Nadeln durchstach. Das Kraut hat an seiner Wurzel Körner (Insektenlarven), die einen roten Saft enthalten, welcher Alfblut (Elfenblut, Sankt-Johannis-Blut) heißt. Auch die gequetschten Blumenblätter geben eine rotbraune Flüssigkeit. Der Saft jener Körner, welche nur in der Mittagsstunde des Jo-

---

92 Friedrich Panzer, Bayerische Sagen und Bräuche, II., 205.

93 Kräuterbuch, V., 1496, c. 261.

94 Rockenphilosophie, 1003

hannistages gesammelt werden dürfen, wird sorgfältig in blechernen Büchsen aufbewahrt, denn „er kann Wunder tun[95]."

Wer um das Johannisfeuer tanzte, musste einen Kranz von Hartheu, die sogenannte Johanniskrone tragen. Am Niederrhein flechten noch heute die Kinder Johanniskränze und werfen sie auf die Hausdächer, weil sie Segen bringen. Der Saft des Johanniskrautes wurde den Hexen eingegeben, damit sie bei der Folter die Wahrheit sagen mussten. Ein Trank aus Hartheu und Distelsamen gebraut (Olebanum), sollte alle Gewalt des Teufels in den Gefolterten vernichten.[96]

Das Johanniskraut, kreuzweise ins Fenster gesteckt, hilft gegen Blitzeinschläge, und ein Bad aus Hartheu, Löwenmaul (Antirrhinum), Dosten und Güldenem Widerton [Goldenes Frauenhaar/Polytrichum commune] schützt gegen Liebeszauber. Das Johanniskraut gehört also zu den segensreichsten Pflanzen, denn es hilft, wie Kniphof sagt, auch gegen Schwindel und gegen die „fürchterlichen melancholischen Gedanken[97]."

Ebenso soll das aus der Pflanze bereitete Pulver das Blut stillen. Es ist nachvollziehbar, dass sie mit ihren hellgelben Blüten, die sich genau um Johannis am schönsten entwickeln, sowie mit ihren punktierten Blättern und dem roten Saft auffallen musste. Sie war schon im Altertum bekannt und erlangte sie zur Zeit des höchsten Aberglaubens, nämlich zu Beginn des Dreißigjährigen Krieges, eine ganz besondere Wichtigkeit. Man sagte sogar, sie sei aus dem Blute Johannis des Täufers entstanden. Der Geschmack der Pflanze ist nicht besonders auffällig, sie verdankt also ihren Ruf keineswegs irgendeiner inneren Eigenschaft.

Während einerseits viele Pflanzen nach dem Teufel benannt wurden, so tauften sich andererseits die Hexen häufig nach Blumen, z. B. Wohlgemut (Oregano), Blümchenblau (Vergissmeinnicht), Schöne (Bellis), Peterlein

---

[95] Müllenhoff, Sagen, Märchen und Lieder der Herzogthümer Schleswig Holstein Lauenburg, 222.
[96] Montanus, 145, 6.
[97] Kräuterbuch, 22.

(Petersilie/Petroselinum), oder sie trugen die Namen von Sträuchern und Bäumen, z. B. Hölderlein (Holunder), Eichenlaub, Lindenlaub, Lindenzweig, Rautenstrauch (Ruta), Birnbäumchen, Hurlebusch usw.[98]

In Shakespeares *„Sommernachtstraum"* heißen zwei Elfen *Peaseblossom* und *Mustardseed* (Bohnenblüte und Senfsamen).

Zu den hübschesten Blumennamen gehören aber jene, welche durch die Verehrung der Heiligen Maria entstanden. Die Mutter Gottes war überhaupt eine große Freundin der Blumen, und viele Legenden und Sagen erzählen, dass dort, wo sie erschien, um zu schützen und zu helfen, Blumen aus der Erde aufblühten und die Bäume ihre Wipfel zu ihr niederneigten.

Die Lychnis heißt „Marienröslein", der Schnee-Enzian „Marienweiß", das Cypripedium, der Steinklee und Lotos heißen „Marienschuh" oder „Unser lieben Frauen Pantoffel", das Leinkraut wird „Marienflachs" genannt, das Labkraut „Unser Frauen Bettstroh", weil es die Heilige Maria dem Christuskind in die Krippe legte. Die Blüte der Erdscheibe heißt „Marienhandschuh", die Alchemilla „Marienmantel" und „Unser lieben Frauen Mäntelchen". Die gefleckte Stendelwurz (Orchis maculata) wird „Unserer lieben Frauen Hand", „Marienhand" und „Mariengras" genannt, das Adiantum heißt „Unserer lieben Frauen Haar", die Kurzstielige Schlüsselblume „Unserer Frauen Schlüssel" oder „der Heiligen Maria Schlüsselbund". Das Silybum marianum mit seinen weißgefleckten Blättern heißt Mariendistel, weil jene Flecken von der Milch herrühren, welche beim Säugen des Christuskindes auf diese Pflanze tropfte, und so gibt es noch eine Menge anderer Namen, welche der Marienverehrung ihre Entstehung verdanken.

Ich komme hier nicht umhin, wenn auch nur flüchtig, darauf hinzuweisen, wie manche Botaniker ihre Pflanzen tauften. Dass Linné vielen Pflanzen die Namen von Gelehrten beilegte, z. B. Pavonia, Hottonia, Bartsia, Tozzia, obwohl sie keineswegs schön klingen, mag angehen. Er wollte ja diese

---

[98] Grimm, Deutsche Mythologie, 1016.

Männer durch derlei Huldigungen für sein Klassifikationssystem gewinnen. Ironisch klingt es aber doch, wenn man liest, dass der Botaniker Commerson die Hortensia mutabilis nach der Frau des Uhrmachers Lepaute benannte, deren Taufname Hortensia war, und dass er, um seinen wissenschaftlichen Gegner Collet zu kränken, die unschöne, dornige Colletia horrida mit dessen Namen belegte. – Die Naturforscher waren oft ziemlich weit von der Natur entfernt!

Die Pflanzen wurden auch mit den Sternzeichen in Verbindung gebracht. So stand das Maßlieb unter der Waage, und zwar ebenso wie die Primel und der Rainfarn im ersten Grad, während die Linde, die Mispel und die Kamille im zweiten Grad unter ihr standen. Brunnenkresse, Espenblüte und Frauenhaar standen im ersten, und Nesseln, Rittersporn, Salbei und Storchschnabel im zweiten Grad unter dem Wassermann usw.[99]

Erbsen und Linsen mussten im Zeichen der Fische und der Jungfrau gesät werden, da sie sich sonst nicht weichkochen ließen. Zur Zeit des Schützen sollte man keine Pflanzen versetzen, denn sonst verdarben sie. Unter dem Steinbock wurde alles starr und schlecht. Dafür waren aber die Zwillinge ein sehr günstiges Zeichen für die Gärtnerei.[100]

Wer eine „angezauberte" Krankheit loswerden wollte, musste von gewisse Kräuter mit Faulbaumrinde (von Prunus padus) zusammenbinden und über den Rücken an einen Ort werfen, den er nie wieder betreten würde. Gegen solche angezauberte Krankheiten halfen Labkraut, Bittersüß, Allermannsharnisch, Holunder, Wacholder, Mannstreu, Sonnentau usw. Zum Brauen der Gewitter brauchten die Hexen neunerlei Kräuter, nämlich: Alant, Marienbettstroh, Eberraute, Beifuß, Wermut, Baldrian, Alpkraut, Alpranken und Rainfarn.[101]

---

[99] Carrichter, Kräuterbuch, I., 17.

[100] Karl von Leoprechting, Aus dem Lechrain, 150.

[101] Heinrich Bruno Schindler, Der Aberglaube des Mittelalters, 160.

Indessen gab es auch „ungenannte“ und „unbekannte“ Kräuter und Blumen, welche Wunderkräfte besaßen. Hierher gehört besonders jene blaue Blume, durch welche man Schätze zu heben vermag und über die man in ganz Deutschland Sagen findet. Ihr Inhalt ist stets derselbe: Ein Knabe oder ein Mann, ein Bauer oder ein Edler findet zufällig die Wunderblume, oder er bekommt sie von einer schönen Jungfrau. Da sieht er plötzlich eine Tür im Felsen oder im Berg. Ihr Schloss springt durch die Berührung mit der Wunderblume auf, und die Schätze liegen vor ihm. Die Jungfrau oder aber eine warnende Stimme ruft ihm zu, bei dem Schatze das Beste nicht zu vergessen. Er legt die Blume nieder, wählt sich, was ihm das Schönste dünkt, und geht damit hinaus. Da fällt donnernd die Türe zu und ist für ihn nicht mehr sichtbar, denn er hat wirklich das Beste vergessen, nämlich die Wunderblume, die ihm stets wieder den Weg zum Schatz hätte eröffnen können![102]

Diese Blume scheint das Vergissmeinnicht gewesen zu sein, dem man vielleicht erst später die neuere, sentimentale Bedeutung beilegte.

In dem Gedicht *„Carel ende Elegast“* kommt ein ungenanntes Kraut vor, das man nur in den Mund zu nehmen brauchte, um zu verstehen, was die Vögel singen, die Hähne krähen, die Hunde bellen usw.

Eine Jungfrau ergriff ein „unbekanntes“ Kraut, da sah sie alle ihre Verehrer vor sich, vernahm ihre Reden und kannte sogar ihre Gedanken.[103]

Johann Baptista van Helmont berichtet, er kenne ein Kraut, welches überall zu bekommen sei. Wenn man es zerreibt, bis es warm wird, und dann damit die Hand eines anderen berührt, erweckt man in ihm sogleich Liebe und Zuneigung. „Ich habe“, fährt er fort, „einem Hündchen die Pfote damit angefasst und dieses ist mir als Fremden dergestalt nachgefolgt, dass es

---

[102] Bechstein, Sagen von Thüringen I., 3, 4, 16, 146, 210, 211 sowie Grimm, Deutsche Mythologie, 923. Anm. 1152 u. v. 91.

[103] Grimm, Deutsche Mythologie, 1152.

nachts vor meiner Schlafkammertür so lange heulte, bis ich ihm aufmachte."[104]

Wenn man eine Schlange in drei Stücke haut, ohne ihr den Kopf zu verletzen, so sucht sie sich ein „unbekanntes" Kraut und heilt sich damit.

Am Schmochbaal in Ostpreußen wurde ein Weib als Hexe verbrannt und bat Gott um ein Wahrzeichen ihrer Unschuld. Da wuchs aus dem versengten Holzstock eine bisher unbekannte Blume.[105]

Eine Tagelöhnerin gebar auf dem Feld unter großen Schmerzen. Da kam ein Waldfräulein und gab ihr eine schöne blaue Blume, welche das Weib verschlucken musste, woraufhin der Schmerz sogleich verschwand. Die Frau half später mit dieser Blume vielen anderen Frauen und wurde dadurch reich. Ihr geiziger Mann erschlug aber das Waldfräulein, damit es niemand anderem die Pflanze verriet. Aber diese trieb nun keinen Blütensaft mehr, sondern nur Nebenzweige, und es hieß nun „Immerweh", so wie es zuvor „Nimmerweh" geheißen hatte.[106]

Durch ein blutrotes, unbekanntes Kraut, welches an der Stelle wuchs, an welcher ein Mord geschah, wurde der Verbrecher entlarvt.[107]

Es lässt sich nachvollziehen, dass man Kräuter, welche so wundersame Eigenschaften besaßen, nicht zu jeder Stunde und ohne jede Rücksicht wegraffen durfte. Mit der Bedeutsamkeit der Pflanze wurden daher auch die Förmlichkeiten ernster und feierlicher, und schon Theophrast und Plinius führen derlei Bräuche an. Der Suchende sollte sich nüchtern und schweigend, ungesehen von Menschen und Sternen, den heiligen Kräutern nähern. Wenn er sie erreicht hatte, musste er vor ihnen die Schuhe ausziehen. So

---

104 Helmont, De magnet vulner. Curatio, § 27.

105 Tettau, 233.

106 Friedrich Panzer, Bayerische Sagen und Bräuche, II., 205.

107 Müllenhoff, Sagen, Märchen und Lieder der Herzogthümer Schleswig-Holstein und Lauenburg, 140.

wurde die Mistel von den Druiden mit großer Feierlichkeit von den Eichen herabgeholt, und zwar am sechsten Tag nach dem Neumond. Wenn die gehörigen Mahlzeiten und Opfer vorüber waren, führten sie zwei weiße Stiere herbei, deren Hörner zum ersten Mal bekränzt wurden. Einer der Druiden stieg in weißen Kleidern auf den Baum, schnitt die Mistel mit einer goldenen Sichel ab und wickelte sie ehrfurchtsvoll in seinen Mantel, um sie dem Oberpriester zu überreichen.

Die Pfingstrose (Paeonia), welche gegen das Alpdrücken und gegen die „Gaukeleien der Faunen im Schlaf" diente, durfte nur zur Nachtzeit ausgegraben werden, denn der Specht war ihr Hüter und fuhr jedem grimmig nach den Augen, der es wagte, am Tage nach ihr zu graben. Wenn diese Pfingstrose gegen Epilepsie helfen soll, muss sie im März bei abnehmendem Mond gegraben und auf der Herzgrube getragen werden.

Beim Ausgraben vieler Pflanzen durfte die Wurzel auf keinen Fall mit Eisen in Berührung kommen. Manche Kräuter mussten sogar mit einem goldenen Werkzeug ausgegraben werden, und in Deutschland bediente man sich dazu eines Goldstücks. Leonhard Thurneysser schreibt in seinem Kräuterbuch über Isenkraut, Odermennig und Kreuz-Enzian:

„Verbeen, agrimonia, madelger,
karfreytags graben, hilft dir sehr,
dass dir die frawen werden holt,
doch brauch kein eisen, grabs mit goldt."

Andere Kräuter, z. B. Bungen (Samolus), dürfen nur mit der linken Hand berührt werden, bei manchen musste der Name dessen genannt werden, für den sie gepflückt wurden, und in dem Hätzlerischen Buch[108] heißt es vom Kraut „Hoffen" (Origanum?):

„daz ist gar ein edel krut,
grab ez stille, nicht zu lut,

108 Das Liederbuch der Clara Hätzlerin (15. Jahrhundert) (F.-D. S.).

schützen sind darüber gesetzt,
begrif man dich, du wurdst verletzt,
an diner selden höchstem pfant.“[109]

So besaß alles seine genau einzuhaltenden Formeln, so war der Umgang mit den Pflanzen bis ins Kleinste geregelt und hatte für jedermann, selbst für den rauhen Sohn des Krieges, seine Wichtigkeit, welcher den Balsam, der seine Wunden heilte, mit Ehrfurcht betrachtete.

III.
Die Pflanzen mit einem einzelnen Keimblatt (Monocotyledonen)

Die Pflanzen, welche nur ein einziges Keimblatt besitzen, unterscheiden sich durch ihre ganze Tracht (Habitus) sowie durch den Bau der Blätter und die Gestalt der Blüten so deutlich von jenen Gewächsen, welche sich mit zwei Keimblättern entwickeln, dass sie eine große, ganz abgegrenzte Klasse bilden. Unter ihnen befinden sich vier Pflanzensippen, welche schon in frühester Zeit die Aufmerksamkeit auf sich zogen, nämlich die Gräser, denen noch ein eigener Abschnitt gewidmet sein wird, die Stendeln (Orchideen), die Lilien und der Lauch.

Bei den Stendeln kannte man in frühesten Tagen keineswegs jene streng wissenschaftlichen Unterschiede der Arten, welche nunmehr dem angehenden Botaniker so manche Schwierigkeiten bieten. Man fasste vielmehr die ganze Gruppe zusammen und nannte alle Pflanzen „Stendeln“, welche, bei ähnlichen Blüten, zwischen ihren Wurzelfasern Knollen trugen. Dabei unterschied man nur jene, deren Wurzeln die Gestalt einer Hand, eines Nestes etc. besaßen.

Die Orchideen galten schon in der antiken Zeit als Pflanzen, durch welche die Liebe, und zwar nicht die geistige, sondern die sinnliche, angeregt

[109] Simrock, Mythologie, 546.

wurde. Bei manchen Orchideen, z. B. bei Anacampseros, genügte schon allein die Berührung, um selbst eine bereits halberlöschte Flamme wieder anzufachen. Viele der Knollenorchideen besitzen zwei solcher Knollen oder Bulben, von denen der eine, der noch aus dem vorigen Jahr stammt, kleiner und lockerer, und der andere, diesjährige, größer, härter und strotzender erscheint.

Die alten Kräuterkenner glaubten nun demzufolge zwei verschiedene Eigenschaften in den Säften dieser beiden Knollen entdecken zu können. Sie sagten daher, dass die größeren Knollen die Liebe befeuern, die kleineren aber die entgegengesetzte Wirkung hervorbringen sollten.[110] (Der Name „Orchis“ stammt vom griechischen Wort für Hoden).

Auch wurde geglaubt, dass man durch den Genuss der größeren Bulben mit Söhnen, und durch den Genuss der kleineren mit Töchtern gesegnet werde. Im Zillertal hält man die Orchideen mit kugelförmigen Knollen für Männchen, und jene mit flachgedrückten Bulben für die Weibchen der „Höswurz“. Die Mädchen suchen daher die Ersteren und die Bursche die Zweiten, um sich gegenseitig mehr zu entflammen.

Die gefleckte Orchis (Orchis maculata) war im germanischen Altertum der Göttin der Liebe, Freya oder Frigga geweiht, welche auf ihren Umzügen den Jünglingen und Mädchen Orchideen darreichte, die deshalb „Friggagras“ genannt wurden. Auch die Riesin Brana schenkte ihrem Liebling Halfdan eine Orchis, nämlich das Brönnagras, damit er immer kräftig und ihr stets treu sei. Aus der Duftenden Stendelwurz (Gymnadenia odoratis sima) wurde ein Liebestrank gebraut, und eine andere Orchis (O. mascula) trug den Namen „Frauenträne“, und sie stand für verschmähte, trauernde Liebe. Mit der Verbreitung des Christentums wurde diese Benennung auf die Heilige Maria übertragen, und man nannte die Blüten „Mariatränen“, oder „Unser lieben Frauen Zähren“.

---

[110] Theophrastus Eresius, IX., 18.

Die Orchis mit handförmig gecheckter Wurzel (Gymnadenia) hieß im Norden *„Niardhar-vöttr"* oder der „Handschuh des Niardhr", und *„Forneotes-solme"*, nach der Hand des alten Riesen, in dessen Geschlecht es viele Wesen gab, welche den Menschen wohlwollend waren.[111]

Man erkannte in der Gestalt dieser Wurzel auch die zarte schaffende Hand der Natur. Fand man eine weiße, also noch frische, handförmige Orchideenwurzel, so nannte man sie „Marienhand" oder „Unser lieben Frauen Händlein". War sie aber schwarz, also vorjährig und welkend, so hieß sie „Teufelshand", „Satanshand" und „Totenfinger". Fand man eine weiße und eine schwarze Wurzel beisammen, so legte man sie aufs Wasser. Dann schwamm die weiße auf der Oberfläche, und die schwarze, böse sank nieder. In Schweden zeigt dies noch heute das Landvolk seinen Kindern.[112]

Der Spinnenstendel (Ophris arachnites) heißt in Schwaben der „Totenkopf" oder „das Uracher Totenköpfchen", und man erzählt sich dort, dass sie durch den Tod des gekrönten Dichters Nikodemus Frischlin entstand. Er hatte nämlich eine sehr freimütige Rede gehalten und wurde deshalb auf Hohenurach gefangengesetzt. Da wollte er entkommen, kroch durch den Ofen, drehte sich aus seinem Leilach[113] ein Seil und ließ sich über die Mauer hinab. Allein, das Seil war viel zu kurz, er stürzte auf die Felsen hinunter und blieb tot liegen. Von da an, es war der 30. November 1590, erblühte an jener Stelle das „Totenköpfchen".[114]

Die Einsiedlerorchis (Satyrium albidum L.) galt als die Blume der Abgeschiedenheit und Trauer, weil sie nur an abgelegenen Stellen und meistens nur vereinzelt vorkommt.

Obwohl man in dem Glauben lebte, dass die Stendeln auf die geschlechtliche Liebe Einfluss nehmen, bereitete man doch aus den Bulben mehrerer

---

111 Grimm, Deutsche Mythologie, 198 sowie Simrock, Mythologie, 545.
112 Afzelius, Sagen aus Schweden, III., 241.
113 Leintuch (F.-D. S.).
114 Meier, II, 355.

unserer heimischen Orchideen, namentlich aus Orchis mascula, eine Art Sirup, der gegen Brustleiden gegeben wird und also eher beruhigend als anregend wirkt.

Dass die Lilie aus den Gräbern von Liebenden und unschuldig Hingerichteten hervorspross, wurde schon in der Einleitung erwähnt. Sie galt bei den Römern als das Zeichen der Hoffnung, und man findet sie auf mehreren ihrer Münzen mit den Umschriften: „*spes populi*“, „*spes publica*“ oder „*spes augusta*“ abgebildet.

Bei den Morgenländern galt sie als das Sinnbild der Reinheit und Unschuld, und sie wurde von den Juden als Verzierung der Leuchter im Allerheiligsten und der beiden Säulen benutzt, welche vor dem Tempel Salomons standen. Der Erzengel Gabriel trug bei der Begrüßung der Heiligen Maria einen Lilienstengel. Ebenso gab man ihn auf Abbildungen als Zeichen der Keuschheit dem Heiligen Joseph, Johannes dem Täufer, dem Heiligen Franziskus, dem Heiligen Aloys von Gonzaga, dem Heiligen Norbert, dem Heiligen Anton von Padua, der Heiligen Gertrude und anderen Heiligen bei.

Der Gott Thor hielt in seiner Rechten den Blitz und in der Linken ein Zepter, das oben mit einer Lilie endete. Auch die Könige von Frankreich trugen Lilien auf ihren Zeptern und in ihren Wappen. Clemence Isaure von Toulouse gründete die *jeux floreaux*, bei welchen eine silberne Lilie als Preis für das schönste Marienlied ausgesetzt wurde.[115]

Der Ritterorden von der Lilie wurde von König Garsias VI. gestiftet, als man in einer Lilie ein kleines Marienbild gefunden hatte, durch dessen wundertätige Kraft der erkrankte König von Navarra geheilt wurde.[116]

Bei Alcoya in Valencia wurde das Bild der Unbefleckten Empfängnis in einer Lilienzwiebel gefunden, und zu dem Heiligen Aegydius kam einst ein

---

[115] Menzel, Christliche Symbolik, II. 32.
[116] Gumppenberg, Marian.-Atlas, Nr. 589.

Mönch, der an dieser Unbefleckten Empfängnis zweifelte. Da nahm Aegydius einen Stab in die Hand und schrieb drei Fragen in den Sand, ob nämlich Maria vor, in oder nach der Empfängnis ihre Jungfräulichkeit bewahrt habe, und bei jeder dieser Fragen spross sogleich eine weiße Lilie aus dem dürren Boden hervor.[117]

Wenn einer der Mönche im Kloster Corvay an der Weser sterben würde, so fand er drei Tage vor seinem Tod eine weiße Lilie in seinem Chorstuhl, und so wie diese Lilie welkte, so welkte auch er. Einst war einer dieser Mönche sehr ehrgeizig. Er verschaffte sich insgeheim einen Lilienzweig und legte diesen in den Chorstuhl des siebzigjährigen Priors, der über diese Blume so sehr erschrak, dass er wirklich nach drei Tagen verschied. Der Mönch wurde dann selbst Prior, war aber stets sehr trüb und verschlossen, lebte nicht lange und bekannte seine unrechte Tat erst auf dem Totenbett.[118]

Auch in den Klöstern zu Hildesheim und Breslau fanden die Geistlichen solche Todeslilien in ihren Chorstühlen.

Auf altniederländischen und altdeutschen Bildern findet man oft neben der Heiligen Maria eine Lilie oder ein Glas mit einem Lilienstengel abgebildet, um die jungfräuliche Reinheit der Mutter Gottes anzudeuten. Im Hebräischen heißt die Lilie *„shusham"* und ist daher leicht mit der keuschen Susanna in Verbindung zu bringen.

Lilie und Orchis stehen sich also in den Sagen und in ihrer Bedeutung direkt gegenüber, denn eine ist die Pflanze der Sinnlichkeit und des Lebensgenusses, während die andere als Wahrzeichen der Entsagung und des Todes gilt.

Der Lauch (Allium) wurde in frühesten Zeiten als Sinnbild der Helden verehrt. Gudrun spricht in der Edda:

---

[117] Menzel, Christliche Symbolik, II., 34.
[118] Grimm, Sagen, Nr. 263.

„So war mein Sigurd,
wie hoch aus Halmen
edles Lauch sich hebt“[119],

und in der *Sämmundur Edda* heißt es, als Helgi geboren wurde und sein Vater Sigmundr aus der Schlacht zurückkehrte:

„der König selbst
ging aus dem Schlachtlärm;
dem jungen Helden
edlen Lauch zu bringen“.

Noch bis ins sechzehnte Jahrhundert war es in manchen Gegenden Brauch, als Zeichen der Herausforderung zum Kampf einen Lauch auf den Helm oder den Hut zu stecken, vielleicht weil man glaubte, dass der Genuss des Lauchs die Kampfeslust erhöhte. Das Wort Lauch (althochdeutsch *lough*, altnorddeutsch *laukr*) war anfangs eine allgemeine Benennung für saftreiche Kräuter, und sie wurde erst später auf die eigentümlich riechende Gruppe der Alliaceen beschränkt. Dass der Lauch einst etwas Ehrendes bedeutete, geht auch aus einem noch immer in Altsachsen geübten Brauch hervor. Kommt dort nämlich ein Freier in einen Hof, so erfährt er durch gewisse Speisen, was er zu erhoffen hat. Werden ihm Rüben oder Kartoffeln vorgesetzt, so ist es ein Zeichen, dass er gleich wieder umkehren kann. Stellt man ihm Kaffee oder Mehlbrei vor, so bedeutet es, dass man ihn als Freund zu ehren weiß. Reicht man ihm aber Eierkuchen mit grünem Lauch, so ist dies das Zeichen, dass er als Brautwerber willkommen ist.[120]

---

119 Edda, übersetzt von Simrock, 192.
120 Montanus, 26 sowie Vernalecken, Alpensagen, 340.

Von den verschiedenen Arten des Lauchs diente der Knoblauch wegen seines starken Geruchs zu abergläubischen Zwecken. Der Bräutigam musste am Hochzeittag Baldrian und Knoblauch bei sich tragen, damit ihm die neidischen Elfen nichts anhaben konnten. Sie waren dann nicht in der Lage, die Nestel zu knüpfen. Man salbte sich, besonders in der Fastenzeit, Brust, Achselhöhlen und Fußsohlen mit Knoblauch ein, weil man glaubte, dadurch vor den Hexen geschützt zu sein, weil ihnen der Geruch unerträglich war. – Eine Sage, die wohl bei den Römern ihren Ursprung hat, welche Knoblauch gegen Dämonen und besonders gegen Lemuren anwendeten. Weil der Knoblauch, wenn er längere Zeit an der Luft hängt, schwarz wird, so glaubte man, dass er das Böse an sich zieht, und man benutzte ihn aus diesem Grund zum Ausscheiden von Giften oder als Vorbeugemittel dagegen.

Die Zwiebel (Allium cepa) war den ägyptischen Priestern zu essen verboten, weil Diktys, ein Liebling der Isis, einst nach einer Zwiebel griff und dabei in den Nil stürzte und ertrank. Das wahre Zwiebelland ist Spanien, bei uns wird sie nur als Würze zu den Speisen gegeben. In der Umgegend von Wien verwendet man Zwiebelschalen zur Vorhersage, ob ein Jahr regnerisch oder trocken wird. Man nimmt zu diesem Zweck in der Christnacht vor der Mette zwölf Zwiebelschalen, stellt sie für die zwölf Monate in einer Reihe auf den Tisch und streut in jede die gleiche Menge Kochsalz. Wenn man dann aus der Mette heimgekehrt ist, sieht man nach, und jene Schalen, in denen das Salz feucht ist, bedeuten nasse, die anderen trockene Monate.

Beim Zwiebelpflanzen soll man kein Wort reden, sonst wachsen lauter Narren, d. h. die Pflanzen schießen hoch empor und bilden keine Bulben. Wenn sich aber am Johannistag die Bauern in den Zwiebelbeeten wälzen, dann sollen die Zwiebel sehr groß werden.[121]

Schließlich ist hier wieder der Sieglauch (Allium victorialis) zu erwähnen, dessen äußere Wurzelhülle netzartig ist. Der Botaniker Hieronymus Braunschweig berichtet deshalb, dass diese Wurzel von Soldaten um den Hals getragen wurde: „Weil sie nicht wund werden, und ihren Feind überwinden;

---

[121] Rockenphilosophie, 176.

darumb wirt es Siegwurtz oder Aller Manns Harnescht genannt, weil ihre Wurtzel überzogen ist wie Härlein in Gestalt eines Panzers."[122]

Diese Wurzel wurde einst ebenso wie jene der Zaunrübe (Bryonia) zur Nachahmung der echten Alraune benutzt. Die Siegwurz wird in den Sennhütten gegen Behexungen aufgehängt. Man legt sie gegen Alpdrücken aufs Bett, trägt sie zum Schutz gegen Zauber bei sich und bindet sie, um Krampf und Zahnweh zu vertreiben, in ein Tüchlein genäht um den Leib. Sie schützt auch die Bergleute vor bösem Wetter, und sie dient zum Festbannen der Diebe. Man legt sie den Pferden und Kühen in den Trank, um sie vor bösen Einflüssen zu schützen und vergräbt sie unter der Schwelle, damit nichts Böses „aus- und ein könne".

Im Harz wollte einst ein böser Geist ein Mädchen entführen. Aber das war klug, riss den Allermannsharnisch, der just an dieser Stelle wuchs, aus dem Boden und hielt ihn dem „Junker" entgegen, der zurückwich und erzürnt ausrief:

„Allermannsherrn, du böse krut,
du höst mi kenomen miene junge Brut!"

Wenn die Kinder am Harz diese Pflanze sammeln, sagen sie dazu:

„Allermannsherrn –, dich such ich gern."

Wenn ein Mädchen die Siegwurz am Tage Maria Himmelfahrt findet, so ist es ein Zeichen, dass es noch im selben Jahr heiratet. Bestätigt sich dies aber nicht, was leicht der Fall sein kann, so ruft es gekränkt:

„Dat Allermannsherrn –, dat böse Krut;
dat häw ik ersocht – und bin doch noch keine Brut!"[123]

---

122 Kräuterbuch, 115, b.
123 Zeitschrift für deutsche Mythologie, I., 201.

Auch die Schwertwurz (Gladiolus), welche ebenfalls eine netzartig überzogene Wurzel hat, wird deshalb Siegwurz genannt und diente zu denselben abergläubischen Zwecken.

Der Safran war auch ein Abzeichen der Lichtgottheiten. Bei Homer trägt Eos daher ein safranfarbenes Gewand. Diese Pflanze soll durch die Kreuzfahrer nach Europa gebracht worden sein. Sie darf aber in Österreich, wo sie im Großen angepflanzt wird und sehr gut gedeiht, nie von Frauen oder Jungfrauen, sondern nur von Männern, Knaben und kleinen Mädchen gepflückt werden, weil sie sonst verdirbt. Die Frauen ärgern sich darüber, aber es bleibt doch dabei, denn sie haben während ihrer Periode eine stärkere Ausdünstung, und wenn sie dann die Safranfäden berühren, so verwelken diese und verlieren ihre färbende Kraft.

Die Narzisse scheint ebenfalls, wie der Safran, bei uns nicht ursprünglich einheimisch zu sein und kam wahrscheinlich aus Italien zu uns. Sie hat ihren Namen von griechisch „betäuben“, denn die Griechen behaupteten, dass ihr Duft ein schweres Gehirn mache, ja, dass er schließlich eine völlige Erstarrung (Narkose) hervorruft. Deshalb sind bei Sophokles auch die Erinnyen mit Narzissen bekränzt. Narzissenkränze, im Traum gesehen, bedeuten Unglück, besonders für Seefahrer. Dessen ungeachtet dient die Narzisse als Sinnbild des Frühlings und des Brautstands.

Das niedliche Schneeglöckchen (Galanthus nivalis) symbolisiert reine Jugendliebe und Demut. In der *„Bedeutung der Blumen“* (Nr. 18) heißt es von ihm: „Wer ime selber usserwelet eine liebe, und doe nit grofs freude hait, und balde abeleit, der sol hornungblümel tragen.“

In der Schweiz nennt man es auch „Amselblümli“, denn wenn es blüht, beginnt der Amselschlag. Welkt es aber früh, so zeigt es einen kurzen Sommer an.

Der Wasserschwertel (Iris pseudocorus) wird von den Bienen sehr geliebt, und wer die Wurzel bei sich trägt, ist vor dem Blutgang[124] geschützt. In Wein gelegt, hilft sie gegen Gelbsucht und andere Krankheiten. Sie wird aber zu abergläubischen Zwecken nicht benutzt.

Maiglöckchen und Goldwurz (Asphodelus) wurden bereits früher erwähnt, und vom Arum und der Zeitlose wird noch bei den Giftpflanzen die Rede sein. Die übrigen Monocotyledonen wurden – mit Ausnahme der Gräser – in den deutschen Sagen und abergläubischen Bräuchen nur wenig beachtet, oder sie dienten, wie der Schwertel, der Kalmus und andere, ausschließlich als Heilmittel.

IV.
Die Gräser

Da die Viehzucht ohne Gras nicht möglich ist, war es natürlich, dass der Landmann den Wiesen, Matten und Triften eine große Aufmerksamkeit zuwandte und alle Erscheinungen und Vorkommnisse an ihnen genau beobachtete. Je weniger der Boden von Unebenheiten unterbrochen ist, je gleichmäßiger und höher das Gras wächst, und je mehr sich duftende Kräuter darunter befinden, desto höheren Wert hat die Weide. Nun zeigen sich aber auf vielen Wiesen magere Flecke oder ringförmige Stellen, an denen das Gras buschiger wächst und eine dunklere Farbe besitzt.

Dass jene mageren Stellen von schlechterem Erdreich herrühren, braucht wohl nicht erwähnt zu werden. Das Volk ist aber mit dieser Erklärung nicht zufrieden und schreibt sie anderen Einflüssen zu. So gibt es auf der Insel Amrum eine Wiese mit einer ganz kahlen, beinahe kreisförmigen Stelle, welche dadurch entstand, dass dort einst einige Männer zusammenkamen und sich verabredeten, den Waisenkindern einen ihnen zugehörigen Acker

124 Blutungen (F.-D. S.).

abzuschwören. Von dieser Stunde an wurde der Fleck dürr und unempfänglich für Tau und Regen.[125]

In Bayern nennt man solche dürre Stellen, die mal rund, mal halbmondförmig sind, „Alberflecke", und man sagt, dass sie vom Alber (dem Drachen) herrühren, der ganz glühend ist und daher, wenn er sich, um von seinem nächtlichen Flug auszuruhen, auf eine Wiese setzt, das Gras ringsumher versengt. Auch in Tirol sagt man, dass auf solchen ausgebrannten Flecken der Alber oder Olm gesessen hat.[126] Erst nach sieben Jahren wächst dort wieder Gras, und dann viel dichter als zuvor.

Jene dunklen üppigen Grasringe stammen nach dem Glauben der Landleute daher, dass geisterhafte Wesen dort um Mitternacht und beim Mondschein ihre Tänze halten. In England, in Schweden und anderen nördlichen Ländern sagt man, dass dort die Elfen ihren Reigen tanzten, und man nennt diese Ringe „Elfentänze" oder „Elfenringe". Man hütet sich sehr, sie niederzutreten. In Deutschland werden sie meist „Hexenringe" genannt, weil man meint, dass an solchen Stellen die Hexen tanzen.

Diese Ringe haben einen Durchmesser von vier bis zwölf Fuß, ja, ich sah auf unseren Gebirgswiesen einige, die mehr als zwanzig Fuß Durchmesser hatten, und manche sind doppelt, ja sogar dreifach ausgebildet. Reysel berichtet, dass er im Hanauschen, Nassauschen usw. mehr als Hundert solcher Ringe gesehen hat.[127]

Die Gelehrten gaben sich viele Mühe, ihr Erscheinen zu erklären: Manche behaupteten, dass mutwillige Kuhjungen gewisse Samen im Kreis ausstreuen, andere schrieben diese Ringe den Wirbelwinden zu, wieder andere bewiesen, dass Erddämpfe oder „Erdsäfte", die vom Mittelpunkt der Erde ausgehen, diese Ringformen erzeugten. Die wahrscheinlichste Erklärung ist aber, dass sie durch eine Gruppe von Pilzen entstehen, deren Brut sich ring-

---

125 Müllenhoff, Sagen, Märchen und Lieder der Herzogthümer Schleswig Holstein Lauenburg, 138.

126 Zingerle, 461.

127 Ephemerides, 56.

förmig erweitert und nach deren Verwitterung der Boden so gedeihlich wird, dass dort das Gras jene besondere Fülle bekommt. Auch die Schafe sollen von solchem Gras nicht fressen. Shakespeare, der alle Dichter seiner Zeit in seiner Naturkundigkeit übertraf, sagt im „*Sturm*" (Akt V, Szene I):

„ (...) you demi-puppets, that
By moonshine do the green sour ringlets make
Whereof the ewe not bites."

Und wenn die Schafe dieses Gras nicht fressen, kann es daher rühren, dass es von jenen vermoderten Pilzen einen gewissen Geruch annimmt, der diesen Tieren nicht angenehm ist.

Sticht man den Rasen aus, auf dem jemand einige Zeit stand, und hängt dieses Stück in den Kaminrauch, so wird derjenige, der darauf stand, siech und bleibt es so lange, bis der Rasen wieder aus der Esse entfernt wird.[128] Es ist dieses eines der zahlreichen sympathetischen Mittel[129], durch welche man Abwesenden zu schaden versuchte, ohne dass sie wissen konnten, woher ihr Ungemach kam.

Man nannte das Gras früher das „Haar der Erde", und nach einer altfriesischen Sage nahm Gott bei der Erschaffung Adams Steine zu dessen Knochen, Gewölle zu seinem Gehirn, Tau zum Schweiß und Gras für sein Haar.[130]

Ein Grashalm, mit sieben Knoten um das Haupt gebunden, stillt den Kopfschmerz. Im Mittelalter pflegte der Jüngling mit einem Grasstengel nach derjenigen zu zielen, die sein Herz begehrte, und im Aargau übersendet man Halme mit folgendem Kiltspruch[131]:

---

[128] Heinrich Bruno Schindler, Der Aberglaube des Mittelalters, 166.

[129] Mittel, um durch Fernwirkung positiven oder negativen Einfluss auf andere Lebewesen zu erlangen (F.-D. S.).

[130] Haupt Zeitschrift, 1841 I., S. 1.

[131] Spruch, mit dem ein Jüngling Zutritt zum Haus der zukünftigen Braut erbittet (F.-D. S.).

„I lass sie gruessen durch es Hämpfeli Strau,
I wolt, sie war mi liebi Frau.“[132]

Auch Walter von der Vogelweide singt:

„Mich hat ein Halm gemachet frô;
Er giht, ich süll genade finden,“

weil er ihn von einer Dame erhielt, die ihm dadurch anzeigte, dass er Gnade bei ihr gefunden hatte.

Das Halmziehen, um eine Angelegenheit zu entscheiden, ist noch überall gebräuchlich. Wer von den zu diesem Zweck halb verdeckten Grashalmen den Kürzeren zieht, hat verloren. Die deutschen Weistümer[133] erkannten die Dünne eines Gewebes, besonders des Tuches, dadurch, dass Halme hindurchstachen. Ein Halm galt im Mittelalter auch als Zeichen des Abtretens von Besitztümern, und er wurde sogar bei manchen Abtretungsurkunden angeheftet. Diese Übergaben geschahen mit Handschlag, mündlicher Erklärung und mit Halm.

Als eine Art Wunder wächst auch Gras im Winter. Einst lebte in Tirol ein Soldat, der für sein Pferd mitten in der strengen Jahreszeit von seinem Weib frisches Gras begehrte und diesem dabei mit dem Schwert drohte. Die arme Frau eilte voller Angst hinaus und betete. Da erschien ihr die Heilige Maria und sagte ihr, sie möge nur auf die Wiese gehen und dort Gras schneiden. Und tatsächlich fand die Frau, dass der Schnee verschwunden und das Gras in voller Frische war. Da ward auch der rauhe Soldat erschüttert, und er bekehrte sich.[134]

---

132 Rochholz, Kinderlieder, 171.
133 Bäuerliche Rechtssysteme (F.-D. S.).
134 Zingerle, 357.

Das Mähen des Grases mit der Sense ist eine weit mühsamere Arbeit, als man glaubt. Sie erfordert eine große Übung, und der Vormäher muss stets der Stärkste sein, damit ihn seine Nachfolger nicht überholen. Bei Angeln in Schleswig verdingte sich einmal der Teufel bei einem Bauern, um irgendeine Seele zu erhaschen, da musste er mit dem Großknecht mähen. Nun hatte er aber keine Übung darin und war daher so ungeschickt, dass er mal mit der Spitze der Sense in die Erde fuhr und mal ganze Klumpen aus dem Boden hieb. Dabei mähte der Großknecht rüstig fort und war dem Teufel so fest auf den Fersen, dass dieser, als die Sonne heiß zu scheinen begann, vor Ermattung hinsank und ihm Blut aus Nase und Mund zu fließen begann, woraufhin er elendiglich umkam.[135] Diese Sage sollte den Unkundigen belehren, dass zum Mähen eine bedeutende Kraft gehört.

Wer Gras haut, soll, so oft er mit dem Hauen aufhört, seine Sense wieder wetzen, und überhaupt soll man sie niemals ungewetzt aus der Hand legen oder mit nach Haus nehmen, sonst verliert sie ihre Schärfe. Das soll heißen, dass ein guter Wirt seine Werkzeuge stets im besten Zustand und zum augenblicklichen Gebrauch bereit halten soll. Auf einem ähnlichen Grund beruht auch die Sitte, dass die Magd, wenn sie zum ersten Mal im Jahr grasen geht, mit Wasser begossen oder „getauft“ wird, damit sie beim Grasen nicht einschläft. Sie erinnert sich durch diese Taufe bei jedem Mähen daran, dass sie beobachtet und wieder mit einem Guss Wasser beschüttet werden könnte, weshalb sie rüstig bei der Arbeit bleibt.

Ist ein Knecht um seine Pferde besorgt, und will er, dass sie gesund bleiben, so nimmt er in der Christnacht ein Bündel Heu, geht damit zwischen Zwölf und Eins dreimal um die Kirche und streut es dann den Pferden in den Born. Das Heu hat dadurch eine Weihe erhalten, und die Sagenforscher glauben, dass dieser Brauch noch aus der Zeit stammt, in welcher man den Gott Frô als Beschützer der Pferde verehrte.[136] Verwandt mit diesem Ritus, wenn auch nicht auf moralischer Grundlage stehend, ist der Glaube, dass das Vieh gedeiht, wenn man es mit Heu füttert, welches man in der

135 Müllenhof, 572.

136 Wolf, Beiträge I., 120.

Christnacht im Stall des Nachbarn „fand“. Es scheint bei manchen Landleuten noch immer einiges Behagen darin zu liegen, heimlich von des Nachbars Gut zu zehren, und sie haben wirklich die Vorstellung, dass „nicht selbst Geerntetes“ und „im Geheimen Geholtes“ dem Vieh Nutzen bringt. Leider schlägt es ihnen aber oft zum Nachteil aus. So trieb vor mehreren Jahren ein Bauer aus Kalksburg (bei Wien) an einem Sonntag während des Gottesdienstes, wo er alle in der Kirche wusste, seine Ochsen auf das Kleefeld seines Nachbarn und eilte dann, um nicht vermisst zu werden, selbst in die Kirche. Als er aber später wieder zum Kleefeld schlich, war das Unglück schon geschehen: Der eine Ochse hatte sich mit Klee vollgefressen und war dann zum Bach gegangen und hatte in durstigen Zügen getrunken. Als man ihn fand, lag er keuchend am Boden. Er war von den Gasen, die der feuchte Klee entwickelte, aufgeschwollen und verendete, bevor Hilfe geholt werden konnte. Ein toter Ochse war also der Gewinn für den „ungekauften“ Klee.

An vielen Orten geht die Sage, dass kleine Männlein, Erdgeister, Gnomen, Alben usw. freiwillig im Haus Dienste tun, und dass dann alles gedeiht. Auch in Schleswig gab es solche hilfreiche Wesen, die man dort „Pug“ nannte. Ein solcher Pug diente bei einem Hufner in Süderleben und ein zweiter in Söderup. Als nun Futtermangel eintrat, ging der eine Pug bei Nacht in die Scheuer von Söderup und der andere in die Scheuer von Süderleben, und jeder belud sich mit einer tüchtigen Tracht Heu. Auf dem Heimweg aber begegneten sie sich, fingen an zu streiten und prügelten sich wütend die ganze Nacht hindurch. Die Leute hörten den Lärm, wussten aber nicht, was es war, und sie fanden, als sie des Morgens hinauskamen, zwei große Haufen Heu.[137] Also sind selbst geisterhafte und sonst gutmütige Wesen von dem Gedanken befangen, dass man zu passender Zeit dem Nachbarn etwas entwenden kann. Ja, diese Ansicht ging so weit, dass man in der Christnacht Heu stahl, weil man dadurch davor geschützt wurde, bei ähnlichen Diebereien nicht ergriffen zu werden.[138]

---

[137] Müllenhof, 325.

[138] Rockenphilosophie, 690.

Unter den Gräsern, deren Früchte genießbar sind, ist mit Ausnahme der Getreidesorten, von denen im folgenden Abschnitt die Rede sein wird, die Hirse (Milium) vielleicht das Wichtigste, und besonders für solche Gegenden, in welchen Weizen, Roggen und Gerste nicht gut gedeihen. Die Hirse soll ihren Namen von den Tautropfen (herse) haben, weil ihre zahlreichen, glänzenden Körner ihnen ähneln. Da diese Körner von vielen Vögeln geliebt werden, so steckt man Vogelscheuchen, auch genannt „Popanze", „Preinscheuchen" oder „Schreckgäste", in die Hirsefelder, aus denen die Sage von den geisterhaften Preinscheuchen entstanden sein mag, durch welche man die Kinder von den Feldern abzuhalten suchte. Mit Hilfe des Hirsebreis kann man auch Unholde entdecken: „Nimm einen Löffel am Faschingstag und stoß ihn in gesottenen Prein", heißt es in einer Handschrift der *k. k. Hofbibliothek* zu Wien, „und behalte ihn bis zu Dreimetten in der Fasten, so wird es dir kund, wer ein Unhold ist".[139]

In der Fastnacht soll man tüchtig Hirse essen, dann „quillt das Geld das ganze Jahr[140]."

Die Friesen waren einst mit den Dänen im Krieg und gerieten bei einem heftigen Kampf in Unordnung. Die friesischen Frauen waren im Lager und kochten Hirse. Als sie aber ihre Männer zurückweichen sahen, ergriffen sie die Töpfe, gingen mutig auf die Dänen los und begossen sie mit dem siedenden Brei. Da erstaunten die Dänen über die kühnen Weiber, die Friesen fassten sich, hieben aufs Neue ein und schlugen die Dänen in die Flucht. Zum Andenken an die Tapferkeit ihrer Frauen nahmen dann die Friesen den Breitopf in ihren Wappenschild auf.[141]

Auch vom Sandhafer (Elymus arenarius) gibt es eine schleswigsche Sage. Auf dem Wege von Viöl nach Bargum sieht man nämlich auf einer Heide einen Hügel aus Flugsand. Da stand in alten Zeiten eine Stadt, deren Einwohner so arm waren, dass diese Stadt von den Kaufleuten nur Ringkjöping

---

[139] A. d. XIV Jahrb. graec., 36/63, fol. 133.

[140] Rockenphilosophie, 401.

[141] Müllenhoff, Sagen, Märchen und Lieder der Herzogthümer Schleswig-Holstein und Lauenburg, 73.

(Geringkauf) genannt wurde. Der Flugsand drohte die Stadt zu verschütten. Man hörte aber, dass es eine Grasart gibt, die im Sand so fest wurzelt, dass sie dessen Verwehen hemmt. Allein, dieses Gras wuchs sehr fern von Ringkjöping, und man sandte mehrere Männer aus, um Samen davon zu holen, doch sie blieben so lange fort, dass die Stadt indessen ganz vom Sand bedeckt wurde und alle Einwohner fliehen mussten.[142]

Eine andere Grasart, das Rispengras (Poa pratensis), wird im Aargau zu einer Art Liebesorakel benutzt. Man fasst dabei das Gras unter der Rispe, zieht den Halm behutsam aus seiner Scheide, wendet ihn dann um, so dass die Rispe nach unten schaut, und drückt nun den Saft von unten hinauf. Der herausquellende Safttropfen zeigt nun an, in welcher Gegend das Schätzli oder Herzhäberli wohnt.[143] Die Schmiele (Aira) wird in Tirol zum Wespenbannen gebraucht. Man legt dabei zwei blühende Schmielen kreuzweise unter die Zunge und spricht:

„Wesp, Wesp, i bann di,
Beißt du mi, so zann i di.“

„Zannen“ kommt von „Zahn“ und heißt hier „zurückbeißen“.[144]

Man weiß nicht, wie das Landvolk auf solche Einfälle gerät, aber dieses Ritual macht den Bannenden zuversichtlich, denn die Wespen stechen in der Regel nur denjenigen, der sie reizt oder sich vor ihnen fürchtet und dabei um sich schlägt.

Das Rohr oder Schilf (Arundo) ist ein Sinnbild der Gebrechlichkeit, deshalb steckte man auch dem Heiland ein Rohr als Zepter zwischen seine gebundenen Hände. In der nordischen Sage hat es aber noch eine andere Bedeutung:

---

142 Müllenhoff, Sagen, Märchen und Lieder der Herzogthümer Schleswig-Holstein und Lauenburg, 543.
143 Rochholz, Kinderlieder, 173.
144 Zeitschrift für deutsche Mythologie, I., 294.

Als nämlich der Schwedenkönig Erik die Schlacht der Fyriswall gegen Styrbiörn schlagen sollte und keine Aussicht auf den Sieg hatte, weihte er sich dem Odin und bestimmte die Frist seines Todes auf zehn Winter. Da schritt nun ein großer Mann mit einem breiten Hut heran (Odin), gab dem König einen Reyrsproti (Rohrstengel) und befahl ihm, diesen mit den Worten „Odin hat euch alle!“ über das feindliche Heer zu werfen. Und als Erik warf, verwandelte sich das Rohr in einen Speer, der über Styrbiörns Heer hinwegflog und ihn und die Seinigen so mit Blindheit schlug, dass König Erik die Schlacht gewann.[145]

Odin stellte also den König zuerst auf die Probe, ob er ihm glaubte, und so wurde das Rohr zum blendenden Geschoss oder zum Blitz.

Die „*Rockenphilosophie*“[146], eine Sammlung abergläubischer Praktiken aus dem 18. Jahrhundert, rät an, dass man das Schilf am Tage Abdon in den Teichen schneiden soll, auf dass es nicht mehr wachse. Damit hat es freilich keine besondere Not, denn Abdon fällt auf den 30. Juli, nach welchem Datum es gewiss nicht mehr in hohen Halmen aufschießen wird.

Die Binse (Scirpus) gehört nicht zu den echten Gräsern, sondern zu den sogenannten Cyperaceen. Sie ist bei den Elfen sehr beliebt, und ein Binsenstengel dient ihnen zum Reiten, sowohl auf der Erde als auch in der Luft. Er braucht von ihrer Hand nur berührt zu werden, um sich sogleich in ein kleines, munteres Pferdchen zu verwandeln. Unser Landvolk überträgt diesen Binsenritt der Elfen auf die Hexen, auch können diese mit einer Binse die Kuh des Nachbars ausmelken. Die welke Spitze der Binse rührt davon her, weil Gott mit ihr der Blindschleiche die Augen ausstach, und man soll sich mit Binsenspitzen genauso wenig wie mit einem Dorn in den Zähnen stochern, denn oft ist ein Teufel auf diese Spitze gebannt, den man dann nur schwer wieder los wird. Die Binse, welche in der suivogotischen Sprache „Juelhalm“ hieß und bei dem Juelfest auf die Fußböden der Gemä-

145 Simrock, Mythologie, 216.
146 S. 216.

cher gestreut wurde, ist auch das Sinnbild der Ausdauer und beugt sich im Sturm, während selbst die majestätische Eiche bricht.

Der Lolch oder Taumellolch (Lolium temulentum) ist wegen seiner Schädlichkeit allenthalben bekannt, und er soll, nebst seiner betäubenden Wirkung, auch kurzsichtig machen. Auf die Obstbäume wirkt er aber günstig, denn wenn man sieht, dass ihre Früchte unreif abfallen, braucht man sie nur mit einem Kranz von Lolch zu umgürten, woraufhin sie das Obst so lange behalten, bis es reif ist.[147]

Das Borstengras (Nardus stricta), welches seinen Namen von seiner borstigen Ähre bekam, heißt in der Schweiz auch „Hirschhaar", benannt nach den Haaren jenes Hirsches, auf welchem einst Freja umherritt.[148] Schließlich dient von den Gräsern noch das Spitzgras oder Riedgras (Cyperus) zum Losen, ob sich irgendein Wunsch erfüllt. Ein Knabe nimmt zu diesem Orakel sechs bis zehn Halme und gibt sie einem Mädchen. Dieses fasst die Halme an den Spitzen und gibt sie mit den unteren Enden wieder zurück. Der Knabe muss sie nun festhalten, und das Mädchen knüpft je zwei und zwei der Halme zusammen. Bilden diese nach dem Entfalten einen Kranz, so geht der Wunsch in Erfüllung.

V.
Oswald und Bilwitz
(Getreidesagen)

Der Leser findet hier zwei Namen, die ihm wahrscheinlich nicht sehr geläufig sind und die später gewiss noch seltener vorkommen werden, da mit den wachsenden Kenntnissen auch die Landwirtschaft immer prosaischer wird. Einst wurde der Acker bloß nach herkömmlichen Überlieferungen behandelt, und Kluges und Aberglauben wandelten dabei freundschaftlich Hand in Hand. Ja, der Aberglaube hatte zuweilen sogar ein größeres Ge-

[147] Babst, Kunst- u. Hausbuch, 305.
[148] Rochholz, Aargauer Sagen, 243.

wicht als das Vernunftgemäße und das durch die Erfahrung Bestätigte, denn der Mensch träumt gern. So träumt der Krieger vom Kampf und wünscht sich, unverwundbar zu sein; so träumt der Jurist von seinem zu Boden getretenen Gegner; der Arzt träumt von einem Allheilmittel, und der Philosoph träumt sich sogar in andere Welten hinüber. Träumen nun solche Leute, die doch einen gewissen Bildungsgrad haben, warum sollte dann der Landmann nicht träumen, warum sollte er sich, besonders in frühesten Zeiten, in welchen der Soldat an die Waffensalbe, der Jurist an Hexen, der Arzt an sympathetische Heilmittel glaubte, warum sollte da der Bauer nicht ebenso gut seine wachen Träume gehabt haben, wie sie der Jäger noch heute hat, der nicht ohne sein Büschel Sonnentau (Drosera rotundifolia) in den Wald geht, um einen sicheren Schuss zu haben.

Zwei Zeitabschnitte sind für den Landmann von größter Wichtigkeit, nämlich die Tage der Aussaat und jene der Ernte. Die letzteren gelten ihm noch viel mehr als die ersteren, denn von ihnen hängt der Wohlstand seines ganzen nächsten Jahres ab.

Da der Bauer recht wohl wusste, dass das Gedeihen des Getreides, obschon er pflügte, säte und eggte, noch von etwas anderem abhing, schrieb er diese Einwirkungen nicht nur der Witterung allein zu, sondern auch geistigen oder geisterhaften Wesen, die mal einen günstigen, mal einen schädlichen Einfluss auf die Feldfrüchte nahmen. Nur machte er es dabei wie gewisse Naturvölker, die sich wenig um ihre gute Gottheit kümmern, weil diese ohnehin nicht schaden kann. Dafür bringen sie aber dem bösen Gott Opfer dar oder scheuen sich sogar, seinen Namen auszusprechen. Auch der Bauer spricht nicht gerne den Namen des Teufels aus, damit sich dieser nicht beleidigt fühlt. So redet der Landmann in Schleswig nur von den „Unterirdischen“, in anderen Gegenden spricht man sinnbildlich nur vom „Drachen“, und an manchen Orten fürchtet man sich sogar, an einen männlichen Dämon nur zu denken und überträgt seine Macht auf weibliche Wesen, nämlich auf Waldfrauen, Truden, Mummeln usw. In seiner böswilligsten Art und am schwierigsten zu entdecken, erscheint jenes höllische Wesen in der Gestalt des Bilwitz.

Der Teufel scheint wohl zuweilen dumm zu sein und lässt sich dann durch Bauernschläue übertölpeln. Der Bilwitz besteht dagegen nur aus Neid, Tücke, Bosheit und Heimlichkeit, und man kann ihm nur schwer etwas anhaben. Er ist außerordentlich mager, trägt einen Rock mit sehr langen Schößen und ein sehr kleines, dreieckiges Hütlein. Seine knöchernen Hände hat er immer in den Rocktaschen. Entweder um Walpurgis oder um Johannis, wenn kein Mond am Himmel steht, schleicht er sich in der Mitternacht hinaus aufs Feld. Man hört ihn nicht, so leicht und leise ist sein Tritt. Ist er beim Acker angekommen, den er schädigen will, so schnallt er den rechten Schuh ab, nimmt ihn unter den Arm, und bindet an die große Zehe seines rechten Fußes eine kleine, aber ungemein scharfe Sichel. So geht er nun quer und schräg und oft schwankend durchs Getreide und mäht schmale, aber sehr lange Gassen, und bis zum Morgen sind alle abgeschnittenen Halme verschwunden, so dass der Eigentümer, wenn er an sein Feld kommt, nichts weiter sieht als die Schändung seines Ackers und die trostlos leeren Gänge.

Dieser tückische Bilwitz war unter anderem im Vogtland, in Bayern und in Thüringen usw. bekannt, und überall kannte man andere Mittel, ihm entgegenzuwirken. In Landau band man einen Kranz aus Feldblumen, das „Antlaßkränzel". Man ließ es am Gründonnerstag weihen und steckte es mitten im Acker auf einen Stab. Zu Hohenpoldingen in Niederbayern legte der Bauer, auf dessen Acker ein Bilwitzschnitt war, nach der Ernte einige Garben aufeinander und darüber Reisig (ein Bund Ried). Dann streute er Schweinekot darauf und drosch schweigend gemeinsam mit seinem Weib das Ganze.

In der Gegend von Passau bindet man in die erste geschnittene Garbe einen Wacholderzweig, legt diese Garbe zuerst auf den Wagen und drischt sie zuletzt, um den Acker für das nächste Jahr sicher zu machen. An anderen Orten warf man zuerst eine Handvoll tauber Ähren in die Mühle, in welcher man das Getreide „auswindet" (von den Grannen und Staub befreit), damit der Staub jener früchtelosen Ähren dem Bilwitz in die Augen fliegt.

Es war eine große Schwierigkeit, den Bilwitzschneider zu entdecken oder ihn zu vertreiben. In Thüringen hängt man sich, um zu erfahren, wo der Bilwitzschnitter ist, am Dreifaltigkeitssonntag oder am Johannistag mittags einen Spiegel um den Hals, setzt sich dann auf einen Holunderbusch und schaut sich nach allen Seiten um. Diese Erforschung wird aber selten ausgeübt, weil sie zu gefährlich ist. Denn erblickt der Bilwitzschnitter den Schauenden zuerst, so muss dieser sterben. Nur dann, wenn der Bilwitz sich im Spiegel des anderen sieht, geht es an sein eigenes Leben, das dann kein Jahr mehr dauert.

Es wäre sehr interessant, den Ursprung dieses seltsamen Glaubens zu erforschen. Grimm[149] bemüht sich, den Bilwitz auf den Gott Frô und den Halbgott Siegfried zurückzuführen. Aber deren beider Erscheinen wirkt in den alten Mythen wohltätig auf die Felder, besonders wenn Frô auf seinem Eber durch die Fluren reitet, um sie ergiebig zu machen. Der Bilwitz aber ist vollkommen schädlich und böswillig, was schon sein Name bezeugt: *Bilwitz, Bilmer, Bilsen*, der, ebenso wie der Name des Bilsenkrauts und des giftigen „Pilzes" auf etwas Verderbendes hindeutet und wahrscheinlich mit dem althochdeutschen *balowez* (Bosheit), *balowiso* (Teufel) sowie kimbrisch *bele, bela* (Gift), verwandt ist.

Diese Bilwitzschnitte, die der Bauer zuweilen auf seinem Feld entdeckt und aus denen man durch Übertreibung so viel gespenstische Dinge machte, sind aber, wie mir mehrere erfahrene Jäger versicherten, nichts anders als die Spuren des Äsens der Hirsche und Rehe. Sie gehen oft rudelweise in die Felder und weiden darin, und bei ihrem Vorwärtsgehen bilden sie diese abgemäht scheinenden Gassen. Indessen findet man diese Spuren nie in sehr ausgedehnten Getreideböden, sondern nur da, wo Wald in der Nähe ist, in welchem sich das Wild tagsüber aufhalten kann, was ganz jener Erklärung der Jäger entspricht.

[149] Mythologie, 446.

Auf der großen Ebene des Marchfeldes und in dem weiten Tullnerboden vernahm ich nichts vom Bilwitzschnitt.[150] Ganz anders verhält es sich mit dem „Oswald“, der sich mit ziemlicher Sicherheit aus altgermanischen Mythen ableiten lässt und der eigentlich als Schützer der Felder auftritt. Es war nämlich Brauch bei den Germanen, bei der Ernte ein Büschel Getreide zum Dank für Odin stehenzulassen, und weit hinein in die christliche Zeit dauerte dieser Ritus fort.

Die Bauern in Mecklenburg nannten das stehenbleibende Halmbüschel Frô goden deels Strauss (Frôs guten Anteils Strauß). Sie nahmen vor diesem Strauß die Hüte ab und riefen bittend: „*Wode, hale dinem Rosse nu Voder*“ usw. (Wodan, hole deinem Pferde nun Futter!)[151]

Auch im Harz blieb ein Getreidebüschel für die Pferde Odins stehen, desgleichen in Niederbayern (Labertal, Plättling usw.), wo man diese „Odinswala“ – später verwandelt in „Oswald“ –, mit Feldblumen schmückte. Das Büschel musste an einigen Orten mit der linken Hand geknüpft werden, in anderen Gegenden wurden mit der Rechten drei große Halme erfasst und zu einem Knoten verschlungen. Der Busch wurde mit Kornblumen, Mohn und wilden Kamillen geziert, und die Schnitter stellten sich darum herum, beteten und dankten, dass sie sich bei der Ernte nicht geschnitten hatten. Im Odenwald (Odinswald) hieß das auf dem Acker zurückbleibende Ährenbündel „der Bock“, und die Sagenforscher beziehen diese Benennung auf den Bock des Donar, des germanischen Donnergottes.[152]

Im Labertal brachte man sogar kleine Opfer dar, indem man auf Roggenäckern ein Stück Roggenbrot und auf Weizenfeldern einen Weizenkuchen unter den Oswald legte. Man war in früheren Zeiten überhaupt dankbarer als heute. In Hessen warf man, wenn die Frucht eingeheimst war, nachts um Zwölf eine Garbe aus der Scheune, damit auch die Engel etwas von dieser Gottesgabe nehmen konnten, und am Harz ließ man sogar ein

---

150 Friedrich Panzer, Bayerische Sagen und Bräuche, I., 240 sowie II., 209 usw.
151 Gryse, Spegel des Pawestdomes, E. 4.
152 Wolf, Mythologie, I., 71.

Kornbüschel für die Sperlinge stehen. Es liegt etwas Behagliches in diesen Bräuchen, die sich gegen die Ichsucht der Neuzeit bedeutend abheben, in welcher man kaum den armen Kindern die Nachlese der gefallenen Ähren erlaubt.

Auch in Tirol kennt man den Oswald. Er war dort in der Sage ein christlicher König, wurde von den Heiden vertrieben und flüchtete ins Etschland an den Isinger. Zu seiner Zeit gab es weder Krieg noch Pest, weder Hunger noch Teuerung. Er hatte, wie Odin, immer einen Raben bei sich und war ein gewaltiger Wettermacher. Die Bauern von Schenna und Hafling ziehen am 5. August noch immer zur Oswaldkapelle am Isinger.[153]

So wie das Oswaldbüschel der Ausdruck des Dankes und zugleich eine Bitte um Segen für das nächste Jahr war, so galt der österliche Palmzweig für die Äcker als Schutz vor Blitz, Hagel und Würmern. Nicht nur bei uns, sondern auch in Flandern herrschte der Brauch, die Felder am Palmsonntag mit geweihten Zweigen zu bestecken und dabei zu singen:

„Ik zegene hier myn kooren
tegen den bliksen en den oormen.“[154]

Zu Bering in Oberbayern ging der Bauer am Ostersonntag mit seinem Gesinde hinaus und steckte an jede Ecke des Ackers ein Palmkreuz, welches aus einer geweihten und oben gespalteten Weidengerte bestand, in deren Spalt man einen Palmkätzchen- und einen Sevenbaumzweig festband. Auf die Spitze dieses Palmkreuzes setzte man die halbe Schale (Gucke) eines geweihten Eis. Das Ei galt nämlich als Symbol der Zukunft und der Fruchtbarkeit.[155]

Auf den Gebirgsäckern in Tirol, namentlich um Botzen und am Eisack, nimmt man Reisigwellen oder Strohbündel, zündet sie an und lässt sie über

153 Zingerle, 1.
154 Zeitschrift für deutsche Mythologie, III., 164.
155 Friedrich Panzer, Bayerische Sagen und Bräuche, II, 212.

die Saatfelder hinabrollen, um – nach dortiger Sprachweise – „das Korn aufzuwecken". Die *„Rockenphilosophie"*[156] rät an, am Walpurgisabend dreimal mit Gewehren über die Felder zu schießen, damit die Hexen, die das Schießen nicht leiden können, der keimenden Saat keinen Schaden zufügen. In der Altmark wiederum müssen die Brautleute während der Trauung Getreidekörner in den Schuhen tragen, weil dadurch die Fruchtbarkeit der Felder vermehrt wird.[157]

Soll die Ernte überhaupt recht fruchtbar ausfallen, so müssen die ersten Halme von einem vierjährigen Kind geschnitten und das erste Strohband von einem sechsjährigen Kind gewunden werden. Die Hände der Unschuld sollten also zuerst das reife Getreide berühren.

In Landshut war es die sonderbare Sitte, dass der Bauer beim Beginn der Ernte drei Ähren nahm, sie über Kreuz auf den Acker legte und dann entweder ans Haustor nagelte, in den Weihbrunnenkessel warf oder auf den Friedhof trug. Dies scheint eine Art Opfer gewesen zu sein, nämlich für die Vögel, die Kirche oder für die Unterirdischen. Um beim Schneiden nicht zu ermüden und sich mit der Sichel nicht zu verletzen, bindet sich im Labertal jeder Schnitter einen Gürtel aus drei Halmen, an denen noch die Ähren sind, um den Leib. Zu Königsberg (Oberpfalz) ging man noch genauer zu Werk: Der Schnitter schnitt zuerst eine Handvoll Halme, zog einen davon heraus und legte sich diesen auf den nackten Rücken. Dies tat er dreimal nacheinander, ohne zu sprechen und an einer einsamen Stelle, damit ihn auch niemand ansprechen konnte. Diese drei Halme beschützten ihn nun während des ganzen Schnittes vor Kreuzschmerzen.

Wer aber den ersten Wagen voll Getreide nach Hause bringt, der soll einige Garben kreuzweise in die vier Winkel der Scheuer legen, damit die Frucht nicht vom Drachen beschädigt werden kann. Auch ist es gut, wenn man in die erste Garbe ein Kränzlein legt, in welches ein rotes Ei und geweihtes, mit einigen Tropfen Johanneswein angefeuchtetes, Salz eingebun-

---

156 S. 213.
157 Temme, 74.

den wird. Der Kranz muss aber, wenn alles abgedroschen ist, sogleich ins Ofenfeuer geworfen werden, damit niemand Missbrauch mit ihm treiben kann.[158]

Um keinen Preis würde aber am Sonntag geschnitten werden, was bei uns mittlerweile jedoch sehr häufig geschieht. Da war eine Edelfrau zu Kamin in Pommern, die wollte durchaus keine Christin werden, und sie wollte ihr Gesinde zwingen, am Sonntag die Frucht zu schneiden. Doch weil sich dieses weigerte, ergriff sie selbst die Sichel. Aber als sie zu schneiden anfing, erstarrte sie plötzlich, und wer noch nicht geglaubt hatte, der ging jetzt hin und ließ sich taufen.[159]

Im Gefolge des Heiligen Otto war ein Priester namens Bocatis, der die Leute warnte, am Sankt-Laurenz-Tag Korn zu schneiden. Da sie ihm aber nicht gehorchten, fiel Feuer vom Himmel und verzehrte die Ernte. Am Tage Maria Himmelfahrt traf Bocatis einen Mann und ein Weib, welche Getreide schnitten. Er erinnerte sie an den heiligen Tag. Als aber der Mann mit der Arbeit fortfuhr, stürzte er tot in die Furche, und nicht eher konnte man ihm Sichel und Halme aus den Händen ziehen, bis die ganze Gemeinde seinen Frevel anerkannt hatte.

Sonderbar war das Auslosen oder Vorherbestimmen, wie das Getreide im Preis steigen oder fallen würde: Man drosch die erste Garbe aus, füllte mit dem Korn einen Topf, strich ihn ab und schüttete das Korn auf eine Ecke des Tischs. Dies wiederholte man mit dem Korn der zweiten, dritten und vierten Garbe. Dann füllte man den ersten Kornhaufen wieder in den Topf. Wurde er bis zum Abstreichen voll, was von der verschiedenen Lage der Körner herrühren konnte, so wurde das Korn im ersten Vierteljahr billig, sank es aber ein, so wurde es teuer. Mit dem Korn der drei übrigen Ecken verfuhr man ebenso und war nun über das Steigen und Fallen der Preise für das ganze Jahr unterrichtet.

---

158 Friedrich Panzer, Bayerische Sagen und Bräuche, II., 212, 217.
159 Temme, 52.

Leider kennen wir Jetztlebende das alte Erntefest, Hertafest, Hearfest (von dem sich vielleicht das Wort Herbst ableiten lässt) beinahe nur noch vom Hörensagen. Einst war dabei der letzte Erntewagen mit Baumzweigen und Feldblumen geschmückt. Schnitter und Schnitterinnen waren bekränzt und bebändert, und sogar die Sicheln, Trinkgefäße und selbst die Peitsche des Kutschers wurden mit Blumen umwunden. Man zog mit Sang und Klang nach Hause, um dem Herrn der Äcker den aus Ähren gewundenen und mit Wintergrün und Dreifaltigkeitsblumen geschmückten Erntekranz zu überreichen und das Fest mit einem Tanz zu beschließen. Der heutige Bauer aber denkt nur noch daran, wie er es anstellt, um seine meist fremden Schnitter so karg wie möglich zu bezahlen.

Die Ähre galt als Symbol Adams, weil er nach der Verstoßung aus dem Paradies den Acker bestellen musste. Sie war überhaupt das Sinnbild der Ernte. Deshalb trägt auch das Sternbild der Jungfrau, in welches die Sonne zur Erntezeit eintritt, eine Ähre, und ebenso hält die Heilige Walpurgis als Zeichen des beginnenden Pflanzenwuchses drei Ähren in der Hand.[160]

Die drei ersten blühenden Ähren soll man genießen, um das ganze Jahr vor Fieber geschützt zu sein. Drei Ähren hinter den Spiegel gesteckt, bringen Glück für das ganze Jahr. Der Wallfahrtsort Dreiähren in Bayern entstand, weil man dort drei Weizenähren mit einer Hostie gefunden hatte. Im Pinzgau wuchsen mitten im Winter drei Kornähren, und man erbaute 1694 an jener Stelle eine Kirche zu Ehren der Heiligen Maria.[161]

In Wassermungenau (Mittelfranken) hat man für das Wintergetreide drei Saatzeiten, nämlich vom 5. bis 10. September; vom 25. September bis 10. Oktober und zu Ende des Oktobers. Um nun zu erfahren, welche die fruchtbringendste sei, grub man drei reife Ähren ein: die erste vor Sonnenaufgang gegen Osten, die zweite mittags gegen Süden, und die dritte nach Sonnenuntergang gen Westen gerichtet. Diejenige, welche die meisten Halme trieb, zeigte die beste Saatzeit an.

---

160 Menzel, Christliche Symbolik, 37.

161 Kaltenbanck, Mariensagen, 260.

Eine mohammedanische Legende lässt Adam mit dem Getreide vom Himmel fallen. Die Körner waren damals sehr groß und erst nach dem Fall so klein, wie sie jetzt sind.

Einer Mariensage zufolge reichten einst die Ähren bis an die Erde herab, weil aber die Leute so böse waren, wollte Gott die Ähren ganz abstreifen. Da legte sich aber die gute Heilige Maria in die Mitte, und sie blieben wenigstens am Gipfel.

Eine doppelte Kornähre bedeutet besonderen Segen, und sie schützt vor Blitzschlag. Wird sie aber zur Zeit eines Kriegs gefunden, so verkündet sie Frieden. Deshalb schrieb auch Elisabeth Charlotte von Orléans am 15. Juli 1695:

„Ich bin des Kriegs wohl müde, ich bitte liebe Luise, informirt euch doch obs wahr ist, dass man bei Giessen einen Halm gefunden so der Landgraf von Darmstatt bewachen soll lassen worauf zwei Ähren seyn sollen und ob man einen dergleichen gefunden zu Ende des dreißigjährigen Krieges.“ [162]

Ähren und Trauben sind auch das Symbol des Fleisches und Blutes beim Heiligen Abendmahl. Daher findet man sie auf vielen alten kirchlichen Gefäßen dargestellt. Aus dem Getreide werden Mehl und Brot bereitet. Die Juden hatten zwölf ungesäuerte und mit Weihrauch bestreute Brote, Elisa nährte mit zwanzig Broten hundert Menschen.[163]

Christus speiste bei Matthäus (XV. 36) mit sieben Broten viertausend, und nach Lucas (IX. 14) mit fünf Broten und zwei Fischen fünftausend Mann. Der Heilige Richard sättigte mit einem einzigen Brot dreitausend Mann, und es werden noch mehrere solche wundersamen Speisungen erwähnt.[164] Bei

[162] Grimm, Deutsche Mythologie, 1090.
[163] Buch der Könige. IV. 42.
[164] S. Bergatta, Admiranda, IV., 1.

der Krönung von Kaiser Ferdinand III. wurde ihm ein vergoldetes und versilbertes Brot aufgetragen.[165]

In der Bretagne lässt man, wenn eine Leiche im Wasser gesucht wird, einen Laib Brot mit aufgestecktem Licht schwimmen. Wo der Laib still hält, dort liegt die Leiche, was sich übrigens dadurch erklärt, dass das Brot dort stehen bleibt, wo keine Strömung ist. Will man wissen, wer irgendetwas Unrechtes tat, so wirft man kleine Stücke Brot aufs Wasser und nennt bei jedem den Namen eines der Verdächtigen. Bei dessen Namen das Brot untersinkt, der ist der Täter.[166] Die „*Acta Sanctorum*" berichten (vom 25. Januar), dass der Abt Apollinus bei einer Hungersnot Korn und Brot erbetete, und zu den verschiedenen Arten mittelalterlicher Gottesurteile gehörte auch jenes, dass der Angeklagte zwölf geweihte Gerstenbrote essen musste und dass er, wenn ihm ein Bissen im Halse stecken blieb, für schuldig befunden wurde.

Selbst das Stroh war wichtig, denn man bestreute in der Christnacht die Fußböden der Kirchen damit, um die Fruchtbarkeit der Felder zu mehren. – Ein Brauch, der später als heidnisch verboten wurde. Ebenso streute man es auf den Hausflur und die Felder, um die Hexen abzuhalten. Zu Görlitz legte man am Neujahrsabend beim Essen Strohbündel unter den Tisch und stellte die Füße darauf. Nach dem Essen musste einer auf allen Vieren kriechen, und ein anderer ritt auf ihm und holte die Bündel hervor, mit denen man dann die Obstbäume umwand, damit sie reichlicher tragen sollten.

Ein Strohwisch aus dem Bett eines Toten hält die Vögel von der Saat ab. Wer nachts bei einer Wöchnerin wacht, legt an jede Tür einen Strohhalm aus dem Wochenbett. Dann können weder Gespenster noch das „Jüdel" hereinkommen, das mit den schlafenden Kindern spielt.

Stroh, auf welchem man schlief, soll man nicht verbrennen, sonst raubt es die Ruhe. Durch einen geknickten Strohhalm zeigten die Vasallen an, dass

[165] Berckenmeyer, Cur. antiquit., I., 741.
[166] Blätter für literarische Unterhaltung, 1837, S. 892.

sie dem Lehnsherrn den Gehorsam aufkündigten. Entehrte Mädchen wurden mit einem Strohkranz auf dem Kopf herumgeführt, und Friedrich der Einzige machte sich bei der Vermählung seines Bruders den Spaß, der Braut am Tag nach der Hochzeit einen Strohkranz zu übersenden.[167]

Das Getreide auf dem Feld bietet oft großen Schutz. In dem faröischen Volkslied von Odin, Homi und Loki lässt Odin, um einen Knaben vor den Riesen zu schützen, in einer Nacht ein Kornfeld wachsen, um den Verfolgten zu bergen.

Von Billund (in Schleswig) ging einst ein junger Mann aus Jägerup nach Hause, da stürzten ihm Werwölfe entgegen, die ihn gewiss zerrissen hätten, wenn er nicht in des Schmieds Roggenfeld gesprungen wäre.[168]

Auch jede einzelne Getreideart hat ihre besonderen Sagen. So ist der Roggenbrei eine Lieblingsspeise der Zwerge, weshalb man ihn in Lerbach während der zwölf Rauhnächte nicht isst. Die Hexen baden sich nackt im Roggen, weil sein Tau kräftigt und verjüngt. Der Roggentau im Mai vertreibt auch die Sommersprossen. Einem kranken Knaben aus Flachberg sagte die Heilige Maria im Traum, dass er in einem Roggenfeld eine Wurzel finden werde, die er zu seiner Heilung am Hals tragen solle.[169]

Kinder sollen nie in ein Roggenfeld gehen, denn es sitzt die böse Roggenmöhr oder Roggenmuhme darin. Die hat schwarze Brüste, und wenn sie die Kinder daran säugt, müssen sie bald sterben. Wenn man drei blühende Roggenähren durch den Mund streicht, wird man von keinem tollwütigen Hund gebissen.[170]

Als Georg Fugger von Augsburg die berüchtigte Claudia Porticella heiratete, fragte er den Teufel, was er für einen über Nacht gebauten Palast begehre. Der Teufel begehrte Fuggers Seele, und dieser sagte zu, behielt sich

---

167 Bielfeld, Lettres familiaires, II., 94.
168 Simrock, Mythologie, 128 sowie Müllenhoff, 233.
169 Nagel, Unsere liebe Frau zu Flachberg, 1.
170 Curtze, Überlieferungen von Waldeck, 402.

aber nur noch eine andere kleine Aufgabe vor. Als nun der Palast gebaut war, nahm Fugger einen Star[171] Roggen (Korn), verstreute ihn in alle Winkel und Gemächer des Gebäudes, und sagte zum Teufel, dass er seine Seele haben könne, wenn er im Stande sei, alle die Körner zu sammeln. Der Teufel suchte die ganze Nacht, stellte sich mit dem ganzen Star am Morgen bei Fugger ein und begehrte seinen Lohn. Aber Fugger lächelte und sagte, dass drei Körner fehlen, die, weil sie geweiht waren, dem Teufel zwischen den Krallen stecken blieben. So hatte der Kaufmann den Teufel um Palast und Seele betrogen.[172]

Die Gerste wurde zur Hahnenwahrsagerei gebraucht: Man zeichnete dazu einen Kreis, teilte ihn in vierundzwanzig Felder und bezeichnete jedes davon mit einem Buchstaben, auf den man ein Gerstenkorn legte. Nun stellte man einen Hahn in die Mitte, notierte in der Reihenfolge, wie er die Körner aufpickte, die Buchstaben, und versuchte, ein Wort daraus zusammenzustellen. Diese Orakelform stammt von den Auguren der Römer.

An manchen Orten gibt man jenen, welche am Wechselfieber leiden, Gerstenkörner in die Hand und pflanzt diese dann in die Erde. Wachsen sie auf und zittern sie beständig, so ist die Krankheit auf sie übergegangen.[173]

In einem Jahr, in welchem kein Eisgang ist, soll auch die Gerste nicht geraten.

Beim Säen des Weizens soll der Sämann einen goldenen Ring am Finger tragen, damit die Frucht schön gelb wird. Groß war die Furcht vor dem Brand (Uredo) des Weizens[174]. Im Harz musste man sich daher den Samen stillschweigend auf den Kopf setzen und dann leise vor sich hinmurmeln:

„Weizen ich setze dich auf den Band,
Gott behüte dich vor Tresp und Brand.“

---

171 Ein Star entspricht ca. 22 kg.

172 Zingerle, 277.

173 Zeitschrift für deutsche Mythologie, III., 174.

174 Weizenbraunrost, eine Pflanzenkrankheit (F.-D. S.).

In Bamberg aber zündete man zu diesem Zweck auf dem Feld Stroh an und warf den Weizen durch die Flammen. Auch durfte er nicht am Mauritiustag (22. September) gesät und dann ebenfalls kein Weizenstroh verbrannt werden, wenn er vom Ruß verschont bleiben sollte. Selbst bei seinem Schneiden musste an manchen Orten, z. B. zu Thannheim in Niederbayern, eine strenge Ordnung berücksichtigt werden: Und zwar schnitt in der ersten Reihe die Obermagd, in der zweiten der Oberknecht, dann kamen die Mittelmagd und der Mittelknecht, hierauf die Drittelmagd und der Drittelknecht, und zuletzt die Tagelöhner. Bei Hafer und Gerste fand dagegen die umgekehrte Ordnung statt, und ein Tagelöhner begann den Schnitt.

Weizen und Erbsen am Christabend in die Ställe geworfen, bringen dem Vieh Gedeihen. Wenn man am Christfest während des Gottesdienstes Weizen in der Tasche trägt und ihn dann seinem Geflügel hinwirft, so legt dieses viele Eier und wird fett. Kugeln aber, in die man während des Gießens ein Weizenkorn legt, geben einen sicheren Schuss.[175]

Über den Hafer schreibt Plinius (XVIII. 44) etwas für den Botaniker besonders Beachtenswertes: Er berichtet, dass Hafer eigentlich nur ein Fehler der Natur sei, in welchem die Gerste so ausgeartet ist, so dass er selbst zu einer Art von Getreide wurde. Er wurde von den germanischen Völkern angebaut, die keinen anderen Brei als den aus Hafer aßen. „Man erkennt ihn", schreibt der ‚Vater der Naturgeschichte', „immer schon, sobald er ausgeht. Daran sieht man, dass dieser Fehler bereits in der Wurzel liegt". Übrigens wurde der Haferbrei auch von Thor gegessen, denn im *Harbahrdslied* der *Edda* sagt dieser Gott, als er bei seiner Ostfahrt in einen Sund kam:

„Eh ich ausfuhr
Aß ich in Ruh
Hering und Habermus."[176]

---

[175] Jägerbrevier, 168.
[176] Übersetzt von Simrock, 40.

Vom Gott Hel, der in Pestzeiten auf einem dreibeinigen Pferd reitet, kauften sich die alten Skandinavier durch einen Scheffel Hafer los, der für jenes Ross bestimmt war. Noch heute legen die Bauern von Mielberg einen Sack mit Hafer auf den Hestenberg. Nachts kommt dann „Jemand" (Hel?) und holt den Hafer für sein Pferd. Vielleicht eines ähnlichen Ursprungs ist der „Haferwurm" im Innviertel, ein sehr launenhafter Geist, der mal darüber böse wird, dass man das Haferfeld – seinen Aufenthaltsort – abschneidet, ein anderes Mal aber auch selbst mithilft, zuweilen sogar am hellen Tage.

In anderen Teilen Oberösterreichs wird in der Fastnacht ein Büschel ungedroschenen Hafers auf den Düngerhaufen gesteckt. Wenn dann das Störibrot gebacken wird, von dem auch jede der Kühe ein Stück bekommt, steckt man jenes Haferbüschel in einen der Laibe.[177]
In Sachsen geht ein ganz in Haferstroh verhüllter Knecht, der „Haferbräutigam", neben dem Schimmelreiter, der zur Erinnerung an den Umzug Wodans umherzureiten pflegt.[178]

Das Haferfeld-Treiben in Bayern ist eine Art Volksgericht, das bei Nacht über diejenigen gehalten wird, welche ein arges Leben führen. Es soll einst Brauch gewesen sein, eine Dirne, die gefallen war, mit Peitschen durch ein Haferfeld zu treiben. Anderen zufolge soll das Haferfeld-Treiben mit dem Femegericht verwandt sein. Hundert bis Zweihundert Vermummte mit berußtem Angesicht, und oft auch bewaffnet, ziehen in einer finsteren Nacht zum Haus des Beschuldigten, der herausgerufen wird und dem man die Anklage in Knittelversen vorliest. Nach der Anklage machen die Vermummten einen höllischen Lärm mit Schreien und Hohngelächter, mit Pfannen, Peitschen, Trommeln, Glocken, Ratschen (Schnurren) usw., und am Ende folgt eine Ermahnung zur Besserung.[179]

Das Haferfeld-Treiben gehört strenggenommen nicht zu den Pflanzensagen. Ich wollte es aber doch nicht unerwähnt lassen, ebensowenig wie die

---

177 Baumgarten, Das Jahr usw., 9.
178 Weinhold, Weihnachtspiele, 6.
179 Über das Haferfeld-Treiben siehe: Ludwig Steub, Das bayerische Hochland, 264.

Getreide-Regen, die zu verschiedenen Zeiten und an verschiedenen Orten stattfanden. So regnete es z. B.:

- im Jahre 722 unter Leo III. (Isauricus) in Campanien allerlei Korn, Roggen, Gerste, Weizen und dergleichen.
- 1531 regnete es in Sora (Apulien) schwarze, dicke Brote in solcher Menge, dass mehrere Tausend Schweine damit gefüttert werden konnten.
- 1548 regnete es in Kärnten zwei Stunden lang und ein paar Meilen weit Korn.
- Am 25. Juni 1550 regnete es in Weimar und Wernstedt Korn eines Querfingers hoch, welches man mahlte, und das gutes Brot gab.
- 1570 regnete es in Wels Getreide, das Gerstenkörnern glich. Es blieb aber nur den Armen, den Reichen schwand es unter den Händen weg. Im selben Jahr regnete es auch in Mauerkirchen (Oberbayern) Getreide, welches sehr gutes Mehl gab.
- 1580 gab es auf Palmarum in der Mark Brandenburg einen Kornregen, „dem lieben Roggen und dem gesegneten Malz ähnlich".
- 1664 fiel der letzte Kornregen in Ungarn.[180]

Diese Getreideregen, wenngleich in den Aufzeichnungen übertrieben geschildert, haben doch einen natürlichen Grund, denn der Feigenhahnenfuß (Ranunculus sicaria), welcher zwischen seinen Wurzeln kleine Knollen trägt, welche entfernt einem Gerstenkorn gleichen, wächst oft in ungemeiner Anzahl. Wenn dann diese Knollen von Regengüssen aufgeschwemmt werden,

---

[180] Praetorius, Von blauer Seide, Kap. 10.

glaubt der Landmann, sie seien mit dem Regen vom Himmel gefallen. Die schwarzen Brote, die es zu Sora regnete, sind aber wahrscheinlich nichts anderes als die ebenfalls ausgeschwemmten Wurzelstücke der Erdscheibe (Cyclamen europaeum/Saubrot).

Vom Brot gibt es noch zahlreiche Bräuche und Aberglauben: Man soll beim Anschneiden des Laibes drei Kreuze darüber machen, damit er länger hält. Wer viel schimmeliges Brot isst, wird alt. Wer den Anschnitt eines Brotes allein isst, wird geizig. Wenn man umzieht und dabei Brot auf dem Weg verliert, so wird man Mangel leiden. Geld, zu dem ein Stück Brot gelegt wird, bleibt vor bösen Leuten geschützt. Wer Brot von seiner Hochzeit aufbewahrt, dem geht das Geld nicht aus usw.

Als Christus mit seinem Begleiter Petrus auf der Reise nach Niederaltaich in Bayern kam, baten sie in einem Bauerhof um Nachherberge, die dessen geiziger Besitzer unter der Bedingung gewährte, dass die beiden Ankömmlinge beim Dreschen mithelfen sollten. Um zwei Uhr früh kam der Bauer und weckte Petrus. Als dieser aber weiterschlief, wurde der Bauer zornig und gab ihm einige Hiebe. Da legte sich nun der Herr in seiner Güte vorne hin und ließ Petrus an der Wand liegen. Aber als der Bauer wiederkam, und den vorne liegenden noch immer schlafen sah, dachte er sich: „Mit diesem ist es nichts“, und er beschenkte nun den an der Wand Liegenden mit einigen Hieben, so dass Petrus zweimal den „Handkuss“ bekam. Schließlich gingen sie in die Scheuer. Da zog der Herr eine Ähre aus einer Garbe, hielt sie an eine brennende Kerze, und während sie verbrannte, rieselten so viele Körner aus ihr hervor, dass bald ein ganzer Haufen dort lag. Dem geizigen Bauern reichte dies nicht, und er wollte es, als der Herr fort war, ihm nachmachen. Allein, die Garbe fing Feuer, und es verbrannte seine ganze Scheuer. Petrus war gerächt, weil sich der Bauer mit dem Geschenk des Herrn nicht begnügte.[181]

Auch die Sage von den „Schauerjungfrauen“ gehört hierher: Es waren in Niederbayern sieben Schwestern, welche Ziegen hüteten. Da kamen einst

---

181 Friedrich Panzer, Bayerische Sagen und Bräuche, II., 20.

sieben Ritter, verliebten sich in die Jungfrauen und lebten mit ihnen. Darüber wurden die Väter der Ritter erbost. Sie fingen die sieben Schwestern samt ihren Kindern, sperrten sie ein und hingen die jungen Ritter in Ketten an die Mauern desselben Kerkers. Erst als die Schwestern und ihre Kinder gestorben waren, ließen die Väter die gefesselten Söhne wieder frei. Diese waren aber über die Hartherzigkeit der Alten so erbost, dass ein schrecklicher Kampf entbrannte, in welchem Väter und Söhne zugrundegingen, und dabei entstand ein furchtbares Ungewitter. Der Hagel schlug alles Getreide und die Schafe und Ziegen nieder. Die Geister der sieben Schwestern ernähren sich seither von dem verschauerten Getreide. Sie werden aber niemals satt, und sie heißen die „Schauerjungfrauen“, für die der Bauer beim Kornschneiden ein Büschel stehen lässt, damit sein Feld vor Hagel geschützt ist.[182]

Ich glaube, die zahlreichen Getreidesagen, mit denen man leicht ein ganzes Buch anfüllen könnte, nicht besser zu beschließen als mit der Geschichte eines Bauern in Schleswig-Holstein: Dieser Bauer, welcher ein Erzpfiffikus war, hatte den Mut, gemeinsam mit dem Teufel einen Acker zu pachten. Als das Feld zum Anbau vorbereitet war, fragte der Bauer den Teufel: „Was willst du dir für dieses erste Jahr auswählen? Das, was über oder das, was unter der Erde wächst?“ Der Bauer wollte nämlich den Bescheidenen spielen, und da der Teufel nun seinerseits auch gerecht erscheinen wollte, schlug er vor, dies auszuwürfeln. Der Bauer war zufrieden und würfelte Zehn. Der Teufel gebrauchte aber seine geheimen Künste. Er würfelte Zwölf, und er wollte nun das behalten, was über der Erde wuchs. Der schelmische Bauer schnitt ein sehr betrübtes Gesicht und schlich sich davon, als ob er schon alles verloren hätte. Er baute aber ganz heimlich Rüben an, so dass der Böse nichts als die Blätter bekam. Darüber aufgebracht begehrte er für das nächste Jahr das, was unter der Erde wächst. Da baute der Schleswiger wieder in aller Stille Weizen an, und so wurde der Teufel, der, wie man hieraus ersieht, ein eher mittelmäßiger Ökonom ist, zweimal um seine Ernte betrogen.

182 Friedrich Panzer, Bayerische Sagen und Bräuche, I., 87.

VI.
Die Pflanzen mit zwei Keimblättern (Dicotyledonen)

A. Die fünf größeren Pflanzengruppen

Die bei uns heimischen Pflanzen mit zwei Keimblättern sind sehr zahlreich. Daher bleibt es noch immer schwierig, sie so zu ordnen, dass man für den vorliegenden Zweck eine schnelle Übersicht gewinnen könnte, selbst wenn man die giftigen Gewächse und die Garten- und Kulturpflanzen nicht berücksichtigt. Da nun die Sage an der Pflanze, die Pflanze aber nicht an der Sage hängt, dürfte es am besten sein, wieder den natürlichen Weg beizubehalten und jede Pflanzenfamilie einzeln zu betrachten, weil sich die verschiedenartigsten Sagen an einzelne Mitglieder dieser Familien knüpften.

Eine der größten dieser Familien oder Ordnungen, wie sie der Botaniker nennt, ist jene der Korbblütler (Compositen), von der wir achtundachtzig Arten zählen, und die deshalb auch den Reigen eröffnen soll.

Wir finden dabei auch gleich die obige Bemerkung bestätigt, denn die Gewöhnliche Eberwurz (Carlina vulgaris) und die Stengellose Eberwurz (Carlina acaulis) sind nicht nur Schwestern, sondern finden sich auch häufig auf demselben Boden nebeneinander. Dennoch ging die Erstere in der Sage ganz leer aus, während die zweite eine besondere Bedeutung erhielt, und zwar gewiss nur deshalb, weil es auffiel, dass ihr der Stengel fehlt. Ein zweiter Grund war der, dass sie nur bei Sonnenschein ihre Blüten öffnet und im Regen geschlossen hält. Sie galt deshalb schon lange als wetterkündend. Ihr lateinischer Name stammt daher, dass Kaiser Karl dem Großen, als in seinem Heer die Pest wütete, im Traum ein Engel erschien, der einen Pfeil abschoss, welcher auf die Eberwurz niederfiel und sie daher als Heilmittel gegen diese Krankheit auswies.[183]

Eberwurz aber heißt sie, weil sie von den Ebern, die durch das Bilsenkraut gelähmt wurden, gesucht werden soll. Wegen ihrer heilenden Kraft nagelt man sie auch an den Trog der Hausschweine. Wer Eberwurz bei sich trägt, wird niemals müde. Ja, dieses Kraut entzieht sogar dem Mitwandernden die Kraft und überträgt sie auf den Besitzer der Eberwurz. Man hing sie deswegen auch beim Wettreiten den Pferden um den Hals. Weil sie aber dem Anderen die Kräfte entzieht, wurde sie auch missbraucht, indem man sie jemand Missliebigen heimlich anhängte, wodurch dieser allmählich dahinsiechte.[184] Sie half außerdem gegen Sodbrennen, und man vertrieb mit ihr die Blattern in den Augen, indem man sprach:

„Eberwurz ich spreche dich an,
bist du Frau oder Mann,
behalte du deine Kraft und Saft,
wie die liebe Frau ihre Jungfrauschaft.“

Am Lechrain streicht man den Kühen dreimal mit Brot und Eberwurz über den Rücken.[185] Auch unter den neunzehn in Deutschland vorkommenden Beifuß-Arten (Artemisia) erfreuten sich nur zwei einer besonderen Aufmerksamkeit, nämlich der Stabähnliche Beifuß (Artem. Abrotonum/ Stabwurz) und der Wermut (Artem. absinthium). Die anderen bleiben beinahe völlig unbeachtet.

Der Beifuß war bei den Griechen der Diana als der Beschützerin der Gebärenden geweiht, und noch im Mittelalter existierte der Glaube an die Heilkraft der Pflanze bei gewissen Frauenleiden. In einem deutschen Kräuter-

---

183 Tabernaemontanus, Kräuterbuch, 1687, 1069.
184 Grimm, Deutsche Mythologie, 1234.
185 Karl von Leoprechting, Aus dem Lechrain, 28.

buch des Vatikans (Cod. Ms. 4847) findet sich hierüber folgende Stelle: „Welch weib ir sucht über die zeit peitet, die sol den roten biboz pleter ze tal pflucken, und denn sieden und nûtzen. Wert aber die sucht ze lang, so pflucke sie dez weißen biboz pleter ze berge und nütze die gesoten, er verget ir."[186]

Der Beifuß galt auch als vortreffliches Mittel gegen das Nestelknüpfen, und er verjagte alle Geister, die den Eheleuten Schaden antun wollten. An die Füße gebunden, beschirmte er vor Ermüdung und vor den Bissen der Hunde und Schlangen. Aber er musste dazu im Zeichen der Jungfrau gegraben sein.[187]

Er vertreibt alle Wibel (Käfer) und anderes Ungeziefer aus den Speichern, und schützt Kinder vor Behexung. Behexte Milch und verfluchte Eier werden durch einen Schlag mit einem Beifußstengel entzaubert. Der Teufel fürchtet den Beifuß, und wo Beifußwurzeln an das Haus genagelt sind, können keine bösen Geister herein, und das Gebäude ist vor Feuergefahr geschützt. Auch um den Johannistag wird Beifuß gegraben. Man gürtet sich damit und wirft dann diese Kränze ins Johannisfeuer, um aller Übel ledig zu werden. Unter den Beifußwurzeln findet man gewisse Steine, welche „Narrenkohlen" oder „Thorellensteine" genannt werden. Trägt man sie um den Hals, dann heilen sie das Fieber, die fallende Sucht und andere Krankheiten.[188]

Auch die traurigste der Krankheiten der Jugend, nämlich die Schwindsucht, soll durch den Beifuß geheilt werden. Als ein Mädchen in Galloway so lungenkrank war, dass all ihre Lieben an der Rettung verzweifelten, sang eine weise Meeres-Fee:

„Ihr lasst sterben das Mädchen in eurer Hand,
Und doch blüht die Mugwurz rings im Land."

---

[186] Anzeiger für Kunde der deutschen Vorzeit, 1854, S. 185.
[187] Panzer I., 249.
[188] Tabernaemontanus, 30.

Man gab der Kranken den Saft der Mugwurz (vom keltischen micglo = wärmen), und das Mädchen genas. Eine andere Jungfrau dagegen war an der Schwindsucht gestorben. Als man ihre Leiche am Hafen von Glasgow vorüberführte, erhob sich die Meeres-Fee und sang:

„Wenn sie Nesselsaft tränken im März,
Und Mugwurz äßen im Mai,
So ginge noch manch fröhliche Maid
Munter am Ufer des Clay.“[189]

Es ist umso merkwürdiger, dass der Beifuß eine solche Wichtigkeit erlangte, weil seine äußere Erscheinung durchaus nichts Auffälliges besitzt, und weil seine Blüten zu den bescheidensten gehören. Sein Beiname „Stabwurz“ rührt von seinen geraden Schößen her, von denen man glaubte, dass sie „Pfeilspitzen und Dornen ausziehen“.[190]

Der Name „Wermut“ stammt trotz aller gelehrten Grübeleien wahrscheinlich nur von der wärmenden Kraft der Pflanze, worauf auch schon die oben angeführte Bezeichnung „Mugwurz“ hindeutet.[191]

Er hieß vielleicht früher schlicht „Wärmet“ (der Wärmende). Gewöhnlich wird er nur als Heilpflanze betrachtet und ist im Vergleich mit dem Beifuß sehr arm an Sagen. Er hilft nur gegen das Beschreien der Kinder, und er erzeugt, in die Schuhe gelegt, Esslust. Außerdem hilft er gegen den Alp, und er gehörte zu den Neunerlei Kräutern. Er scheint einst sorgfältig angebaut worden zu sein, da er noch jetzt in vielen Ruinen am Rhein wuchert. Man zierte Totenbahren und Gräber mit Wermut und legte ihn in der heidnischen Zeit beim Verbrennen der Leichen auf den Holzstoß. Alten Überlieferungen zufolge wird am Niederrhein in die für die Grundmauern gegra-

---

[189] Grimm, Deutsche Mythologie, 1162.
[190] Tabernaemontanus, 52.
[191] Vgl. meine Studien über deutsche Pflanzennamen, I., 91.

benen Gruben eines Bauernhauses Salz, Asche, Getreide und Wermut gestreut, vermutlich, um jeden Spuk fernzuhalten.

Schließlich gehört noch folgende Jägersage zu diesem Thema: Wenn ein Jäger einen Hasen sieht, der ihn ruhig herankommen lässt und der sogar noch mit den Läufen trommelt, so ist dieser Hase eine Hexe! Dem Jäger versagt dann der Schuss, und seine Flinte ist gebannt, und sie kann nur durch Wermut entzaubert werden.[192]

Besondere Beachtung fand auch die Wegwarte (Cichorium), von welcher Paracelsus sagt, dass ihre Blumen sich nach der Sonne drehen und dass ihre Kraft im Sonnenschein am höchsten ist. Nach sieben Jahren verwandelt sich aber ihre Wurzel in einen Vogel. Die Wegwarte ist der Sage nach eigentlich eine Jungfrau, die aus Gram um ihren Geliebten (oder um eine Ehefrau in Trauer um ihren Gemahl) stets am Wege saß und in diese Blume verwandelt wurde.

Einst ward einer Prinzessin ihr Geliebter untreu. Da wollte sie sterben vor Leid und doch wieder nicht sterben, damit sie ihn noch immer sehen konnte. Schließlich erbarmte sich Gott, und er verwandelte sie mitsamt ihrem blauen Kleid in die Wegwarte.[193]

Eine andere Variante erzählt, dass ein Mädchen sieben Jahre lang um ihren in der Schlacht gefallenen Geliebten weinte und dann, als man es überreden wollte, einen anderen Mann zu wählen, erwiderte:

„Eh, als ich lass das Weinen stehn,
Will ich lieber auf die Wegscheid gehn;
Eine Feldblum' dort zu werden.“[194]

[192] Montanus, I., 141 und 168 sowie II., 98.
[193] Friedrich Panzer, Bayerische Sagen und Bräuche, II., 204.
[194] Meinert, 5.

Die Sage von der Frau Wegwart scheint sehr verbreitet gewesen zu sein, weil sie so häufig und in so mancher Form erscheint. Unter anderem heißt es auch, sie sei einst eine Frau gewesen, die auf ihren Buhlen am Wege wartete und wegen ihrer Untreue in diese Blume verwandelt wurde.

Die Wegwarte soll am Sankt-Peters-Tag [29. Juni] um zwei Uhr zur Vesper mit einem Hirschgeweih gegraben werden, ohne sie mit der Hand zu berühren. Dann kann man sich mit ihr der Liebe jener Personen versichern, welche man damit berührt. Wer sie bei sich trägt, ist geschützt davor, gefesselt zu werden, und wäre er selbst im Schlafe gebunden worden, so springen bei seinem Erwachen die Stricke entzwei.[195]

Weil sich die Wegwarte immer nach der Sonne wendet, schreibt die „*Bedeutung der Blumen*“ (Nr. 21) von ihr:

„Wer Wegweisblumen trägt, der wünscht, dass er auf alle Tugenden hingewiesen werde, die seiner Liebsten gefällig sind. Wem es aber von seiner Liebsten geboten wird, der soll bedenken, dass er immer auf dem rechten Weg sei und sich durch nichts ablenken lasse, und sein Herz, seine Sinne, sein Gemüt, mit ganzem Willen nach seiner Liebsten kehre, wie auch die Wegweise sich allezeit wendet gegen die Sonne.“

Die Wegwarte blüht der Sage nach des Morgens dunkelblau, des Mittags lichtblau und abends weißlich, sie bleicht nämlich aus. Die rein weiße Wegwarte ist selten. Wer sie findet, hat Glück, doch muss er sie sogleich an einen Stab festbinden, sonst ist sie am nächsten Morgen verschwunden. Diese weiße Wegwarte, welche als die männliche galt, besitzt, wie die Stabwurz, die Kraft, Dornen und Nadeln aus der Haut zu ziehen. Wer sie am Jakobstag (25. Juli) schweigend und mit einem Goldstück ausgräbt, ist, wenn er sie bei sich trägt, stich- und schussfest, und er kann sich unsichtbar machen.[196]

---

[195] Zeitschrift für deutsche Mythologie, III., 326.
[196] Meier, 328.

Man steckt sie auch in den Flachs, damit er sich feiner röstet. Es ging der Glaube, dass alle Wegwarten verwunschene Menschen seien, und die vielen blauen sollten böse, die seltenen weißen aber gute Leute gewesen sein. Otto Brunfels schreibt, dass es eine wunderliche Wirkung der Natur ist, dass die Wegwartblume, wenn man sie in einen Ameisenhaufen wirft, rot wird wie Blut.[197] Diese Wirkung ist aber nur die Folge der in dem Haufen befindlichen Ameisensäure, durch welche sich die blauen Blumen ebenso röten wie Lackmuspapier. Besonders phantasiereiche Leute glaubten in diesem Rot sogar echtes Blut zu erblicken, und sie meinten daher, es sei ein Frevel, jenen Versuch zu wagen.

Die Sippe unserer Flockenblumen (Centaureen) zählt einundzwanzig Arten. Die Pflanze soll ihren lateinischen Namen vom Zentauren Chiron erhalten haben, und trägt den deutschen Nebennamen: Erdgalle (fel terrae) wegen der Bitterkeit ihrer Säfte, die, wie Plinius sagt, schon den Galliern bekannt war. Die Flockenblume wurde meist nur als Arzneipflanze benutzt, besonders gegen die „Bittersucht", wenn sich nämlich jemand den Magen so arg verdorben hatte, dass ihm jede Speise bitter vorkam. Nur eine Blüte dieser Pflanzensippe erregte durch ihre schöne blaue Farbe die Aufmerksamkeit des Volkes, nämlich die Kornblume (Centaurea cyanus). Sie wurde allenthalben als Schmuck benutzt, galt aber, weil ihre Farbe ausbleicht, als Symbol des Wankelmuts. Die *„Bedeutung der Blumen"* (Nr. 12) sagt daher: „Wer sein Herz wandelt und selbst nicht weiß, wobei er bleiben will und seinen Wankelmut verholen trägt, der soll Kornblumen tragen, die sind blau und lustig und färben sich weiß, sie mögen nicht lange ihre Farbe behalten und zeigen ihren Wandel."

Eine Kornblume, am Fronleichnamstag ausgegraben, stillt das Nasenbluten, wenn man sie so lange in der Hand hält, bis sie erwärmt ist. Weil die Kinder aber wegen der Kornblumen allzu gern ins Feld gehen, sitzt das Kornwif oder die Tremsemutter im Feld, um sie zu verscheuchen.[198] Auch

---

197 Kräuterbuch von 1531, S. 288.
198 Rochholz, Kinderlieder, 242.

der Löwenzahn (Leontodon taraxacum), der im Frühling auf allen Wiesen in zahlloser Menge erblüht, erweckte die Aufmerksamkeit des Volkes. Die Kinder trompeten mit seinen Stengeln und flechten Ketten daraus. Sie blasen die Samen (den „Pappus") weg, den sie „Lichtlein" nennen, um zu sehen, wie lange sie noch leben, und wer imstande ist, ihn auf einmal wegzublasen, der hat Glück in der Liebe. Der Löwenzahn macht den Liebenden in den Augen seiner Geliebten schön. Durch die Milch des Löwenzahns kommt man in aller Leute Gunst, und seine Wurzel am Hals getragen, vertreibt die Flecken und das Fließen der Augen. Die Blüte des Löwenzahns erinnert an die strahlende Sonne, sie symbolisiert daher die Freuden des Sommers.

Der Alant (Inula) wurde von den Römern das „Britannische Kraut" genannt, weil er auf den zwischen Germanien und Britannien liegenden Inseln gefunden wurde, wo er, um heilsam zu sein, vor dem ersten Donner gesammelt werden musste.[199] Er schützt gegen Halsleiden und gegen Schlangen. Cäsar traf in Germania, jenseits des Rheins, in der Nähe des Meeres, auf eine Süßwasserquelle von so schädlicher Natur, dass, wer zwei Jahre hindurch daraus trank, zuerst die Mundfäule (Stomakake) und dann ein Leiden in den Kniegelenken (Skelotribe) bekam. Dagegen half nur der Alant, und die aufrichtigen Friesen waren es, welche den erkrankten Römern diese vortreffliche Pflanze zeigten. Der Alant heißt am Niederrhein wegen seiner ebenfalls der Sonne ähnelnden Blüten „Odinskopf". Er verscheucht den Alp, verhütet Zauber und Behexung, und er schützt vor Gewittern.

Das Ruhrkraut (Gnaphalium dioicum) wird am Morgen des Mariahimmelfahrt-Tages gesammelt und schützt dann gegen den Blitz. Man bindet Kränze daraus und hängt diese, oft zwei und drei ineinander geschlungen, in der Stube über dem Tisch auf. Wird das Ruhrkraut, welches die Rote Ruhr [blutigen Durchfall] heilen soll, an einem doppelten Sonntag, d. h. an einem solchen, der mit einem Feiertag zusammenfällt, stillschweigend ausgegraben, so macht es, wie mehrere der bereits genannten Kräuter, schussfest und unsichtbar. An manchen Orten ziehen die Mädchen schon

[199] Plinius, XV., 6.

um zwei Uhr morgens hinaus, um Ruhrkraut zu pflücken und Kränze daraus zu winden, welche Beständigkeit in der Liebe symbolisieren. Besonders geschätzt ist das Edelweiß (Gnaphalium leontopodium), welches oft an den steilsten Felswänden wächst und von den Burschen zuweilen unter Lebensgefahr gesucht wird, weil es am Hut getragen als Zeichen der Kühnheit im Klettern gilt. Die Blume verwelkt nicht, der Bursche schenkt sie daher seiner Liebsten als Zeichen der Treue. Der arme Älpler hat oft kein anderes Geschenk für seinen Schatz, und er steigt zuweilen schon samstags hinauf in die Klippen und Mauern (Felswände), um das Edelweiß zu finden, und mancher, der vom Nebel überrascht oder vom Schwindel erfasst wurde, kehrte nie wieder zurück.

Das Maaslieb (Bellis) war der Ostara geweiht, denn mit dieser Blume wurde der festliche Osterpokal geschmückt. Ludwig der Heilige wählte die Lilie und das Maaslieb zu seinem Sinnbild und ließ einen Goldring fertigen, der einen aus diesen Blüten geflochtenen Kranz darstellte. Das Maaslieb erhielt seinen Namen daher, weil man es als Blumenorakel benutzt, weshalb es auch „Rapsblume" heißt. Die *„Bedeutung der Blumen"* (Nr. 22) berichtet von ihm: „Wer Rupfblumen trägt ungerupft, der weiß nichts besonderes an seiner Liebsten, wer sie gerupft trägt bis auf zwei Blätter, der versteht dabei Gerechtigkeit, wem aber ein Blättchen stecken bleibt, so bedeutet es, dass ihm Unglück geschehen sei."

Auch eine nahe Verwandte der Bellis, nämlich die Perlenblume (Margarita oder Chrysanthemum leucanthemum), diente zu jenem Orakel. Aber man benutzt sie auch zu anderen Prophezeiungen: So wirft man z. B. seine inneren, gelben Blüten in die Luft und hält dann die umgekehrte Hand hin. So viele jener kleinen Blüten, wie auf ihr liegen bleiben, so viele Jahrzehnte lebt man, so viele Frauen, Kinder usw. wird man haben. Wenn man eine Perlenblume am Karfreitag pflückt und schweigend in eine Schachtel legt, so wird nach einem Jahr ein schwarzer Wurm daraus. Wer dann die Schachtel öffnet, muss sehr vorsichtig sein, denn sieht der Wurm den Menschen zuerst, so muss dieser noch im selben Jahr sterben. Erblickt aber zuerst der Mensch den Wurm, so bringt dieser viel Geld.[200]

Wie der Aberglaube entstanden ist, dass sich diese hübsche Blume in einen Wurm verwandelt, ist nicht leicht zu erklären, jedenfalls ist es ein sehr wunderlicher Einfall.

Auch die Gemswurz (Doronicum) wurde bereits bei den Rupfblumen erwähnt. Man weissagte durch das Abzupfen ihrer Strahlblüten, wohin man nach dem Leben kommen wird, in die Hölle, ins Fegefeuer oder in den Himmel. Mädchen erforschen damit, ob sie die Frau eines Bauern, Bürgers, Edelmanns oder Bettlers werden, und die Burschen losen, ob sie Bauer, Soldat, Student, Herr, Bettelmann, Edelmann, König oder Kaiser werden. Die Pflanze wird von den Gemsen sehr geliebt und von ihnen gesucht, weil sie vor dem Schwindel behütet, weshalb sie auch von Gemsjägern, Schieferdeckern und Seiltänzern getragen wird. Auch sie soll, zur rechten Stunde gegraben, vor Hieb und Stich schützen.

Über die Distel finden sich in der „*Bedeutung der Blumen*“ zweierlei Angaben. Die erste weist darauf hin, dass jener, dessen Liebste ihn unbeachtet lässt und seiner unwert ist, Distelblumen tragen soll, denn diese bezeichnen eine Liebe, die nicht aufhört, weil die Distel die Eigenschaft besitzt, dass sie umso besser wächst, je mehr sie zu leiden hat. Die zweite ist eher satirischer Art und lautet: „Wer ein esellicht Lieb hat, und sein Liebstes nicht bewegen kann zu keiner Zucht und Ehren, der soll es heissen Disteln tragen, denn wenn man den Esel auch zum Klee treibt, so will er doch bei den Disteln bleiben.“[201]

Als Hungo, der König der Pikten, über Athelstane gesiegt hatte, stiftete er den Orden des Heiligen Andreas, und er nahm die Distel in sein Wappen auf, mit der Umschrift: „Nemo me impune laeserit“. Einst verrieten die Disteln auch einen Mörder, und zwar zu Hohenzollern. Es wurde dort ein

[200] Friedrich Panzer, Bayerische Sagen und Bräuche, II., 305.
[201] Nr. 29 u. 30.

Krämer von einem Bauern überfallen und seines Geldes wegen erschlagen. Der Krämer rief in Todesangst: „Die Disteln werden dich verraten!“ Der Bauer war aber gierig, er nahm das Geldkistchen und eilte hinweg. Er wurde jedoch von da an in sich gekehrt und schweigsam, sah misstrauisch nach den Disteln und fürchtete sich vor ihnen. Schließlich baute er Weizen an, war aber dabei so trübsinnig, dass ihn seine Nachbarn fragen, was ihm fehlt. Er antwortete: „Ich darfs nicht sagen, und die Disteln werden es nicht sagen.“ „Warum die Disteln?“, fragte man weiter, und als man drängender wurde, verwirrte sich der Bauer so sehr, dass er schließlich die Tat gestand.[202]

Alle Sagen dieser Art sind Varianten der Geschichte von den Kranichen des Ibycus, und immer ist es das Gewissen, das den Verbrecher zu seinem Geständnis treibt. Auch Chamissos Gedicht *„Die Sonne bringt es an den Tag“* gehört zu dieser Kategorie.

Von den übrigen Korbblütlern dienen gegen Hexen und Zauber: der Rainfarn (Tanacetum) und das Habichtkraut (Hieracium pilosella). Die Schafgarbe hilft gegen die Rippengeschwulste der Kinder, gegen Pest und Viehseuchen. Sie wächst besonders gerne an jener Stelle, an welcher man nach dem Essen am Weihnachtstag das Tischtuch ausschüttelt. Durch die Klette (Lappa) werden die Ratten vertrieben, und wer in der Liebe unbeständig ist, der soll Kletten zum Abzeichen tragen, weil sich diese an jedermann hängen.[203]

Gegen den Blitz schützen das dem Thor geweihte Donnerkraut [Wasserdost/Eupatorium cannabinum] und das bereits erwähnte Habichtkraut. Das Greiskraut (Senecio vulgaris) hilft bei Frauenleiden und behütet die Kinder vor dem Verschreien. Aßen die Gemsen vor Sonnenaufgang Sternblumen (Astern), so waren sie zwei Tage lang schussfest.

---

202 Lyncker, 113.

203 Bedeutung der Blumen, Nr. 57.

Eine zweite sehr verbreitete Pflanzenfamilie ist jene der Schmetterlingsblütler (Papillionaceen), welche aus zweiunddreißig Arten besteht, von denen manche, wie z. B. der Klee, zu den Kulturpflanzen gehören. So häufig man bei uns die Papillionaceen antrifft, so wenig existieren mit ihnen verwobene Sagen. Es sind ja meist nur nützliche Kräuter, die auch ohne menschliche Hilfe gedeihen und daher ziemlich unbeachtet blieben, besonders, weil sich auch nur wenige Heilpflanzen unter ihnen befinden.

Am meisten erfreuen sich noch der Ginster (Genista) und das mit ihm nahe verwandte Pfriemenkraut (Spartium) der Aufmerksamkeit, und zwar eher in früherer als in späterer Zeit. So schreibt ein hebräischer Psalmenkommentar (Midnasch Tillim), dass zwei Reisende in der Wüste ihr Mittagsmahl bei einem Feuer von Ginsterruten gekocht und bei ihrer Rückkehr im nächsten Jahr die Kohlen noch glühend gefunden haben. Weil der Ginster hoch über die anderen Kräuter des Bodens emporragt, galt er als Symbol der Vornehmheit. Als Ludwig der Heilige im Jahre 1234 nach der Krönung seiner Gemahlin, Margarete von der Provence, einen Orden stiftete, wählte er die Ginsterblume zu seinem Wahrzeichen, mit dem Wahlspruch „exaltat humiles.“ Auch seine Leibwache trug Röcke, auf denen vorne und hinten eine Ginsterblüte gestickt war.

Das Pfriemenkraut, welches noch in vielen Gegenden zur Herstellung von Besen verwendet wird, stecken sich die Mädchen in die Schuhe, damit ihnen ihr künftiger Bräutigam begegnen soll.[204] Es verscheucht die Hexen, und Zweige davon, in die Küchengärten gesteckt, vertreiben alles „hineingezauberte“ Ungeziefer, nämlich Schnecken, Raupen und Erdflöhe. Wer drei Pfriemenstengel bei sich trägt, ist vor den Bissen tollwütiger Hunde gesichert.

Der Wundklee (Anthyllis vulneraria) und der Steinklee (Melilotus) sind unter den Schmetterlingsblütlern die vorzüglichsten Wundkräuter. Der Steinklee war der Ostara geweiht, weshalb man auch Kränze, die aus seinen Blüten gewunden wurden, ins Osterfeuer warf. Er heißt auch „Siebenge-

---

[204] Curtze, 401.

zeit“, weil seine Blumen siebenmal am Tag ihren Geruch verlieren und dann wiedererlangen sollen.

Das Wirbelkraut (Trangant/Astragalus) war ebenso wie das Eupatorium [Wasserdost] dem Donar geweiht und wurde ebenfalls ins Osterfeuer geworfen. Ja, sogar nachdem der Heilige Bonifacius den Götzen Rheto gestürzt hatte, war es noch lange Brauch, Wirbelkrautkränze in die festlichen Flammen zu werfen.[205]

Die dritte unserer größeren Pflanzenfamilien wird von den Kreuzblütlern (Cruciferen) gebildet, von denen wir nicht weniger als 51 Gattungen und 196 Arten kennen. Da jedoch ihre Blüten im Ganzen noch weniger auffallen als jene der vorigen Ordnung und oft ganz unscheinbar sind, so blieben sie außer den hierher gehörigen Nutzpflanzen wie Kohl, Senf u. a. in der Sage völlig unberücksichtigt. Nur vom Hungerblümchen (Draba verna) heißt es, dass, wenn es in großer Menge erscheint, eine schlechte Ernte vorhersagt. Das Hirtentäschelkraut (Capselia bursa pastoris) dient den Kindern zum Spielen, zum „Herzerlpflücken“, weil die Fruchtschoten herzförmig sind. Die Wasserkresse (Nasturtium aquaticum) wurde von demjenigen als Abzeichen getragen, der seine Liebe treu im Herzen trug, wenngleich er wenig Gegenliebe fand.

Nicht minder arm an Pflanzensagen ist die vierte unserer größeren Pflanzengruppen, nämlich jene der Doldenträger (Umbelliferen), von denen wir siebenundsechzig Arten in unseren Landen zählen. Sie zeigen an ihren Schirmblüten ebensowenig Auffälliges wie die vorigen, und selbst der Botaniker kann sie ohne ihre Früchte nicht mit Sicherheit bestimmen. Am meisten Aufmerksamkeit fand noch die Bibernelle, welche den Alten unbekannt war und deren Name erst von Nikolaus Myreps in das lateinische „Pimpinella“ umgemodelt wurde. Sie galt als eines der vielen Mittel gegen Gift und Zauberei, und sie wurde bis in die neueste Zeit als wohltätig gegen Seuchen gepriesen. Als im Jahre 1629 so viele Menschen am Schwarzen Tod starben,

---

205 Zeitschrift für deutsche Mythologie, III., 364.

ging die Sage, dass ein Mann im Toggenburgischen eine Stimme vom Himmel hörte, welche rief:

„Esset die Bibernelle,
So sterbt ihr nicht so schnelle!"

Einst raffte in Kissingen eine Seuche viele Leute hinweg, bis schließlich ein Vogel erschien, der sich auf die Gräber setzte und pfiff:

„Ihr Leut', ihr Leut', esst Bibernell,
So werd't ihr bleiben mein Gesell."

Hierauf legte man Bibernellwurzel in Branntwein, trank diesen, und die Pest hörte auf. An anderen Orten heißt es, dass bei einer ähnlichen ernsten Situation ein Engel gesungen habe:

„Ihr Junggesell'
Esst Bibernell,
So sterbt ihr nicht so schnell."

Als im Jahre 1832 die Cholera in Gaden bei Wien wütete, flog ein Vogel aus dem Wald, setzte sich auf den Kopf eines Mannes und rief:

„Esst Kranenbeer und Bibernell
So sterbts ned so schnell."

An der Stelle, an welcher dies geschah, wurde vor das Haus Buschmanns eine Pestsäule erbaut, und der Vogel soll auch bei Trumau gesehen worden sein.[206]

Als die letzte große Viehseuche am Lechrain wütete, kamen Vögel von seltsamem Aussehen dorthin, und sie sangen ebenfalls ein Lied von der Bibernelle, die demnach als ein Kraut galt, mit dem man den Tod verscheu-

---

206 Zeitschrift für deutsche Mythologie, IV. 26.

chen konnte. Wahrscheinlich gelangte sie zu ihrem Ruf durch ihre bittere, aber gewürzhafte Wurzel. Als ein Hexenmeister zu Fulda verbrannt wurde, rief er: „Hätt' ich Aaron und Bibernell gekannt, so würd' ich nicht verbrannt!" Die Bibernelle sollte auch säugenden Frauen viel Milch bringen, und zu diesem Zweck sollten sie diese einfach auf der Brust tragen.[207]

Der Wassermerk (Sium) soll wegen seiner süßen Wurzel schon von den Germanen angebaut worden sein, da sich, wie Plinius angibt, Kaiser Tiberius, der diese Wurzel liebte, eine gewisse Menge davon als jährlichen Tribut bedingte. Sie hieß bei den Römern „Gelduba".

Die Engelwurz (Angelica) war den Alten ebenfalls nicht bekannt. Hotton zufolge hat sie diesen Namen, „weil sie dem Würgeengel der Pest so gewaltig widersteht."[208] Eine andere Sage gibt an, dass zur Zeit der Pest ein Engel zu einem frommen Mann gekommen war und ihm die Pflanze, wahrscheinlich wegen ihrer aromatisch-bitteren Wurzel, als Heilmittel empfahl. Die Angelika (Angstwurz) heißt im Norden „Hvann", und sie wird dort anstelle der Palmzweige getragen. Sie hilft gegen Vergiftungen, Würmer und lässt die angezauberten Geschwüre aufbrechen, aus welchen dann „alte Fetzen, Werch, Fliegen, verkohlte Dochte usw. hervorkommen."[209]

Ihre nächste Verwandte, die Erzangelika, aus der die Kräutermänner eine „Archangelica" machten, ist noch mächtiger gegen Zauberei. Sie verjagt alle Hexen, Druden, Geister und Kobolde, hilft gegen den Hexenschuss (Ulcera magica), und wer sie bei sich trägt, ist vor allen bösen Einflüssen gesichert.

Die Meisterwurz (Imperatoria) steht in besonderer Beziehung zur Sonne. Sie hilft gegen Gift, Pestilenz und böse Augen. Wenn Pferde nicht ermüden sollen, gibt man ihnen Kugeln zu essen, die aus Meisterwurz, Gerstenmehl, harten Eiern und Branntwein geknetet sind.

207 Helwig, Zauberarzt, 204.
208 Kräuterbuch, 14.
209 Babst, 249.

Die Mannstreu (Eryngium) wird den Männern von den Frauen ins Bett unter das Bettuch gestreut, um die Lust zu befördern.

Die fünfte der größeren Ordnungen unserer deutschen Pflanzen umfasst die dreiunddreißig Arten von Lippenblütern (Labiaten). Ihre Blüten, obgleich sie einander sehr ähnlich in der Form sind, besitzen vielfältige Farben, und manche von ihnen verströmen einen ausgezeichneten Duft, weshalb sie auch die Aufmerksamkeit des Volkes in höherem Maße auf sich zogen als die vorigen Pflanzensippen.

Eine besondere Bedeutung besaß eine der kleineren Labiaten, nämlich der Gundram (Gundelrebe/Glechoma), der wegen seiner blauen Blüten, in welchen man die Farbe des Blitzes wiedererkannte, dem Donar geheiligt war. Auch jenem Kobold, welcher der Bote dieses Gottes ist, wurde er dargereicht.[210]

Grimm glaubt, dass das Wort „Gund“ vom Namen jener alten Walküre abgeleitet wurde.[211]

Der Gundram schützte vor allem Zauber und vor Gewitter. Wenn man sich am Walpurgistag einen Kranz aus Gundram aufsetzt, erkennt man alle Hexen, und wenn die Kühe im Frühling zum ersten Mal ausgetrieben werden, soll man sie zuvor durch einen Kranz von Gundelreben melken.[212]

Gundram, Wasserlinsen und Salz, im Kuhstall ausgestreut, bewirken, dass das Vieh viel Milch gibt. Schließlich hilft der Gundram auch gegen Zahnschmerzen, denn als Sankt Petrus einmal daran litt, sprach der Herr zu ihm:

„Nimm drei Gundelreben –
Und lass sie in deinem Mund umschweben.“

---

210 Mannhardt, Zeitschrift für deutsche Mythologie und Sittenkunde, 1., 6.
211 Mythologie, 393.
212 Rockenphilosophie, 962 und 963.

Außerdem bestreicht man die schmerzende Stelle mit drei Gundramstengeln und hängt diese dann im Schornstein auf.[213]

Eines der besten Mittel gegen Hexen, Nixen und überhaupt gegen das ganze Geistergesindel ist der Dost (Origanum), denn wenn man ihn nur berührt, so weichen alle Kobolde, Druden und selbst der Gottseibeiuns.

Ein Gespenst lockte einst eine Frau bis hinaus in den Garten. Hier sah es aber Dosten und Dorant (Antirrhinum) wachsen, und es warnte die Frau mit den Worten:

„Heb auf dein Gewand,
Dass du nicht fällst auf Dosten und Dorand!"

Aber gerade dadurch erinnerte sich die Frau an die Kraft des Dosts. Sie legte sich in dieses Kraut, und das Gespenst musste verschwinden.[214]

Einst kam eine Hexe in einen Garten zu Hildesheim, um dort Unheil zu stiften. Da standen ihr aber plötzlich Dill (Anethum) und Dost im Weg, und sie schrie vor Angst: „Dillen und Dust, dat hew eck nich ewusst!" und entfloh.[215]

Zu Werbach im Badischen erzählte ein Mädchen seiner Mutter, es hätte von ihrer Patin gelernt, Mäuse und Gewitter zu machen. Da nahm die kluge Mutter Dost und Johanniskraut und nähte sie der Tochter heimlich in die Kleider. Als das Mädchen wieder zur Patin schlich, wartete schon der Teufel, um es als Beute fortzuführen. Als er aber die Pflanzen im Kleid roch, schrie er wild:

„Dosten und Johanniskraut
Verführen mir meine Braut!"

---

213 Wolf, Sagen, Nr. 13.

214 Praetorius, Anthropodemus Plutonicus I., 534.
215 Seifart, Hildesheim, I., 49.

Er entwich, denn er hatte nun keine Gewalt mehr über das Mädchen.[216]

Solche Erzählungen vom Dost gibt es viele. Merkwürdig ist auch, was Döpler in seinem „*Theatrum poenarum*" angibt, dass nämlich die Henker die in der Folter hängenden Hexen, wenn sie schliefen oder ohnmächtig waren, mit Dost beräucherten, damit sie wieder erwachten. Ich weiß nicht, warum ausgerechnet der Dost in den Ruf einer so geisterverscheuchenden Pflanze kam. Weder sein Duft noch seine Blüten sind auffällig, und seine vierkantigen Stengel teilt er mit allen Labiaten. Vielleicht fiel er dadurch ins Auge, weil er zuweilen eine Höhe von vier Fuß erreicht und oft in Massen auftritt. Vielleicht besitzt auch sein Rauch einen besonderen Geruch, denn auch Nattern und anderes giftige Gewürm sollen ihn fliehen.

Der Dost heißt auch „Wohlgemut", weil er den Menschen fröhlich machen soll. Die „*Bedeutung der Blumen*" (Nr. 25) sagt über ihn: „Ein Kraut, das heißt Gemude, wer es trägt, der zeigt, dass er allezeit fröhliches Gemütes ist, und es machen die Frauen gern Scheppele (Kränze) davon." Man gab auch das Kraut den Mähern und Schnittern unter ihr Essen, damit sie freudiger arbeiten sollten.

Die Minze (nicht Münze, da dieses nur aus dem Falschlesen des doppelten „i" in „Miinze" entstand) fiel durch ihren Duft auf, und sie spielte deshalb schon im Altertum eine Rolle. Sie galt auch als die Pflanze der Nüchternheit, dient noch überall als Heilkraut, und sie wurde am Lechrain für die Himmelfahrt-Sangen[217] gebraucht.

Die Katzenminze (Nepeta cataria) wird von den Katzen aufgesucht, weil ihnen ihr Geruch angenehm ist. Sie machen bei der Pflanze oft wunderliche und possierliche Sprünge, so dass sie wie verrückt erscheinen. Katzenminze in einen Bienenkorb gelegt, verhindert, dass die Bienen entfliehen, ja, sie

---

216 Baader, Neue Volkssagen, Nr. 174.

217 Ähren- oder Pflanzenbüschel (F.-D. S.).

soll sogar tote Bienen wiederbeleben. Wenn man den Saft des Krauts mit dem Pulver eines im Nest des Wiedehopfs (Widhopfs) gefundenen Steins vermischt und damit ein Tier bestreicht, so wird dieses trächtig und gebiert ein schwarzes Junges.[218]

Im Aargau gibt es die Sage, dass die Katzenminze zornig macht, wenn man sie kaut. Ein weichherziger Scharfrichter musste daher vor jeder Hinrichtung einige Blätter dieses Krautes essen.[219] Die Melisse hingegen macht anmutige Träume, weshalb man sie bei der Abendtafel genießen soll.[220]

Der Rosmarin war in den Tagen des Heidentums dem Frô und der Holda geheiligt, und der Juel-Eber[221] wurde mit Rosmarinzweigen geschmückt. Er symbolisierte einst Ehesegen und wird teils deshalb, teils weil er das Gedächtnis stärken soll, von Hochzeitsleuten getragen. In Belgien werden die Kinder nicht vom Storch gebracht, sondern aus einem Rosmarinstrauch geholt. An vielen Orten gilt ein Rosmarinstengel als Zeichen der Trauer und wird daher, ebenfalls Pflanze des Gedenkens, bei Leichenzügen getragen oder auf die Gräber gelegt. Wenn man vom Rosmarin träumt, ist es ein düsteres Vorzeichen. Darum heißt es auch im Volkslied:

„Ich hab die Nacht geträumet,
Wohl einen schweren Traum,
Es wuchs in meinem Garten
Ein Rosmarienbaum.“[222]

Wenn man einen Rosmarinstock pflanzt, darf keines seiner Blätter einem Toten mit ins Grab gegeben werden, sonst verdorrt der Stock, sobald jenes Blatt zu faulen beginnt. In der Christnacht, um zwölf Uhr, werden alle Wasser zu Wein, und alle Bäume verwandeln sich in Rosmarin.[223]

---

218 Friedreich, Symbolik der Natur, 296.
219 Zeitschrift für deutsche Mythologie, I., 446.
220 Zauberarzt, 96.
221 Ein der Göttin Freya geweihtes Opferschwein (F.-D. S.).
222 Kretschmer, Deutsche Volkslieder, I., 85.
223 Wolf, Aberglaube, Nr. 354.

Der Ysop (Hyssopus) ist die Pflanze der Reinheit und Entsühnung. Im 51. Psalm (V. 9) heißt es: „Entsündige mich mit Ysop, dass ich rein werde." Die Juden gebrauchten bei der Reinigung der Aussätzigen Zederzweige und Ysop, und der Evangelist Johannes erzählt von der Kreuzigung Christi (K. 19, V. 29): „Und sie füllten einen Pilz mit Essig, steckten ihn an einen Ysopstengel und brachten ihn an seinen Mund." Der Ysop soll einer neueren Sage zufolge von Christus mit eigener Hand gepflanzt worden sein.[224] Heute ist die Pflanze nur noch wenig bekannt, sie findet sich auch nur in Niederösterreich und in Krain hier und da auf Felsen.

Der Quendel (Thymus) wurde von den Galliern „Gilarum" genannt[225], und er gehört ebenfalls zu jenen Kräutern, welche vom Bösen gefürchtet werden. Deshalb flechten z. B. in Salzburg die Mädchen Kränze aus Quendel und hängen sie vors Fenster, damit der Teufel nicht in Gestalt eines schmucken Burschen zu ihnen kommt. Ein Quendelbüschel, in die Milch gelegt, verhindert, dass sie behext wird.

Von den übrigen Labiaten sind noch zu erwähnen: der Salbei, den die Diebe gebrauchen, um Schlösser zu öffnen. Wirft ein Zauberer einen Salbeistengel in einen Bach, so trocknet dieser aus.[226]

Der Rote Salbei (Salvia sclarea) vertreibt, wenn er auf den Puls gebunden wird, das Fieber. Der Lavendel verscheucht, ebenso wie viele andere stark duftende Kräuter, böse Wesen, desgleichen die Betonie, die auch von Schlangen und anderem kalten Gewürmen gefürchtet wird. Sie heißt in der Schweiz „Fluhblume", und die Hirten bringen sie ihren Mädchen von der Alp. Vergräbt man den Ziest (Stachys) unter die Türschwelle, so hält er Zauber und Hexen fern. Andererseits wird er aber von ihnen auch unter ihre Zaubertränke gemischt.

---

224 Praetorius, Saturnalia, 330.
225 Marcell, K. 11.
226 Montanus, I., 147, b.

Das Gliedkraut (Sideritis), mit dem sich Gänse und Enten innerlich reinigen sollen, hilft gegen Zauberei und Beschreien. Der Andorn (Marrubium) wird von den Wichteln und Nixen geflohen, und der Gamander (Teucrium) gilt als Sinnbild des Unsteten, weil seine Blüten sogleich abfallen, wenn man ihn pflückt oder nur schüttelt.

Verbena, Valeriana, Viola, Verbascum, Veronica

Wir haben bis jetzt das weite Feld unserer fünf reichsten Pflanzenordnungen durchwandelt und bei der Großzahl der Kräuter im Ganzen nicht viel Ergiebiges für unsere Zwecke gefunden. Während ich nun meine Aufzeichnungen durchsehe, um sie zu ordnen, stoße ich zufällig fünf einzelne Gewächse, deren lateinische Namen alle mit einem V anfangen, und ich nutze diesen freundlichen Zufall umso lieber, weil jede dieser Pflanzen in besonderem Ansehen stand. Dadurch wird wieder deutlich, dass die menschliche Einbildungskraft durchaus nicht die große Masse beachtete, sondern dass sie sich in ihrer Willkür meist nur an das Einzelne knüpfte, an dem sie Gefallen fand.

Es kann nicht leicht eine Pflanze geben, die gleichzeitig so unscheinbar ist und die dennoch einen so großen Ruf besitzt wie die Verbena. Von den deutschen Botanikern des sechzehnten Jahrhunderts wurde sie deshalb „Eisenkraut“ genannt, weil das Eisen durch nichts so gut gehärtet werden sollte als durch den Saft dieses Krautes. Allein, es heißt eigentlich Isenkraut, und die Wortwurzel davon ist wahrscheinlich „is“ = „hart“, „zäh“, woher auch die Wörter „Eis“, „Eisen“ („Isen“), „Isegrimm“, „Isenbirne“ usw. stammen. Die Zweige dieses Krautes sind nämlich sehr zäh. Es war schon den Galliern und Germanen bekannt. Die Ersteren orakelten und weissagten damit, und die Zweiten verwendeten es zu Beginn eines Krieges oder bei Friedensschlüssen in ihren Opfergaben.

Die Magier sagten, dass jener, der es beim Aufgang des Hundssterns [Sirius] sammelt, so dass es weder Sonne noch Mond bescheinen, und sich damit salbt, alles erlangt, was er sich wünscht.[227]

Das Isenkraut steht in besonderer Beziehung zum Planeten Venus, es gibt große Liebeskraft und macht bei allen beliebt. Kinder bekommen davon Verstand und Neigung zum Lernen, es macht wohlhabend und erhält den Reichtum. In den Acker gesteckt, verschafft es eine reiche Ernte. Gibt man es einer Wöchnerin ins Bett, so wird weder ihr noch dem Neugeborenen Schaden geschehen. Wer sich die Hände damit salbt, kann alle giftigen Schlangen aufheben. In der Sankt-Georgs-Nacht [23. April] zeigt es die verborgenen Schätze, es verjagt alle Gespenster und Zaubereien, vertreibt die Epilepsie, Kopfweh und Kröpfe, und es schützt vor Missgeburten und Pestilenz. – Kurz, es galt als das Kraut aller Kräuter, und keines konnte sich so vieler Kräfte rühmen, an keines wurde stärker geglaubt!

Die Pferde liefen schneller, wenn man es ihnen an den Schweif band, und selbst die Hexen konnten es weder zu ihrer Salbe noch zum Gewitterbrauen entbehren.

In einer Handschrift der *k. k. Hofbibliothek zu Wien* steht folgende merkwürdige Stelle über die Verbena: „Ein krut heizit Verbena, zu dutc Yseren. Daz ist zu maningen dingen gut. Der dise wurc mit dem crute nimt und geit zu dem sichen, so daz der siche die wurc nicht inne werde, und spreche zu im: Wie gehast du dich? sprichet der siche: Ich gehabe mich wol, so genest er, sprichet er aber, Ich gehabe mich übele so inkumit er des sichtumes nimmer uf."[228]

Über das Ausgraben der Iseren heißt es an derselben Stelle: „Sver diese wurce graben will, der sol desselben tages gen, da di wurc stet und sal si becrice mit golde und mit silber und sal ob ir sprechen ein pater noster und credo domini und sprechen: Ich gebite dir edele wurc Verbena in nomine

---

227 Plinius, XXV., 59.

228 Cod. Manuscr. 2524, aus dem XIV. Jahrhundert, fol. 12 b., 14 b.

Patris, et filiis et spiritus sancti und bei den LXII namen des almetichen Gotis und bi den vier Engeln Michahele, Gabriele, Rafahele, Anthoniele und bei den vier Evangelisten“ usw.

War das Isenkraut mit einem goldenen oder silbernen Werkzeug aus der Erde gehoben, so musste es liegen bleiben, bis der Morgentau darauf fiel. So lange durfte man es nicht verlassen. Erst vor Sonnenaufgang durfte es aufgehoben, aber auf keinen Fall mit Eisen berührt werden. Einige bestimmen zum Ausgraben den Mariahimmelfahrtstag, andere den Sankt-Johannis-Abend, und es wäre keine schwierige Aufgabe, eine ganze Abhandlung über das Isenkraut zu schreiben, da eine Menge Aufzeichnungen über den Gebrauch dieser Pflanze existieren. Schwieriger aber wäre es, wenn man erörtern sollte, wodurch denn eigentlich die ganz unscheinbare Isere zu ihrem Ruhm gelangte. Vielleicht erging es ihr wie anderen Berühmtheiten, die ohne eigenes Verschulden bloß dadurch populär wurden, dass die einen über sie sprachen, und andere hörten es und erzählten es weiter, bis das Gerede so bedeutsam wurde, dass niemand zu widersprechen wagte. Der Glaube gleicht einer Lawine: erst eine fallende Schneeflocke, dann ein Ball und schließlich eine ungeheure Masse, die alles erdrückt, was ihr im Weg steht. Warum hat man noch keine Geschichte des Glaubens in diesem Sinne geschrieben?

Weder Theophrastus Eresius noch Dioskorides und Plinius, der ihnen nachschrieb, kannten die Valeriana, deren lateinischer Name aus dem deutschen Baldrian gebildet wurde. Diese Pflanze war schon in den germanischen Mythen bekannt, denn Hertha trug einen Baldrianstengel als Gerte, wenn sie auf ihrem mit Hopfenranken gezäumten Edelhirsch ritt. Außerdem besaß die Pflanze noch einen anderen mythischen Namen, nämlich „Valandsurt“. Er rührt von dem kunstreichen Schmied Wieland her, der sie, weil er auch ein kundiger Arzt war, zu seinen Heilungen gebrauchte.[229]

Der Bauer hält noch immer viel auf die Heilkräfte des Baldrians. Ich sah diesen oft in Gärten angepflanzt, und wenn die Pflanze sehr stattlich war,

[229] Grimm, Deutsche Mythologie, 350.

wurde sie sogar beim Mähen auf der Wiese verschont. Als in Staffelbach (Oberfranken) die Pest ausbrach, kamen die Holzfräulein aus dem Wald und riefen:

„Esst Bimellen und Baldrian,
So geht euch die Pest nicht an.“[230]

Baldrianblüten schützen gegen Unholde und den Teufel, der einst, als ihm jemand am Niederrhein einen Baldrianstengel entgegenhielt, voll Zorn ausrief:

„Seg ick nich den Bullerjan,
Ick wull mit di hen Nätplücken gan,
Dat di de Ogen in 'n Nacken sülln stan.“

Baldrianblumen beschirmen die Bienenstöcke vor Raubbienen. Ihre Wurzeln helfen gegen Fieber, und mit dem Saft heilt man das kranke Euter der Kühe. Wenn die Milch nicht zu Butter werden will, gießt man sie durch einen Kranz von Baldrian, weil dadurch die Behexung aufgehoben wird, und weil die Elfen auf Brautleute neidisch sind, tragen diese Baldrianblüten bei sich.[231] Ob der Name Baldrian von „Balder“ abgeleitet werden kann, mögen die Etymologen entscheiden.

Wenn man sich oft wundert, wie manches unscheinbare Kraut zu Ehren kam, so ist die Vorliebe des Volkes für das Veilchen (Viola) wieder von selbst erklärbar. Es ist ja eine der ersten Blüten des Frühlings, duftet so herrlich und verbirgt sich dabei so schüchtern, so jungfräulich hinter den Sträuchern, dass man die Blume liebgewinnen muss. Im Mittelalter scheint es in ganz Süddeutschland Sitte gewesen zu sein, jenes Veilchen, welches im Frühling zuerst gefunden wurde, an eine Stange zu binden und um diese zu tanzen.

---

230 Friedrich Panzer, Bayerische Sagen und Bräuche, II., 161.

231 Karl Schiller, Zum Thier- und Kräuterbuche des mecklenburgischen Volkes, 16.

Dieser Brauch führte in den Tagen Otto des Fröhlichen in der Umgebung von Wien zu einem Streit zwischen Nithart Fuchs und den Bauern, welcher von Hans Sachs und Anastasius Grün dichterisch aufgearbeitet wurde: Nithart fand zufällig in einer Donau-Aue das erste Veilchen, bedeckte es mit seinem Hut und eilte an den Hof, um den Herzog zum Frühlingsfest zu holen. Während seiner Abwesenheit kam ein Bauer zu dem Hut, riss das Veilchen ab;

„(...) und ließ zurücke
Was sich nicht singen und sagen lässt.“[232]

Er deckte den Hut wieder darüber und entfernte sich. Als nun Otto mit seinem Hofstaat an die Stelle kam und Nilhart den Hut aufhob, war man über die seltsame Bescherung nicht wenig überrascht. Die Wiener glaubten, dass sie Nithart absichtlich gefoppt hätte, und sie wurden so erzürnt über ihn, dass er sich nur durch sofortige Flucht retten konnte. Als er aber sein Veilchen auf einer Stange erblickte und die Bauern darum tanzen sah, drang er mit dem Schwert auf sie ein und blieb von da an ein Gegner aller Bauern, so dass er den Namen „Bauernfeind“ bekam.

In der nordischen Mythologie war das Veilchen dem Gott Tys oder Tyr gewidmet, und es hieß daher Tysfiola.[233]

In Sachsen existiert die Sage, dass Ezernebogh, der Gott der Wenden, eine herrliche Burg besaß. Bei der Verbreitung des Christentums wurden er und sein Schloss in Felsen verwandelt, seine schöne Tochter aber in ein Veilchen, welches alle hundert Jahre nur einmal blühen darf. Wer es dann pflückt, gewinnt die Jungfrau und all ihren Reichtum.[234] Das Veilchen galt auch oft als Wunderblume und zeigte verborgene Schätze an. Unter den vielen Sagen, die sich auf das Reichwerden beziehen, folgt hier nur eine, die zugleich mit wohltätigen Zwergen in Verbindung steht:

---

232 Nämlich einen Kothaufen (F.-D. S.).
233 Grimm, Deutsche Mythologie, 181.
234 Graesse, 488.

Ein Schäferknabe fand eine große Viole, aber der Vater nahm sie ihm weg, weil ihm geträumt hatte, dass er eine Blume bekommen werde, an welcher er dreimal riechen solle. Er schnupperte also dreimal an der Viole, und sogleich erschien ein Männlein und lud ihn ein, ihm zu folgen. Es führte ihn in seine Höhle, in welcher zwölf ebenso kleine Männchen saßen und tafelten. Als der Schäfer nach Hause kam, fand er Geld, Schafe und Pferde, die ihm die Zwerge wegen seines Vertrauens geschenkt hatten.[235]

Das Veilchen bildet zusammen mit der Lilie und der Rose die Dreizahl der beliebtesten Blumen. Unter den verschiedenen Arten der Veilchen hielt man die blau-weißen für besonders heilsam. Die gelben aber symbolisieren Neid und Eifersucht, weshalb man sie "die Schwägerin" und „die Stiefmutter" nannte. Die letztere Benennung ging auch auf das Dreifarbige Veilchen (Viola tricolor) über, das früher als außerordentliches Heilkraut galt und einst viel schöner duftete als das Märzveilchen. Es wuchs damals im Getreide, und weil es die Leute so häufig aufsuchten und dabei so viel Korn zertraten, tat ihm das leid, und es bat in seiner Demut die Heilige Dreifaltigkeit, ihm doch seinen Duft zu nehmen. Diese Bitte wurde erfüllt, und von da an hieß die Blüte allenthalben „Dreifaltigkeitsblume".[236]

Der Himmelbrand [Königskerze] (Verbascum) hat seinen Namen daher, weil er hoch in den Himmel aufsprießt. *„Brand"* bedeutet nämlich etwas Hohes, daher heißen auch Berge *„der Brand"*, *„der Brenner"* usw., und Helden erhielten ihre Namen davon, z. B. *„Hildebrand"*, *„Heerbrand"*, *„Hadubrand"* usw. Gefiel das Veilchen durch seine Bescheidenheit, so fiel der *„Himilbrando"* durch seinen hohen Wuchs auf und wurde deshalb, wie bereits erwähnt, in die Mitte der Kräuterbüschel gesteckt, welche geweiht werden sollten. Er heilt auch viele Krankheiten. Man nahm z. B. Weihwasser, machte das Kreuz über den leidenden Teil und sprach dreimal:

„Unsere liebe Frau geht dreimal über das Land,

---

235 Curtze, 49.

236 Friedrich Panzer, Bayerische Sagen und Bräuche, II., 203.

Sie trägt den Himmelbrand in der Hand,
und berührte die Wunden mit den Blüten[237]*."*

Auch der Himmelbrand soll nur vor Sonnenaufgang, am besten am Tag vor Maria Heimsuchung (2. Juli), und dann mit einem Werkzeug aus Edelmetall ausgegraben werden. Man wickelt ihn in roten Zindel[238] oder Taft und trägt ihn gegen Schlaganfälle auf der Herzgrube. In Ostpreußen ziehen die Mägde einen Himmelbrandstengel aus und hängen ihn über ihre Betten. Die Magd, deren Pflanze zuerst welkt, stirbt auch als erste. Ist jemand erkrankt, so knickt man nach Sonnenuntergang einen Himmelbrandstengel gegen Osten und betet um die Genesung des Siechen.[239] Wächst ein Himmelbrand auf einem Grab empor, so bedeutet das, dass die Seele des Verstorbenen noch im Fegefeuer ist, und dass man eine Wallfahrt für sie verrichten muss. Die Pflanze wird auch „Unholdenkerze" genannt, weil die Unholde vor ihr entweichen.

Der Ehrenpreis (Veronica) bekam seinen Namen daher, weil mit seinem Saft ein König von Frankreich geheilt wurde, der schon drei Jahre am Aussatz litt. Ein Hirte sah nämlich einen vom Wolf gebissenen Hirschen, der sich die Wunde an einem Eichenbaum rieb, damit sie nicht verharschte. Dann legte er sich an einer Stelle nieder, wo sehr viel Ehrenpreis wuchs, von dem er auch eifrig fraß, so dass er nach acht Tagen geheilt war. Da bereitete der Hirte ein Gefäß voll Ehrenpreissaft zu, ging damit zum König, und wusch ihm damit vorerst den einen Fuß. In der Nacht bekam der König an der gewaschenen Stelle aber solche Schmerzen, dass er nach Licht rief, und als die Diener damit herbeikamen, gewahrte er, wie sein Bein und das Bett voller Schorf waren, und dass jener Saft den ganzen Ausschlag mit großer Schnelligkeit, wenn auch unter Schmerzen, austrocknete. Da ließ er sich nun am ganzen Leib einreiben und genas vollkommen.[240] Wegen dieser großen Heilkraft heißt die Pflanze auch „Grundheil", „Heil aller Schäden",

---

237 Ebendort, 13.
238 Leichtes Seidentuch (F.-D. S.).
239 Tettau-Temme, Ostpreußische Sagen, 283.
240 Hiervon: von Braunschweig, Kräuterbuch, Fol. 48, a.

und „Heil aller Welt". Abergläubische Bräuche fand ich über sie nicht erwähnt.

Diese fünf Pflanzen, Verbena, Valeriana, Viola, Verbascum und Veronica, haben also wieder in den Augen des Volkes ihre besonderen Kennzeichen, und man erkennt, wie lebhaft die Einbildungskraft der Menschen sein muss, um so vielfältige Anschauungen hervorzubringen, und dass ihre Poesie nicht allein in seinen Liedern liegt.

Die Nessel

Ich ging vor einigen Jahren einmal hinaus in die Alpen, um mich dort wieder nach Herzenslust der Botanik zu widmen. Da fragte mich ein sehr gelehrter Herr, der aber selbst mit dem Fernrohr noch nie eine Alp gesehen hatte, ob er mich begleiten dürfe. Ich hatte nichts dagegen und war nur neugierig, wie sich der Mann, der immer im feinsten schwarzen Gewand und mit der weißesten Halsbinde erschien, zwischen den Felshängen und in den steilen Schluchten verhalten würde. Am Fuß der Alpen angekommen, begann ich sogleich mein Geschäft mit der Salvia glutinosa, mit mehreren Steinbrecharten usw., und mein Begleiter sah mir erstaunt zu, wie ich mit nackten Fingern im schwarzen Boden wühlte und die Pflanzen sorgsam wie Kinder behandelte. Es behagte ihm, und er begann bald damit, mir diese und jene Blüte zu zeigen, die ihm nun auf einmal ganz besonders gefiel. Da stieß ich zufällig auf die schöne Nigritella und kniete nieder, um sie aus dem Grund zu heben. Er war indessen einige Schritte vorangegangen und blieb mit Entzücken vor einem ganzen Wäldchen fast mannshoher, dunkelgrüner Pflanzen stehen. „Das ist ja herrlich!", rief er, „Das kann man in keinem Garten schöner finden! Ich muss Ihnen doch einige Exemplare davon pflücken!" – Und er zog den Handschuh aus, fuhr mitten hinein in den Pflanzenwald und hatte sich augenblicklich – es war nämlich eine Gruppe von mächtigen Nesseln – die zarte Hand so fürchterlich zerstochen, dass er im ersten Augenblick des Brennens meinte, er sei vergiftet. „Nec ultra crepidam, sutor!", rief ich ihm zu und führte ihn dann zum Bach, wo das kühlende Alpenwasser sein Leiden bald linderte.

Ich führe diesen Fall nur an, weil ich ihn nie vergessen kann, denn er zeigt, dass die erste Bekanntschaft mit der Nessel zu allen Zeiten eine unfreundliche war, und weil auch gewiss niemand diesen ersten Eindruck unbeachtet lässt. Nun sollte man glauben, dass die Nessel demzufolge eine unbeliebte, vom Volk gemiedene Pflanze ist. Es findet aber gerade das Gegenteil statt, denn der Mensch legt sich alles nach seiner Willkür aus. In der „*Bedeutung der Blumen*“ (Nr. 29) heißt es: „Wer heiß brennende Liebe in seinem Herzen fühlt, soll die sengenden Nesseln tragen.“ Eine andere Quelle sagt: „Du solt an einem Freitag, früh wenn die Sonn aufgeht, zu einer Nessel gehen, und besieh dir die Nessel im Namen derer, welcher du hold bist; bespreng die Nessel mit Salz und geh bei Sonnenuntergang wieder zu ihr, grabe sie mit der gesamten Wurzel aus, lege sie in die Glut und sprich die Worte: *„Oel und Amel und Inginn, ich beschwör euch und gebeut euch wie die Nessel hier brennt in der heissen Asche:*

Dass ihr also machet, zerbrinnen,
In Herzen und Sinnen,
Dass ihr nimmer Ruh mögent gewinnen
Und haben, bis dass sie drinnen
Will lassen brinnen in der Minnen.“[241]

Das Sprüchlein ist nicht ganz klar, aber so viel geht doch daraus hervor, dass die Nessel zum Liebeszauber benutzt wurde. Ebenso wurde sie zum Schatzheben verwendet, oder sie zeigte verborgene Schätze an. In Reichholzheim, an der Straße von Bromberg, im zweiten Haus links, war einst nächtens ein solcher Lärm, dass die Bewohner glaubten, es stürze der Schornstein herab. Da zeigte sich draußen im Hof ein helles Licht in den Brennesseln. Aber während ihres Streites, ob sie den dadurch angezeigten Schatz heben sollten oder nicht, nahm das Licht allmählich ab, und es verschwand schließlich ganz.[242]

---

241 Anzeiger für Kunde der deutschen Vorzeit, 1854, 190.
242 Dasselbe, 1838, 122.

Dass man, besonders in den Niederlanden, aus den Nesseln sehr feine Gewebe fertigte, ist allgemein bekannt, und von Hemden, die aus Nesseln gewoben wurden, findet sich aus Eberstein folgende Sage:

Es war dort einst ein sehr hartherziger Vogt, der es einer Dirne nicht erlauben wollte, den Schlossgärtner zu heiraten, bevor sie nicht zwei Hemden gewoben hatte aus den Nesseln, welche auf dem Grab ihrer Eltern wuchsen. Das eine sollte ihr Brauthemd, das andere aber des Vogts Leichenhemd sein, und das Nesseltuch durfte nicht größer werden als exakt notwendig. Die Dirne war tief betrübt und weinte bitterlich, da erbarmte sich ein gutes Bergweiblein und half ihr. Als sie dann die Hemden brachte, hörte man bei ihrer Trauung auch das Totenglöcklein für den bösen Vogt läuten.[243]

Auf dem Hirschberg bei Balingen wächst ein sogenannter „Brennesselmann" mit ausgestreckten Armen und Beinen, den man schon mehrmals ausrotten wollte, der aber immer wieder wächst, und man weiß nicht, was da einst geschehen sein mag.[244]

Auch zu der anfangs besprochenen „Pflanzenauferstehung" diente die Nessel: Sie wurde von den Alchemisten verbrannt, aus ihrer Asche eine Lauge bereitet und diese der Kälte ausgesetzt. In diesem Eis sah man nun leibhaftige Nesseln mit ihren Stengeln und Blättern und allem Zugehörigen.[245]

Wenn die Nessel jung ist, wird sie als Gemüse gegessen, und in dem Märchen von der Jungfrau Maleen spricht diese, als sie für die hässliche Braut zum Altar gehen soll, im Vorübergehen zum Nesselbusch:

„Brennettelsbusch,
Brennettelsbusch so kleene,

[243] Schreiber, Rheinsagen, 147.
[244] Meier, I., 313.
[245] Praetorius, Anthropodemus Plutonicus, I., 145.

Wat steist du hier alleene?
Ik hef de tyt geweten
Da hef ik dy
Ungesaden,
Ungebraden eten."[246]

Der Saft der Nessel wird im Frühling von Jägern und Waldleuten noch heute bei Brustleiden angewendet, oft mit Erfolg. Der Nesselsamen macht feurig in der Liebe und lindert die Geburtswehen. Gibt man ihn Pferden und Schafen zu essen, so wird ihr Fell glänzend und feinhaarig. In Tirol legt man bei Gewittern Nesseln ins Feuer, damit der Blitz nicht einschlägt, und beim Bierbrauen soll man „einen guten Strauß großer Brennesseln auf den Rand des Bottichs legen, so schadet der Donner dem Biere nicht[247]."

Die Nessel heißt, weil sich der Donner vor ihr fürchtet, auch *„Donnernessel"*, und sie dient gegen die Hexensperre (= angezaubertes Seitenstechen). Will man dem Vieh die Maden vertreiben, so pflückt man vor Sonnenaufgang eine Nessel, fasst sie mit beiden Händen und spricht:

„Brennessel lass dir sagen,
Unsere Kuh (Stier usw.) hat im Fuss die Maden,
Willst du sie ihr nicht vertreiben
So will ich dir den Kragen umreiben."

Nun wird die Nessel abgedreht, und die beiden Teile werden mit beiden Händen rückwärts über den Kopf geworfen. Dies muss aber drei Tage nacheinander wiederholt werden, wenn es wirken soll.[248] Die Nessel hilft ferner gegen Milzbeschwerden, gegen Nasenbluten und „wenn die fuess wee tuon, das dy podagra hayst". Sie galt als Schweißmittel, und war jemand ernsthaft krank, so legte man sie in seinen Urin. Blieb sie einen Tag und ei-

---

246 Müllenhoff, Sagen, Märchen und Lieder der Herzogthümer Schleswig-Holstein und Lauenburg, 391.
247 Mannhardt, Zeitschrift für deutsche Mythologie und Sittenkunde, III., 338.
248 Friedrich Panzer, Bayerische Sagen und Bräuche, II., 299.

ne Nacht grün, so war es ein Zeichen der Genesung. Schrumpfte sie aber ein, so musste man jede Hoffnung aufgeben.[249]

Fleisch, mit Nesselwurzeln gekocht, wird zarter, und so knüpfen sich an diese Pflanze, deren Blüten dem gemeinen Mann kaum bekannt sind, eine Menge Dinge, die man nicht geahnt hätte. Es gibt sogar lustige Sprüchlein über die Nessel, z. B.:

„De Katt de seet in 'n Nettelbusch,
Im Nettelbusch verborgen,
Do keem de kleene König her
Und bod äer goden Morgen."[250]

Dodonäus führt sogar den Teufel als schlechten Pflanzenkundler an, indem er erzählt: „Dat krut kenn ik – säd de Düwel, un sett sick in de brennettel."[251]

Es ging dem Gottseibeiuns dabei wie meinem gelehrten Herrn, nur mit dem Unterschied, dass sich dieser bloß die zarte Hand verbrannte, während der leidige Satan in den Hämorrhoidalgegenden gewaltiges Jucken empfinden mochte und sich in der Folge vor diesem Kraut gewiss hütete, das jedem ein kleines Andenken hinterlässt, der es ungeschickt anfasst.

Die übrigen Wald- und Flurpflanzen

Um nun die noch übrigen wildwachsenden Kräuter nicht allzu zerstreut vorzustellen, dürfte es wieder am besten sein, den natürlichen Ordnungen zu folgen, besonders weil sich von jenen Pflanzen meist nur einzelne Sagen oder Bräuche vorfinden.

---

[249] Tractat von Erkanntniss, 14.
[250] Müllenhoff, Sagen, Märchen und Lieder der Herzogthümer Schleswig-Holstein und Lauenburg, 479.
[251] Kruydbook, p. 221.

Von den Hahnenfußblättern (Ranunculaceen) sind zu erwähnen:

- Der Akelei (Aquilegia), der auch „Elfenhandschuh“ und „Gotteshut“ genannt wird, hilft gegen das Nestelknüpfen und die Unfruchtbarkeit der Frauen.
- Die Leberblume (Hepatica triloba) hilft bei Leberleiden, und sie wird unter dem Namen „Haselmännich“ zum Räuchern gegen die Hexen gebraucht.
- Die Trollblume (Trollius europaeus) wurde, wie ihr Name anzeigt, schon im germanischen Altertum als Zauberpflanze betrachtet.
- Drei Blüten des Rittersporns (Delphinium), mit Jungfernwachs zu einem Kügelchen geknetet und dieses um den Hals getragen, hilft gegen kranke Augen, besonders wenn man zusätzlich zu Ehren der Heiligen Ottilie (der Augenheiligen) drei Messen lesen lässt und in ihrem Namen Almosen spendet. Rittersspornblüten als Abzeichen getragen, symbolisieren Beständigkeit in der Liebe.

Im Brauchtum reicher bedacht ist die zu den Nymphäaceen gehörige Seerose (Nymphaea alba), die mit ihren schwimmenden, von einem reichen Blätterkranz umgebenen weißen Blüten stets einen malerischen Anblick bietet. Die Seerose ist der Sage nach eine verwandelte Seejungfrau, die um Mitternacht als weiße Elfe auf dem Wasserspiegel tanzt, und unter den breiten Blättern der Pflanze versteckt sich der lauernde Nix. Die Blätter selbst dienen aber den Elfen und anderen kleinen Elementargeistern als Schiffe, mit denen sie bei Mondschein und stiller Luft über die weiten Fluten gleiten.

So schön die Seerose ist, so war sie doch – gerade entgegengesetzt zur Nessel – dem Menschen unheimlich, denn manche, welche die Blume holen wollten, ertranken, oder sie wurden von ihren langen Stengeln umstrickt und so lange unter Wasser festgehalten, bis sie starben. Daher empfand man fast überall eine Scheu vor ihr und warnte besonders die Kinder davor.

Die weiße Farbe der Blüte symbolisiert Keuschheit, deshalb sah man auch in ihrem Samen ein kräftiges Mittel zur Dämpfung des Geschlechtstriebs. Aber Blume und Samen, die vom bösen Nix eifersüchtig bewacht werden, sind nur mit großer Vorsicht zu holen. Die Blume muss man zuerst freundlich ansprechen. Sie darf nur mit der Hand gepflückt und nie mit einem Messer geschnitten werden, denn dann fließt Blut aus dem Stengel, und der Frevler wird lange Zeit von bösen Träumen geplagt oder gar von einer dunklen Gestalt in die schaurige Tiefe hinabgezogen. Wer aber ganz sicher sein will, muss sich – wie Odysseus bei den Sirenen – die Ohren mit Wachs verstopfen, damit er die betäubenden Stimmen der erzürnten Wassergeister nicht hört. Ja, die reizende Seerose galt zu Zeiten als so schädlich, dass, wer sie nur in die Hand nahm, sogleich die fallende Sucht [Epilepsie] bekam.

Ihrer schönen Gestalt wegen nahm man sie aber gerne in Wappen auf. So wählten z. B. die Friesen sieben „Schwanenblumenblätter“ für ihren Schild, und in den *„Gudrunliedern“* (1373) wird erzählt, dass Herwic von Seewen eine wolkenblaue Fahne trug, in welcher Seerosenblätter schwebten. Mögen manche der eben angeführten Sagen von der Seerose auch schaurig sein, so besitzen sie doch poetischen Charakter.

Der Kräuterbuchautor Carrichter schreibt hingegen von ihr: „Nymphaea gesammelt gegen die Nacht, so es sein kann, dörret sie im Schatten und hencket es vor einem auf, dass er es ansiehet, so kommt dieser Geist aus der Wurzel und tritt in die oscula nervorum hinein, jagt den schwefeligen Geist hinweg, kräftiglich, dass ihm der Krampf nichts mehr tut, denn die Seeblume ist mit seiner Art und Natur unter der ersten Substanz des Krebs und Mercurio.“[252] [Gemeint sind das Sternzeichen Krebs und der Planet Merkur bzw. das alchemistische „Merkurius-Prinzip“, das unter anderem den flüchtigen Anteil einer Substanz bezeichnet.]

Man glaubte an mehreren Orten, dass das beständige Anblicken der Seerose Kopfweh, Schwindel und Krämpfe vertreibt, aber Carrichters Erklärung, dass der Geist der Wurzel in die Oscula nervorum eindringt und den schwefeligen Geist verjagt, ist doch etwas zu verschroben.

Von den Fumariaceen werden in alten Überlieferungen erwähnt:

---

[252] Kräuterbuch, 145 a.

- Der Erdrauch oder Elfenrauch (Fumaria), der, wenn er verbrennt wird, ein heftiges Brennen in den Augen verursachen soll. Er wurde von Zauberern und Hexen benutzt, um sich unsichtbar zu machen oder um die Geister der Verstorbenen herbeizurufen. Wenn ihn ein Mädchen beim Jäten findet und ihn ins Mieder steckt, so begegnet ihr auf dem Heimweg ihr zukünftiger Bräutigam.[253]
- Der Lerchensporn (Corydalis) soll aber vor dem Donner so erschrecken, dass er seine Blüten abwirft und, wenn sich das Donnern oft wiederholt, sogar rasch verwelkt.

Unter den Droseraceen machte sich der Sonnentau (Drosera) dadurch besonders bemerkbar, weil er den Tau viel länger hält als alle übrigen Kräuter. Man nannte ihn auch *„den Tau oder die Tränen der Frigga“*. Das fromme Landvolk nennt ihn aber heute *„Tränen der Heiligen Maria“*, und die Pflanze, in Erinnerung an das taubenetzte Fell Gideons[254], *„Gideonswurz“*. Diese lang anhaltenden Tautropfen erweckten auch die Aufmerksamkeit der Alchemisten und Destillatoren. Sie hielten ihn für ein „großes Wunder Gottes“ und suchten ihn bei ihren geheimnisvollen Arbeiten zu verwenden. Ebenso galt er als wichtiges Heilmittel gegen Kopfschmerzen, Augenleiden, Herzstechen, Krebs, Gift und Pestilenz. Er kühlt den erhitzten Magen und die entzündete Leber, denn er kommt ja von einer Pflanze, über welche die Sonne ihre Strahlen und Einflüsse mit derselben Vorliebe ausbreitet, so wie sie unter den Metallen das Gold am meisten bevorzugt. „Legst du“, schreibt der Alchemist Conrad Khunrath, „dasselbige Kraut in ein Glas mit Wein, da ein Gift vermischt ist, alsbald soll das Glas zerbrechen. Ist aber das Gefäß steinern oder aus Alabaster oder dergleichen, so wird der Wein also stark siedend, als wäre ein gewaltig Feuer darunter, dass auch der Wein herausspringt.“[255]

---

[253] Karl Schiller, Zum Thier- und Kräuterbuche des mecklenburgischen Volkes, 20.

[254] Ein Richter aus dem Alten Testament (F.-D. S.).

[255] Khunrath, Medulla destillatoria, 274.

Auch die Jäger halten, wie bereits früher erwähnt, große Stücke auf den Sonnentau, und sehr viele tragen ihn stets bei sich, um immer einen sicheren Schuss zu haben. Sie dürfen ihn aber keinem Nichtjäger verraten, sonst verliert er seine Kraft.

Von den Sileneen fand ich nur die Kornrade und die Alpennelke erwähnt. Die Erstere (Agrostemma githago) wird an einigen Orten von den Burschen jenem Mädchen ins Haus geworfen, um welches sie freien wollen. Dies geschieht zugleich mit der „Wepelrot", die aus einem Weidenstab hergestellt wird. Oben ist ein Kranz in Form eines Rades angebracht, an dessen verlängerte Speichen Äpfel gebunden werden.[256]

Von der Alpennelke (Dianthus alpinus) zeichnete Kaiser Maximilian I. folgende Zeilen in seinem „*Memorienbuch*" auf: „Item, ain wurczlin haist grafoil (Cariophyllum) wechst auf dem hohen gepürg, ist gut für die pestillenz: Wann einem graust oder die pestillenz ankombt, so schnaid ain wenig von der wurczen und trinks in ainen wein, so swiczt alle Krankheit von ime."[257]

Unter den Geraniaceen wirkt der Storchschnabel (Geranium) erheiternd auf das Gemüt. Darum soll jeder, der traurig ist, das Pulver dieses Krautes auf Brot streuen und essen.[258]

Von den Balsamineen wird in der Schweiz das Springkraut (Impatiens noli tangere) gegen Behexung um den Hals getragen, und die Kinder singen von dieser Pflanze, welche sie „Chapezinerzipfeli" nennen:

„Chapeziner is ins Wasser gfalle,
han en ghöret plumpe,
hätt' er mi beim Zipfel ghebt,
wär er nit vertrunche."[259]

---

[256] Wolf, Beiträge, I., 115.
[257] Hormayr, Taschenbuch, 1827, S. 202.
[258] Zauberarzt, 50.
[259] Rochholz, Kinderlieder, 177.

Der Sauerklee, unser Repräsentant der Oralideen, wird von den Rehen und Hasen aufgesucht, wenn sie verwundet sind. Er schützt gegen Liebestränke und wurde zum Feien der Waffen benutzt.[260]

Unter den Rautenarten war die Weißwurz (Dictamnus) schon zu Zeiten Kaiser Karls des Großen als Heilpflanze bekannt. Auch sie wird vom verwundeten Wild aufgesucht, besonders von Hirschen, weil sie die Kraft haben soll, Pfeile auszuziehen, ein Hinweis, der übrigens schon bei Theophrastus Eresius (IX. 16) zu finden ist.

Aus der Sippe der Rosaceen werden, außer der Rose selbst (von der bei den Sträuchern die Rede sein wird), der Odermennig, die Erdbeere und das Fünfblatt in unserem Zusammenhang erwähnt: Wenn man jemand Odermennig (Agrimonia) unter den Kopf legt, so schläft er so lange, bis man das Kraut wieder wegnimmt. In der Schweiz gibt man den Kindern einen Absud davon, der gegen den „roten Schaden“ [blutigen Durchfall] helfen soll.

Die Erdbeere gilt als Sinnbild der Verlockung und der Welt. Die Erdbeeren sättigen nicht, soviel man davon auch essen mag, und daran sind neidische Kinder schuld: Einst ging nämlich ein solches mit einem Korb in den Wald, um Erdbeeren zu suchen. Da begegnete ihm die Mutter Gottes und fragte, was es in dem Korb trägt. Das Kind sagte: „Nichts.“ Da entgegnete die Heilige Maria: „Ist es nichts, so soll es dir auch nichts beschießen“. (Das heißt: „Es soll dich nicht sättigen“.)[261] Auch in Hebels Gedicht *„Der Knabe im Erdbeerschlag“* wird diese Sage behandelt.

Eine Frau, welcher schon Kinder gestorben sind, darf vor dem Johannistag keine Erdbeeren essen, denn an diesem Tag führt die Heilige Maria die gestorbenen Kindlein ins Paradies zum Erdbeerenpflücken. Jene Kinder, deren Mütter schon vor Johannis Erdbeeren aßen, dürfen nicht mit, denn die Heilige Maria sagt: „Ihren Anteil haben schon die naschhaften Mütter verzehrt!“

---

260 Wolf, Aberglaube, Nr. 592.
261 Meier, I., 250.

Wenn ein Weib des Weges geht und eine Erdbeere sieht, soll es diese pflücken oder wenigstens zertreten, und ein Reiter, der noch so viel Eile hat, soll, wenn er eine Erdbeere erblickt, vom Pferd absitzen und sie essen.[262]

Das Fünfblatt (Potentilla) entstand einer angelsächsischen Sage zufolge dadurch, dass dem Wassergeist Grendel die Hand abgerissen und als Siegeszeichen gebraucht wurde.[263] Es galt als glückbringend und wurde als Heilkraut gegen die Ruhr [Durchfall] benutzt.

Der Einjährige Knäuel (Scleranthus) vertritt bei uns die Familie der Scleranthеen, und in der „*Rockenphilosophie*" wird dasselbe von ihm berichtet wie vom Johanniskraut. Dort heißt es nämlich: „Es gehen am Johannistag einige Leute auf das Feld und suchen ein gewisses Kraut, zu deutsch: Knäuel. Dieses raufen sie mit der Wurzel aus und finden an dieser zuweilen einige rothe Körner hängen in der Grösse eines Tröpflein Blutes oder einer kleinen Erbse. Dies soll das Blut des enthaupteten St. Johannes seyn, und wer es bei sich trägt, soll vor vielem Unglück und vor Krankheiten geschützt seyn."

Diese blutroten Körner sind aber, wie schon beim Johanniskraut erwähnt wurde, Insektenlarven, die man auch an den Wurzeln anderer Pflanzen findet, z. B. beim Vergissmeinnicht, beim Habichtkraut (Hieracium pilosella) und anderen.

Von den Crassulaceen werden der Mauerpfeffer und die Hauswurz im Brauchtum erwähnt. Der Mauerpfeffer (Sedum), unter das Kopfkissen gelegt, verscheucht die Schlaflosigkeit. Am Johannisabend gegraben und an einem Faden zwischen den Schultern getragen, vertreibt er die „goldene Ader" [Hämmorhoiden]. Auch bei Wunden und Brüchen wurde er sehr gerühmt.

262 Friedrich Panzer, Bayerische Sagen und Bräuche, 11, 13.
263 Grimm, Deutsche Mythologie, 220.

Die Hauswurz (Sempervivum) war dem Donar geweiht,[264] und der Kräuterkenner Leonhard Fuchs schreibt, dass sie „Donnerbart" genannt wird, weil dem Haus, auf dessen Dach sie wächst, weder Blitz noch Donner schaden können, doch musste diese am Johannistag vom Dach genommen werden. Kam ein Gewitter heran, so legte man Palmkätzchen und Hauswurz auf die Kohlen des Herdes. Sie bringt dem Haus, auf welchem sie wächst, jedenfalls Glück, nur darf man sie nicht zur Blüte kommen lassen, sonst stirbt einer der Bewohner.[265] Sie wurde auch mit sechs lebendigen Krebsen gekocht und als Gurgelwasser gegen die Bräune [Halsentzündung bzw. Diphterie] angewendet. Der Saft der Hauswurz gilt noch heute als Schönheitsmittel, und er soll eine reine Haut machen. Wenn sie von den Hexen zu ihrem Gebräu gesammelt wurde, musste dies am Donnerstag (dem Tag des Gottes Donar) geschehen, weil sie sonst nicht die nötigen Kräfte besaß.

Auch von den vielen Saxifragen fand ich nur zwei Arten erwähnt, und zwar erstens den Punktierten Steinbrech (Saxifraga punctata). In seinen rotgetüpfelten Blüten glaubten phantasiereiche Menschen das Wort „Jehova" zu erkennen. Der Steinbrech mit entgegengesetzten Blättern (Saxifraga oppositifolia) heißt in Island „Helga" und teilt diesen Namen mit einer Riesentochter, welche ganz einsam in den Eisgebirgen lebt. Der Name Steinbrech selbst aber rührt daher, weil man einst glaubte, sein Saft sei so kräftig, dass er Blasensteine zerbricht.[266]

Von den Stellaten wurde schon im Kapitel *„Jahreskreis"* bei den Kräuterbüschen das Labkraut (Galium) erwähnt, welches Unsere Liebe Frau dem Christuskind unter die Windeln legte. Es verkündet herannahende Gewitter durch angenehmen Duft, hilft den Kindern gegen Fraisen[267] und Beschreien[268] und macht feuriger in der Liebe.[269] Legt man es aber in einer Stube, wo

---

264 Grimm, Deutsche Mythologie, 168.
265 Zeitschrift für deutsche Mythologie, IV. 174.
266 Dodonaeus, Kruydboek, 509.
267 Kindergicht (F.-D. S.).
268 Verzaubern (F.-D. S.).
269 Montanus, I., 140.a

gezecht wird, auf den Ofen, so geraten die Zänker in Streit, sobald das Kraut warm wird.[270]

Vom Labkraut erzählt man sich auch folgendes Märchen: Es war einmal ein König am Rhein, dem es so gut ging, dass er nicht ans Sterben mochte erinnert sein. Der versprach den Ärzten großen Lohn, wenn sie dem Tod sprächen Hohn. Die gaben ihm still und vertraut, den Saft vom Labkraut, und es trank davon der König, alle Tage ein wenig. Er hatte aber einen Knecht, dem war ein langes Leben auch recht, der hatte auch von dem Trank genascht, aber er ward vom König dabei erhascht. Der wollte ihn köpfen lassen, allein der schlaue Knecht wusste sich zu fassen. Er sprach: „Haltest du mich des Todes wert, so hat sich dein Trank nicht bewährt, denn er soll langes Leben, dem, der ihn trinket, geben“. Das sah der König richtig ein, und ließ deshalb das Köpfen sein. – Sie lebten beide sehr lange miteinander und schliefen schließlich aus Altersschwäche ein. Aus jener Zeit soll auch das Sprichwort stammen, „dass gegen den Tod kein Kraut gewachsen ist“.[271]

Unter den Gentianeen wird das Tausendgüldenkraut (Erythrea) erwähnt, welches man wegen seiner Heilkraft gegen Fieber „tausend Gulden wert“ erachtete und das man, wenn man es antraf, nie ungepflückt lassen sollte. Es heißt, wie bei der Erdbeere, dass selbst ein Reiter absteigen muss, um diese Pflanze mitzunehmen, und dass die erste Frau, die sich ihm nähert, der Blume einen Kuss geben soll.

Weit bedeutender aber ist der Kreuz-Enzian (Gentiana cruciata), der deshalb so genannt wird, weil seine Wurzel kreuzweise in der Mitte durchstochen ist. Hieronymus Bock schreibt, dass diese Wurzel zu allerlei seltsamen Künsten, besonders in *fascinationibus amorum* [zur Erzeugung von Liebe] gebraucht wurde.[272] Jener kreuzweise Spalt der Pflanze war den Menschen überhaupt ein großes Rätsel, und man glaubte, dass er durch einen vier-

---

[270] Kniphof, 42.
[271] Montanus, I., 40.
[272] Kräuterbuch, II., 208.

schneidigen Speer entstanden sei, den der Herr durch die Pflanze stieß. Man nannte sie auch „Madelgeer" und sagte wegen ihrer Heilkraft: „Madelgeer ist aller Wurzeln ein Ehr." Sie hilft gegen Gift, gegen ansteckende Krankheiten und gegen Liebestränke, und sie macht den, der sie bei sich trägt, bei jedermann beliebt. Man hackte sie auch den Schweinen ins Futter, damit sie vor dem „Schelm" (Finnen/Ausschlag) bewahrt wurden. Wenn der Jäger sicher sein wollte, dass ihm sein Gewehr nicht verzaubert wird, so fütterte er den Flintenstein mit Enzianwurz.[273]

Die Wurzel musste samstags vor Sonnenaufgang mit einem Pfennig ausgegraben, unter das Altartuch gelegt und von dem Pfarrer, der davon nichts wissen durfte, mussten dann drei Messen darüber gelesen werden. Der Kreuz-Enzian wurde noch vor ungefähr zwanzig Jahren als Mittel gegen die Wasserscheu gerühmt, bewährte sich aber leider nicht.

Von den Convolvulaceen wird nur die Zaunwinde (Convolvulus sepium) genannt. Sie zeigt Regen an, wenn sich ihre Blüten des Morgens nicht öffnen, und knickt man sie absichtlich, so kann man dadurch Regen hervorzaubern. Kinder sollen niemals Zaunglocken pflücken, denn sonst haben sie nachts gewiss kein trockenes Bettchen.[274]

Aus der Reihe der Borragineen macht der Borretsch (Borrago officinalis) angenehme Träume. Die Hundszunge (Cynoglossum) heilt Wunden, besonders bei Kindern, und im Aargau sagt man beim Auflegen der Blätter:

„Luzifer und Teufelsrüter
Heil mir mine Bübi wieder."

Das Beinwell (gälisch: *„beim-wael"*, *„Wundenfett"*, Symphytum) galt schon bei den Galliern als herrliches Wundkraut.

---

[273] Jägerbrevier, 111.
[274] Rochholz, Kinderlieder, 177, 333.

Die Sonnenwende (Heliotropium) war dem Wodan geweiht, weil sie sich stets in Richtung der Sonne wendet. Sie heißt am Unterrhein noch immer *„Godeskraut“*, vertreibt Krebs, Warzen und Skorpione, und sie vernichtet die Fruchtbarkeit der Frauen. Befeuchtet man den Stein Heliotrop mit dem Kraut Heliotropium und bindet ihn auf die Stirn, so wird man unsichtbar. Die Hexen gebrauchen diese Pflanze zu ihrer Salbe, und Albertus Magnus sagt, dass man sie sammeln soll, wenn die Sonne im Löwen steht. Legt man sie dann in eine Kirche, so müssen alle untreuen Frauen so lange dableiben, bis man das Kraut wieder entfernt.[275]

Schließlich gehört zu den Borragineen auch das Vergissmeinnicht (Myosotis), das schon zuvor im Zusammenhang mit dem Schatzheben erwähnt wurde. Die *„Bedeutung der Blumen“* (Nr. 17) schreibt darüber: „Ein blümlein heisset Vergisse-mein-nit, dem das empholen wird, der mag wohl fröhlichs Muthes seyn. Wer es aber von selbst trägt, der will seiner Liebsten nicht vergessen zu keiner Zeit.“

Das Vergissmeinnicht inspirierte nahezu ebenso viele Sänger wie der Monat Mai. Hier sollen nur die zwei letzten Strophen eines hübschen Liedes aus dem fünfzehnten Jahrhundert angeführt werden. Der Dichter fürchtet zuerst, in die Nesseln zu geraten und spricht dann:

„Und ward ir hören, waz mir daz liebste sy?
daz plawe plümlin, daz stat gar nach dabi;
daz plawe dütet stät;
der küle wind hat mir den weg verwät.
Daz plawe plümlin hoffet auf genad,
und stünd die aller schönst junkfro davor,
den wechsel wilt ich nit triben
ich welt bi minem plawen plümlin beliben.“[276]

[275] Montanus, 142 sowie Friedrich Panzer, Bayerische Sagen und Bräuche, I., 270 u. A.
[276] Mone. Anzeig. V. 334, „Aus einer Karlsruher Handschrift“.

Wie sehr die sinnige Bedeutung des Vergissmeinnichts bei allen germanischen Völkern verbreitet ist, geht daraus hervor, dass es im Englischen *„forget-my-not"*, im Schwedischen *„forgaet-mig-ej"*, im Dänischen *„forget-mig-ej"*, und im Norwegischen *„forglemm-mig-ikke"* genannt wird.

Von den Antirrhineen werden das Leinkraut und der Löwenrachen im Volksglauben erwähnt. Das Leinkraut (Linaria) hilft gegen das Beschreien der Kinder, es wird von den Kröten geliebt und tötet die Fliegen, welche der Milch nachstellen. Das Löwenmäulchen oder Dorant (Antirrhinum) ist alten Weibern wohlbekannt, denn ein Absud davon soll verjüngen und, mit Liliensaft vermischt, die Jugend erhalten. Er schützt vor Zauber, beschirmt die Kinder vor Behexung, hilft gegen die geknüpfte Nestel, gibt einem verzauberten Hund, der nicht bellen kann, die Stimme wieder, und sein Rauch verscheucht alle Gespenster. Auch macht er, unter das Leinen gemischt, die Leinwand stark. Trotz dieser guten Eigenschaften ist der Dorant doch auch eine Irrwurzel, denn es heißt: „Stoß mir nicht an den Dorant, sonst kommen wir nimmer ins Vaterland."[277]

Aus der Sippe der Rhinanthen fand ich nur das Kräutlein Augentrost (Euphrasia) erwähnt, welches so vortrefflich den kranken Augen hilft. Die *„Bedeutung der Blumen"* (Nr. 19) sagt darüber: „Wer allezeit ein Wohlgefallen hat an seinem liebsten, und nichts an ihm sieht, als was ihm wohlgefällt, und dadurch Muth und Freude hat, der sol Augenweide tragen, denn Augenweide ist aller zeit ein lustiges blümel."

Von den Primeln werden drei Arten in Sagen erwähnt: Der Samolus wurde von den Druiden nüchtern und mit nackten Füßen gesammelt. Der Priester musste beim Pflücken die Hand links unter den Kleidern durchstecken und die Pflanze, ohne sie anzusehen, sogleich in seinen Gewändern verbergen.[278]

---

[277] Grimm, Deutsche Mythologie, 1164 unter A.

[278] Plinius, XXIV., 11.

In neuerer Zeit ist sie ganz aus dem Gesichtskreis des Volkes verschwunden, vorausgesetzt, dass unser Samolus tatsächlich derselbe ist, den die Gallier so hoch verehrten.

Die zweite Primulacee ist der Gauchheil (Anagallis), welcher, im Vorhof aufgehängt, „Gauch und Gespenst vertreibt".[279] Er besitzt besondere Kraft gegen Melancholie und Narrheit, und stillt das Blut so vortrefflich, dass man jemand, der zur Ader gelassen wurde, nur dieses Kraut in die Hand zu geben brauchte, um dem Fließen des Blutes sogleich zu stillen.[280] Er heißt auch „Armer Leute Wetterglas", weil sich seine Blüten bei herannahendem Regen schließen.

Die Schlüsselblume (Primula) soll nicht nur die Türe zum Lenz aufschließen, sondern, wie bereits erwähnt, den Weg zu verborgenen Schätzen eröffnen, besonders, wenn man sie zu Weihnachten oder in der Fastnacht blühend findet. Die Primel wurde auch von den Druiden für den „Saft der Begeisterung" benutzt. Sie musste dafür vor Neumond gepflückt und mit Isenkraut, Heidelbeeren, Moos, Weizen, Klee und Honig gemischt werden. Frisch geweihte, junge Priesterinnen erhitzten den Trank durch ihren Hauch, bis er zu dampfen anfing.

Die Blume heißt auch *„Heiratschlüssel"*, und in Schwaben sagen die Kinder, sie sei der Schlüssel zum Himmel. In der Schweiz heißt sie *„Madaun"* und gilt als die Blume verschmähter Liebe. Man sagt dort:

„I goh ne durch d' Bächlimatt ab,
und günne Madänele ab;
Madänele breche,
es Chränzli drus flechte
us luter Madänli und Chlee
– itz han i kes Schätzele meh".[281]

[279] Fuchs, Kräuterbuch, C. 6.
[280] Zauberarzt, 76.
[281] Rochholz, Kinderlieder, 174.

Soll die Primel Schätze erschließen, so erscheint dabei oft eine weibliche Gestalt, die Schlüsseljungfrau. Man erkennt die Göttin Freya darin, weil in ihrer Krone ebenfalls ein Schlüssel steckt. Ein Kuhhirte fand bei der Ruine Blankenhorn in Schwaben im Spätherbst eine Schlüsselblume und steckte sie auf seinen Hut, der ihm aber bald schwer wurde. Als er nachsah, war die Blume in einen silbernen Schlüssel verwandelt. Zugleich stand eine Jungfrau vor ihm, die ihm sagte: „Schließe die verborgene Türe im Heuchelberg auf, und nimm von drinnen mit, was du willst. Aber vergiss das Beste nicht!" Er füllte sich im Berg die Säcke und Ärmel, ließ aber das Beste (die aufschließende Blume) liegen.

Ein Schäfer aus Kolbenkamm in Baden wurde von einer Jungfrau auf einen Platz mit Schlüsselblumen geführt. Er schloss mit einer davon eine Tür auf, hinter welcher drei Kisten voller Schafzähne standen. Von ihnen steckte er, nur halb willig, einige Hände voll ein und ging fort, ohne sich weiter um die Schlüsselblumen zu kümmern. Die Schafszähne aber wurden über Nacht zu Gold, das Beste jedoch hatte er ebenfalls vergessen.[282] All diese Sagen sind nur Abänderungen dessen, was bereits bei der „ungenannten" Blume erwähnt wurde.

Von den Plantagineen wird nur der Spitzblättrige Wegerich (Plantago lanceolata) erwähnt, dessen Blätter vor den Bienenstichen schützen und dessen Saft für Brustleidende nützlich ist sowie für jene Frauen, welche „gesegneten Leibes wandeln".

Aus der Reihe der Chenopodiaceen wird der Gänsefuß erwähnt, dessen Blätter den Füßen der Gänse gleichen und den man deshalb mit den Kobolden in Verbindung bringt, weil manche von ihnen ebenfalls Gänsefüße haben. Die Pflanze wird auch *„Guter Heinrich"* genannt, weil sich die Kobolde gerne Heinrich oder Heinz nennen ließen. In späterer Zeit ging diese Be-

282 Maier, I., 37 sowie Baader, Neue Volkssagen, Nr. 111.

ziehung auf den Teufel (Grauheinrich) über, und schließlich wurde der Gänsefuß ein Hexenkraut, welches gegen Aussatz wirken sollte.[283]

Von der Melde (Atriplex) erzählt Ortolf, dass aus ihren Blättern Frösche werden, wenn man sie in einem neuen Topf in die Erde vergräbt.[284]

Unter den Polygoneen galt der Pfirsichblättrige Knöterich als Mittel gegen Flöhe und gegen Zahnschmerzen, und der Vogelknöterich (Polygonum aviculare) heißt *„Hanns am Wege"*, weil er an jedem Pfad zu finden ist. Man kennt von ihm in Österreich folgende Sage: In einem Dorf war ein reicher, aber geiziger Bauer, der eine schöne Tochter hatte, welche Grete hieß. Ihm gegenüber wohnte ein armer Bauer, dessen hübscher Sohn Hanns genannt wurde. Die jungen Leute liebten sich, aber der reiche Bauer verhinderte jede Annäherung. Da sah nun Grete so lange aus ihrem Garten nach Hanns, und dieser schaute vom Wege her so lange nach Grete, bis beide in Blumen verwandelt wurden. Aus Gretchen wurde die *„Gretel in der Staude"* (Nigella) [Schwarzkümmel], und aus dem Hans der *„Hansel am Weg"*. Auch an den Wurzeln des Vogelknöterichs findet man um Johannis rote Körnlein.

Das ist nun die, freilich etwas eintönige, Aufzählung jener Pflanzen, die in Sagen und Bräuchen meist nur vereinzelt erwähnt werden. Ich ergreife nun die Gelegenheit, um diesem Einzelnen wieder etwas Allgemeineres anzufügen, nämlich die Verwandlung von Blumen, Früchten, Laub usw. in Gold und Silber, die sich in ungemein vielen Sagen vorfindet. Sie widerfährt immer nur ärmeren Leuten, da die Reichen solcher tröstenden Erzählungen nicht bedürfen. So gab die Weiße Jungfrau, die am Ostersonntag zu Osterode erscheint, einem armen Leinweber eine weiße Lilie, die sich in Gold und Silber verwandelte, welches so kostbar war, dass die ganze Stadt Osterode es nicht bezahlen konnte. Schließlich übernahm sie der Herzog gegen eine Leibrente und nahm ihr Bild in sein Wappen auf.[285]

---

283 Grimm, Deutsche Mythologie, 1164.
284 Kräuterbuch, 83, a.
285 Grimm, Deutsche Mythologie, 915.

Ein Knabe aus Saubach fand eine Lilie, die, als er sie sich auf den Hut steckte, zu Gold wurde. Am Untersberg fand ein Bauer Schneeglöckchen, die sich, auf seinen Hut gesteckt, in Kronentaler verwandelten.[286] Ein Fuhrmann sah in der Christnacht eine Jungfrau, welche Flachs auf dem Schnee ausbreitete. Er steckte sich eine Handvoll dieses Flachses ein, und dieser wurde bis zum Morgen zu Gold. Die Schlüsseljungfrau zu Tegernfelden schenkte einem Knaben gelbe und weiße Bohnen. Die gelben wurden zu Gold, und die weißen zu Brabanter Talern.[287] Ein Weber aus Pforzheim fand auf dem Friedhof Bohnen, die sich in Goldstücke verwandelten. Ein Bauer aus Wildschönau in Tirol fand auf der Straße Weizen und steckte davon, so viel er konnte, in seine Taschen. Da verwandelte sich jedes Korn in einen blanken Sechser. Bei einem Metzger aus Schlitters geschah dasselbe.[288]

Bei einem Bäcker aus Marburg und bei einem anderen Bäcker aus Homburg wurden gefundene Weizenkörner zu Gold. Aus dem Brunnen bei Schloss Reifenstein in Tirol floss statt Wasser goldener Weizen. In der Gegend von Calw fand eine Frau im Wald gelbe Blätter, die, als sie diese in die Schürze getan hatte, zu Gold wurden. Bei einer anderen Frau verwandelte sich das Laub, das sie auf dem Bergacker von Wolfach fand, in Taler. Eine Frau aus Mühlheim war so arm, dass sie im Herbst für ihre einzige Ziege kein Futter mehr hatte. Sie ging daher in den Wald, fand aber nur noch einen einzelnen Strauch mit Blättern, die sich dann in Gold verwandelten.[289]

Ein Kutscher in Tirol fand Kirschkerne und eine Magd Kohlen, die zu Gold wurden. Dass sich Kohlen in Gold verwandelten, hört man fast überall erzählen, so wie den meisten dieser Sagen beigefügt ist, dass jene, welche zurückkehrten, um noch mehr von dem Glücksfund zu holen, nichts mehr von den früher erblickten Gegenständen gewahrten. Merkwürdig ist, dass man sogar in Trauben Gold gefunden hat. So wurden im Jahre 1651 dem Fürsten Ragoczy Trauben gebracht, deren Körner aus dichten Goldstäubchen bestanden. Das Gold zeigt überhaupt große Zuneigung zum Wein,

---

286 Ludwig Steub, Das bayerische Hochland, 376.
287 Rochholz, Aargauer, 226.
288 Zingerle, 243.
289 Meier, I. 48 und 6. v. A.

denn man fand bei Tokai Goldfäden, welche sich um die Weinstöcke gewunden hatten.[290] In dem einst sehr goldreichen Ungarn fand man auch Weizenwurzeln, die von Goldfäden umsponnen waren (z. B. in Altsohl).

VII.
Die Giftpflanzen

Man versteht unter Giftpflanzen nicht nur jene Kräuter, durch deren Genuss heftiges Leiden oder gar der Tod herbeigeführt wird, sondern überhaupt alle Gewächse, deren Säfte usw. in irgendeiner Weise nachteilig auf den menschlichen Körper wirken, selbst wenn sich dies nur in einem Brennen des Halses, in einem schnellen Erbrechen oder in anderen raschen, von Unwohlsein begleiteten Entleerungen, zeigt.

Das Volk kennt seine Giftpilze und -kräuter genau, und es bereitet sich aus manchen der letzteren sogar heilsame Tränke, die freilich oft etwas stark wirken, aber von Bauernnaturen ganz gut vertragen werden. Hierher gehört z. B. die Zaunrübe (Bryonia dioica) welche der Landmann trotz ihrer heftigen Wirkung zur Reinigung des Unterleibes benutzt. Aus derselben Ursache wurde sie auch gegen Liebestränke angewendet. Dagegen sollte sie, in den Schuhen getragen, Zuneigung erwecken. So legen in manchen Gegenden die Mädchen, wenn sie zum Tanz gehen, einige Scheiben der Wurzel in die Schuhe und sprechen dabei:

„Körfchenswurzel in meinen Schuh,
Ihr Junggesellen, lauft mir zu!“

„Körfchenswurz“ ist der plattdeutsche Name der Wurzel, die auch gegen Gewitter im Haus aufgehängt wird. Außerdem trägt man sie am Hals, damit sich keine Hexe heranwagt. Man schnitt sie auch den Kühen ins Futter, damit sie nicht verschrien wurden und keine blaue Milch gaben. Mit der Zaun-

[290] Henckel, Verwandtschaft der Pflanzen und des Mineralreichs, 673.

rübe wurde auch die Gicht geheilt, und zwar durch Überpflanzung (Transplantation): Man zapfte dazu dem Kranken Blut ab und goss dieses in eine ausgehöhlte Zaunrübe, welche man dann an einem sehr versteckten Ort vergrub. Schließlich benutzte man die Zaunrübe auch, um Alräunchen daraus zu schnitzen, welche den Leuten betrügerischerweise als die echte Mandragora verkauft wurden.

Beinahe die gesamte Sippe der Nachtschatten (Solaneen) besteht aus Giftpflanzen. Die im Mittelalter bekanntste Art war das Bilsenkraut (Hyoscyamus). Es soll schon bei den Kelten dem Sonnengott Bel oder Biel geheiligt gewesen sein und deshalb den Namen *„Belimuthia“* erhalten haben.[291] Ich deutete aber schon beim Bilwitz auf den wahrscheinlichen Ursprung dieses Wortes. Die gesamte Pflanze hat eine eigentümliche Tracht. Diese dicht stehenden, graugrünen, wolligen Blätter, die sich zusammendrängen, als ob sie scheu wären und das Licht und die kühle Luft fürchteten, und seine düsteren, geaderten Blüten, die an böse Augen erinnern, geben dem Bilsenkraut fast dieselbe Stellung unter den Pflanzen, welche die Eule unter den Vögeln einnimmt. Es zeigt sich auch nie gesellig und steht meist ganz einsam und oft an den magersten Stellen, wo sonst kaum irgendein anderes Kraut gedeiht. Wie seine giftigen Eigenschaften entdeckt wurden, weiß man nicht mehr, doch mögen zuerst die schwarzen Samen den Anlass dazu gegeben haben. Die Gallier besaßen Kenntnis von Bilsenkrautgift, und sie bestrichen ihre Wurfspieße damit, um das Wild sicher zu töten. Plinius erzählt, dass durch einen Absud von nicht mehr als vier Bilsenkrautblättern die Sinne gestört werden, und dass das Samenöl, ins Ohr geträufelt, Wahnsinn hervorruft. Die Hexen trinken den Absud vom Bilsenkraut und haben dann jene Träume, für die sie gefoltert und hingerichtet wurden. Auch zur Hexensalbe wurde es verwendet, und man benutzte es zum Wettermachen und zum Geisterbeschwören. Gab es eine große Dürre, so tauchte man einen Bilsenkrautstengel in eine Quelle und besprengte damit den sonnenglühenden Sand.[292]

---

291 Mone, Geschichte des Heidenthums im nördlichen Europa, II., 417.

292 Montanus, 141, 6.

Burchard von Worms erwähnt, dass im neunten Jahrhundert bei Regenmangel folgendes Ritual durchgeführt wurde: Ein Mädchen wurde entkleidet und musste dann mit dem kleinen Finger der rechten Hand Bilsenkraut ausreißen. Dieses wurde ihm an die kleine Zehe des rechten Fußes gebunden. Dann führten andere Mädchen die Entkleidete zum nächsten Fluss und besprengten sie mit der Flut. Dieser Brauch ist höchstwahrscheinlich heidnischen Ursprungs, da er nachweisbar schon im vierten Jahrhundert ausgeübt wurde.[293]

In der astrologischen Botanik ist das Bilsenkraut dem Planeten Jupiter zugeordnet. Es wirkt in jenen Monaten, wenn Sternzeichen herrschen, „welche Füße haben", wohltätig auf jene Teile des menschlichen Körpers, über welche diese Zeichen „ihren Schein werfen." Im elften und zwölften Jahrhundert wurde es auch gegen den Wurm im Ohr angewendet.

Das Bittersüß (Bittersüßer Nachtschatten/Solanum dulcamara), welches beim Kauen zuerst bitter und dann süß schmeckt, war ebenfalls schon in vorchristlicher Zeit bekannt. Es galt als Alfenkraut, und es heißt noch immer „Alpranke". Man legte es den Kindern gegen Verzauberungen in die Wiege und hing es dem Vieh gegen die „Hunsch" oder Engbrüstigkeit um den Hals. Der Mensch scheint im Allgemeinen eine Abneigung gegen diese Pflanze zu haben, denn er nennt sie *„Saurebe"*, *„Stinkteufel"*, *„Hundsbeere"*, *„Stickwurz"* usw. Sie gilt auch als Sinnbild des Heimtückischen.

Eine andere höchst giftige Solanee ist die Tollkirsche (Atropa belladonna). Am Niederrhein nennt man ihre Früchte *„Walkerbeeren"* und sie selbst *„Walkerbaum"*, weil jeder, der von den Beeren isst, den Walküren anheimfällt. Die Tollkirsche soll übrigens eine ähnliche Eigenschaft wie das Arsen besitzen und, in sehr kleinen Gaben genommen, fett machen. Daher ist es auch in manchen Gegenden Sitte, den Pferden einige getrocknete Tollkirschenstengel unter das Heu zu mengen, damit sie beleibt und mutig werden.

[293] Mone, Geschichte des Heidenthums im nördlichen Europa, II, 417.

Fast nicht minder schädlich ist der Stechapfel (Datura), welcher durch die Zigeuner nach Europa gebracht worden sein soll. Den Alten war diese Pflanze nicht bekannt, und selbst Vaillant sah sie im Jahre 1722 noch nicht in der Umgebung von Paris, wo sie jetzt allenthalben zu finden ist. Man benutzt den Samen zu Räucherungen, um Gespenster zu verscheuchen oder aber um Geister herbeizurufen. Alle Künste der Zigeuner sollen in erster Linie in der genauen Kenntnis der Säfte des Stechapfels bestehen.

Unter den Doldenblüten ist der Schierling (Cicuta und Conium) am meisten gefürchtet, obwohl er neueren Forschungen zufolge heutzutage bei weitem nicht kräftig genug sein soll, um einen Sokrates zu töten. Der Arzt Anaxilaos rühmt den Schierling als Schönheitsmittel und rät an, dass sich die Jungfrauen ihre Brüste mit Schierlingssaft bestreichen sollen, damit diese nie welk werden. Der Schierling war auch eine der ersten Pflanzen, die man zu einer Art von Narkose anwandte. Fallopius kannte seine betäubende Eigenschaft und schlug vor, denjenigen, welchem ein Glied amputiert werden musste, mit Schierlingssaft einzureiben, weil er dann den Schmerz, den der Schnitt verursacht, nicht empfindet.[294]

Der Schierling wird von Mensch und Tier gemieden, nur die Kröte soll gern unter ihm wohnen und dort „Gift einsaugen."

Der Fingerhut (Digitalis), welcher zu den Antirrhineen gehört, ist bei den Elfen sehr beliebt. Sie tragen die Blüten, welche in Wales *„Menyg-Ellion"* (d. h. *„Elfenhandschuhe"*) heißen, als Hüte. Diese Blumen stehen überhaupt mit der Geisterwelt in Verbindung, sie sollen jedes vorüberkommende, überirdische Wesen grüßen, so dass sich dann der ganze Stengel beugt. Der Landmann kümmert sich aber wenig um den Fingerhut, der ihm nur als Giftkraut bekannt ist.

Mit dem Saft der Nieswurz (Helleborus) bestrichen die Gallier ihre Speere und Pfeile, und sie glaubten, dass dadurch das Fleisch des erlegten Wildes

[294] Helwig, Zauberarzt, 281.

bedeutend zarter wurde. Nur waren sie dabei vorsichtig, die Wunde ringsumher auszuschneiden.[295]

Beim Ausgraben der Nieswurz muss man einen Kreis um sie herumziehen, sich nach Osten wenden und beten. Auch darf sich dabei kein Adler zeigen, sonst stirbt der Wurzelgräber noch im selben Jahr. Das Ausgraben verursacht auch eine Schwere des Kopfes, weshalb man zuvor Knoblauch essen und ein Glas ungewässerten Wein trinken muss. Die Nieswurz wird dem Planeten Saturn zugeordnet. Sie schützt Verlobte vor allerlei Krankheiten, und wer sie stets bei sich trägt, wird sehr alt.[296]

Die Pfaffenbinde (Arum maculatum) trägt im Frühling am Blütenschaft männliche und weibliche Ähren und Nektarien. Der Bauer erkennt darin, je nachdem, ob diese Ähren größer oder kleiner sind, günstige oder ungünstige Vorzeichen für die Ernte. Die männliche Ähre symbolisiert das Korn, die weibliche das Heu, und die Honiggefäße den Wein. Daher heißt die Pflanze auch „Zeigkraut". Weil die Blüte von einer Scheide eingehüllt wird wie ein Kind von den Windeln, legte man das Arum auch den Kindern in die Wiege, um sie vor Unholden zu schützen. Grub man es unter die Türschwelle, so konnte nichts Böses aus- und eingehen. Hatte ein Kind verdorbenes Blut, so buk man ihm die kleingehackte Pflanze in einem Kuchen. In Schwaben gibt es die Sage, dass Josua und Kaleb, als sie ins gelobte Land zogen, den Stab des Aaron mitnahmen und auf ihm die große Weintraube aus Kanaan trugen. Nachdem sie diese abgeladen hatten, steckten sie den Stab in die Erde, und wo er eingesteckt war, wuchs das Arum, welches bis heute als Abbild des Früchtesegens gilt, von welchem Josua und Kaleb erzählten.[297]

Der Sturmhut (Aconitum) wächst auf unseren Alpen in prachtvollen Exemplaren von fünf bis sieben Fuß Höhe und ist dort sehr giftig, während der in Gärten Gezogene beinahe ganz unwirksam wird. Als ich im Jahre

295 Plinius, XXV. 25.
296 Hübner, Myster. sign. herb., 66.
297 Menzel, Christliche Symbolik, I., 3.

1854 auf der Nax-Alpe botanische Forschungen betrieb, begleitete mich ein Tourist, welcher von den herrlichen Blüten so entzückt war, dass er einen Strauß davon in der linken Hand trug, den er aber nach knapp einer Stunde entsetzt von sich warf, als er gewahrte, dass ihm diese Hand anzuschwellen begann.[298]

Einer antiken Mythe zufolge entstand der Sturmhut aus dem Geifer des Cerberus, und Medea bereitete daraus ein Gift, mit welchem sie den Theseus töten wollte.[299] Die Hexen benutzten ihn zu ihrer Salbe.

Von den übrigen schädlichen Kräutern sind noch zu erwähnen:

- das Bingelkraut (Mercurialis), welches, weil es stark betäubt, dem Wodan geweiht war und daher „*Wodans*"- oder „*Godeskraut*" genannt wird. Wollte man es zu Zaubern gebrauchen, so musste es auch am Wodanstag (Wednesday, Mittwoch) ausgegraben werden;[300]

- die Schwalbenwurz (Schöllkraut, Chelidonium), mit deren gelbem Saft die Schwalben die Sehkraft ihrer Jungen stärken sollen, und mit der man, wenn sie auf einem Kirchhof gewachsen ist, die Warzen vertreiben kann;

- die Erdscheibe (Cyclamen), welche von den Schlangen gefürchtet wird, weshalb schon Plinius anriet, sie in allen Häusern zu ziehen;

- die Zeitlose (Colchicum), die, wenn man sie bei sich trägt, vor den Kinderblattern schützt;

---

298 Auch Schkuhr, Botanisches Handbuch, II., 89, erzählt einen ähnlichen Fall von Aconitum Anthora.
299 Ovid, Metamorphosen, L. VIII., 406.
300 Montanus, 142, b.

- die Haselwurz (Asarum), deren Blüten die „Signatur des Ohrs“ besitzen und die deshalb das Gehör stärken sollen

- und der Goldgelbe Hahnenfuß (Ranunculus auricomus), welcher gegen Fieber hilft, wenn man ihn erst auf die Pulse des Kranken bindet und dann verbrennt, der aber auch gegen die Verzauberung der Falken gebraucht wurde, indem man das aus ihm bereitete Pulver dem Vogel auf seine Äsung streute.

Vom Tabak, fand ich nur eine und – natürlich – neuzeitliche Sage, die schon mehrfach in humorvollen Gedichten verarbeitet wurde: Als nämlich der Teufel noch keine Flinte kannte, ging er einmal im Wald spazieren. Da begegnete ihm ein Schleswiger Schütze, und der Teufel fragte, als er das Gewehr sah: „Wat hest du daer?“ „Dat is myn Tabaksdoes“, sagte der Wildschütze, und der Teufel bat: „Ah so laet my ins en Prieschen kriegen.“ Der Wildschütz hielt ihm die Flinte unter die Nase und drückte los, da prustete der Teufel und rief: „Dat is mi waraftig en starker Tabak.“[301]

Man sollte annehmen, dass die ihrem ganzen Wesen nach unheimlichen Giftpflanzen besondere Inspiration zu Sagen und Bräuchen geboten hätten, aber die Scheu des Menschen vor ihnen war – wie bereits angedeutet – zu groß. Sie bilden den genauen Gegensatz zu den Getreiden, die unmittelbar an den Menschen gebunden sind, und von denen sich daher ein solcher Sagenreichtum findet.

VIII.
Die Kulturpflanzen

Unter den Kulturpflanzen versteht man jene Pflanzen, die von Menschenhand entweder in kleinerer Anzahl in Gärten oder in größeren Mengen auf Feldern gepflanzt oder gehegt werden. Manche von ihnen, z. B. der

---

301 Müllenhoff, Sagen, Märchen und Lieder der Herzogthümer Schleswig-Holstein und Lauenburg, 276.

Klee, der Lein usw. kommen auch wild vor. Sie finden sich dann aber meist vereinzelt, so wie man zuweilen auch Gartenpflanzen verwildert vorfindet.

Die Kulturpflanzen lassen sich zu besserer Übersicht leicht in die folgenden drei Kategorien unterteilen:

- nämlich in Pflanzen, die in bedeutender Anzahl angebaut werden wie Buchweizen, Klee, Lein usw.,

- dann in Pflanzen, die man größtenteils auf Gartenbeeten zieht, wie den Kohl, den Lattich, den Rettich usw.,

- woraus sich die dritte Kategorie, nämlich die der Hülsenfrüchte, unterscheiden lässt.

Außer den Getreidearten war der Lein, Flachs oder Haar (Linum) eine der wichtigsten Pflanzen, denn wie jene einen bedeutenden Teil der Nahrung geben, so bietet der Lein einen sehr wesentlichen Teil der Kleidung. Man kann daher die Pflege des Getreides als den Männern, die des Leins aber als vorrangig den Frauen zugehörig betrachten.

Der Lein war der Freya geheiligt. Ihr Katzengespann war mit Strängen von blühendem Flachs angeschirrt, und sein Säen, Rösten, Hecheln und Spinnen unterstand ihrem Schutz. Dieser Kult der Freya (Peratha, Hulda, Holle) war so tief im Volk verwurzelt, dass christliche Priester wie Eligius, Gallus und Burkhard von Worms heftig dagegen eiferten, ohne ihn jedoch ausrotten zu können. Frau Holle wird als spinnende Frau dargestellt. Sie schenkt den fleißigen Mädchen geschwinde Spindeln und spinnt ihnen nachts die Spulen voll. Den Faulen aber beschmutzt sie den Rocken oder zündet ihn an, und wenn Frau Holle zu Weihnachten einzieht, werden alle Spinnrocken reichlich mit Flachs belegt und für sie stehengelassen. Zur Fastnacht aber, wenn sie von ihrer Wanderung heimkehrt, müssen alle Rocken vor ihr versteckt werden, sonst straft sie die Spinnerinnen. Das Fest ihrer Heimkehr ist nämlich so heilig, dass dann nicht gearbeitet werden darf.[302]

Schließlich darf der Flachsrocken nicht von einem Winter zum nächsten auf der Kunkel oder gar ungesponnen bleiben, sonst erzürnt Frau Holle und bringt ihn durcheinander oder „nistet sich hinein", wie die Leute sagen.[303]

Wegen der blauen Farbe seiner Blüten war der Lein auch dem Donar geheiligt, und am Wodanstag (Mittwoch) hütete man sich, Lein zu säen, damit das Pferd dieses Gottes, der an diesem Tag seinen Umzug hielt, die Saat nicht zertrat.[304]

Aus der Flachsblüte entstehen auch die Feen, und je dunkler die Farbe der Blume ist, desto fruchtbarer wird das Jahr. Die Saat des Flachses ist genau an Tag und Stunde geknüpft. Der am frühen Morgen Gesäte blüht nur in der Frühe. Nachmittags gesät, blüht er auch nachmittags, aber das ist nicht gut, denn er wird dann nicht hoch und nicht fein. Wer Lein sät, soll zuerst den Sack mit dem Leinsamen auf den Acker legen und sich, mit dem Angesicht gegen Osten gewendet, dreimal darauf setzen.[305]

Auch beim Lein wiederholt sich, was bereits vom Heu gesagt wurde, nämlich, dass gestohlener Leinsamen, unter die Saat gemischt, besonders gutes Gedeihen bringt. Flachs am Gründonnerstag gesät, friert nicht ab. Am besten sät man ihn aber am hundertsten Tag nach Neujahr (10. April). Nach der Aussaat stecken die Bewohner der Rhön Palmzweige auf die Flachsfelder, um alles Unglück zu verhüten. Wer den Lein nicht selbst anbaut, sondern ihn säen lässt, soll dem Sämann ein gutes Trinkgeld geben, sonst verdirbt der Flachs.

---

302 Grimm, Deutsche Mythologie, 247.
303 Curtze, 401.
304 Schindle, 136.
305 Rockenphilosophie, 85.

In Mittelfranken legt man an die vier Ecken des Leinfeldes ein Kreuzbüschel mit einem Stein, damit die Drude den Flachs nicht zu Boden drückt. Der Sack, in welchem der Leinsamen zum Acker gebracht wird, darf nicht zugebunden werden, sonst bleibt der Flachs kurz.[306]

Wenn die Bäuerin beim Samentragen lange Schritte macht, so wird der Lein lang. Nach dem Säen stieg die Hausfrau oder die Magd auf den Tisch und sprang rücklings herab. – So hoch, wie sie sprang, so hoch wurde der Flachs. Die Weiber sollen am Lichtmesstag bei Sonnenschein tanzen, dann gerät der Flachs. Ist zu Leutstetten in Oberbayern der Flachs fingerhoch aus dem Boden gewachsen, so besprengt man ihn mit Wasser, damit er vor Erdflöhen geschützt ist. In Deffingen rief man beim Springen über das Johannisfeuer:

*„Flachs! Flachs!
Dass der Flachs des Jaur
sieben Elle lang wachs.“*

In Riedlingen in Württemberg reichen sich Knaben und Mädchen die Hände und sagen:

*„Sankt Johann,
mach's Werk drei Elle lang.“*

Und in Niederaltaich ruft der Erste, der über das Johannisfeuer springt:

*„I spring über's Sunnwendfuie
alle Nachbe'n san me thuie,
springts mit mir allzsamm,
so wird der Har recht lang.“*[307]

---

306 Curtze, 401.

307 Grimm, Deutsche Mythologie, 1189 sowie Friedrich Panzer, Bayerische Sagen und Bräuche, II., 550 und 81.

In der Gegend von Hildesheim gehen am Himmelfahrtstag alle Mädchen eines Dorfes auf den Kirchturm und läuten die Glocken, damit sie eine gute Flachsernte bekommen, und in der Rhön laufen am ersten Fastensonntag Knaben und Mädchen mit brennenden Strohwischen wie tobend auf den Leinfeldern herum, damit der „böse Sämann" verjagt wird. In Oberbayern beginnt man den *„Harfang"* (das ist das Ausziehen des Flachses) um zwölf Uhr mittags, und die Arbeit muss am nächsten Tag um zehn Uhr morgens vollendet sein. Auf dem Acker lässt man, wie beim Oswald, drei Flachsstengel stehen, die mit einer Schmiele (Aira) oder Binse zusammengebunden werden. Auch in Kleingarnstedt (Sachsen-Coburg) bleibt ein Flachsbüschel auf dem Acker. Man flechtet aus diesem Büschel einen Zopf, und die jungen Leute schreien dazu:

„Holzfräule,
da flecht i dir a Zöpfle,
so lang als wie ain Weiden,
so klar als wie ain Seiden;
Holzfräule!"[308]

Dies ist nach Ansicht der Sagenforscher eine Anrufung an Frau Holle als Beschützerin des Flachsbaus.

Das Flachsraufen (Harriffeln) wird in Oberbayern nachmittags von Männern und Frauen zugleich begonnen. In der Dämmerung kommen dann zwei Männer und zwei Weiber mit geschwärzten Gesichtern als Holzleute (Holzeinträger) verkleidet, und sie werden von der Hausfrau bewirtet. Indessen holen die Arbeiter Wasser herbei, um die Waldleute damit zu begießen. Diese aber versuchen nun zu entkommen, ohne bespritzt zu werden, was ihnen jedoch, wenn es Spaß geben soll, nicht gelingen darf. Nach dem Abendessen klopfen dann zwei Burschen mit Stäben im Taktschlag von neun Dresch-Schlägen, auf ein Brett, um dadurch die Nachbarschaft zum Tanz einzuladen, der bis Mitternacht dauert. Dann beginnt aber das Riffeln

[308] Seifert, II., 140 sowie Friedrich Panzer, Bayerische Sagen und Bräuche, I., 161.

wieder, und es muss bis Mittags beendet sein, woraufhin das *„Riffelmahl"* gehalten wird.[309]

In Hochfilzen in Tirol schmückt beim Flachsbrecheln die Oberdirne einen Tannenwipfel mit Äpfeln und Bändern und stellt ihn neben der Brechelstube auf. Ihr Geliebter soll ihn nun rauben, was ihm aber schwergemacht wird, da alle Flachsbrecherinnen den Wipfel bewachen und verteidigen. Gelingt es dem Burschen aber dennoch, so gilt er als treuer Liebhaber.[310] All diese Bräuche scheinen sehr alt zu sein, da sie mit christlichen Zeremonien nichts gemeinsam haben.

Wenn beim Waschen des Garns recht gelogen wird, so wird es besonders weiß. Am Samstag aber soll am Rocken kein Flachs mehr hängen, sonst spinnen die Hexen daran. Auch ist es verboten, bei Mondlicht zu spinnen, denn sonst spinnt man sein eigenes Leichentuch. Während des Gottesdienstes darf man kein Garn aussieden, sonst ist man in Gefahr, mit Haus und Hof in der Erde zu versinken. Wenn der Flachs auf dem Feld umknickt, so muss man eine gestohlene Wäschestange hineinstecken.

Im Fichtelgebirge betrachtet man die Eiszapfen an den Hausdächern als Omen für das Gedeihen des Flachses: Sind diese Zapfen im Dezember lang und ungeteilt, so soll man den Lein im Frühling säen. Sind sie im Januar am schönsten, so hält man Mittelsaat, und erscheinen sie im Februar am längsten, so wählt man die Spätsaat. Sind die Zapfen aber zwieselig (= gespalten), so wächst auch der Flachs auf diese Weise.

Der blühende Flachs verscheucht Hexereien. Es kann aber auch ein ganzes Flachsfeld so verzaubert werden, dass man es, besonders bei leisem Wehen des Windes, für strömendes Wasser hält. – Den wackeren sieben Schwaben der bekannten Sage erging es ja auch auf ähnliche Weise …

---

309 Friedrich Panzer, Bayerische Sagen und Bräuche, II., 167.
310 Zeitschrift für deutsche Mythologie III., 341.

Flachsblüten mit neun aus gestohlenem Flachs gesponnenen Fäden, zu einem Knoten geschürzt, erzeugen Liebe. In Oberösterreich orakeln die Mädchen am Thomas-Abend[311] mit Leinsamen: Sie nehmen eine Handvoll davon, wenn sie zu Bett gehen, streuen sich diese „*Harlinsen*“ über den Kopf und sprechen dazu:

„Ich säe meinen Sam,
in Sankt Thomas Nam;
in Sankt Thomas Garten
will ich auf meinen Bräutigam warten.“

Nachts im Traum erscheint ihnen dann der Zukünftige.[312]

Garn, das von einem Mädchen, welches jünger als sieben Jahre ist, gesponnen wurde, besitzt besondere Kräfte, doch muss das Linnen dann unter das Altartuch gelegt werden, und man muss drei Messen darüber lesen. Man nennt es dann „Siebenjahrgarn“. Ein Hemdkragen daraus schützt vor dem Untergehen im Wasser. Es hilft gegen Gicht und Hexerei und macht sicher vor Schuss und Stich. Ein Gewehr, mit solchem Garn geladen, verfehlt nie das Ziel. Taucht irgendwo die Hausnatter mit Krone auf, so breitet man ein solches Linnen auf dem Boden aus und stellt eine Schale mit Milch hin. Die Natter trinkt davon und lässt dann das glücksbringende Krönlein fallen.[313]

Die Sage vom Nothemd, welches gleichfalls stich- und kugelfest macht, ist allbekannt. Es muss unter stetem Schweigen oder unter geheimen Beschwörungen gesponnen und gewebt werden, und zwar von einer reinen Jungfrau, die aber wegen des großen Zaubers, der dabei waltet, den finsteren Mächten verfällt. Viele Balladen behandeln dieses Thema auf mannigfaltige, immer aber auf sehr ernste Weise. Eine Variante dieser Sage ist, dass das Nothemd in einer einzigen, bestimmten Nacht vollendet werden muss

311 Die Nacht vom 20. auf den 21. Dezember, die längste Nacht des Jahres. (F.-D. S.).
312 Baumgart, 5.
313 Friedrich Panzer, Bayerische Sagen und Bräuche, II., 553.

und dass dabei so viele reine Jungfrauen beschäftigt sein sollen, wie zu dieser schnellen Fertigstellung notwendig sind: „Solche Jungfrauen müssen die ganze Nacht ins Teufels Namen spinnen, weben und nähen, bis sothanes Nothemd vom Hals bis auf den halben Mann, mit beiden Ärmeln also verfertigt werde, dass auf der rechten Brust ein behelmtes bärtiges Haupt, auf der linken aber ein erschröcklicher, gekrönter Teufelskopf angenähet werden.“ [314]

In der Kunstkammer Kaiser Rudolphs II. in Prag wurde ein solches Nothemd aufbewahrt, und in Wien soll man in mehreren Raritätensammlungen ähnliche Schuhkittel gefunden haben.[315]

Sagen von spinnenden Frauen und Jungfrauen, die bei ihrem Rad so lange an der Straße ausharrten, bis ihr Gemahl oder ihr Geliebter aus dem Gelobten Land zurückkam, sind an vielen Orten gang und gäbe. Die *„Säule zur Spinnerin am Kreuz“* bei Wien ist in dieser Beziehung allbekannt, obwohl dieses Denkmal seine Entstehung höchstwahrscheinlich einem ganz anderen Grund verdankt.

Der Klee (Trifolium pratense) soll wegen der Dreizahl seiner Blätter von den Druiden heilig gehalten worden sein.[316] In der ersten Zeit des Christentums war er das Sinnbild der Heiligen Dreifaltigkeit, und bei den Iren galt er, von Sankt Patrick dazu erhoben, als Nationalzeichen. Er schützt vor Zauber und Teufelsspuk und dient zur Feiung der Waffen. Ein vierblättriger Klee gilt allenthalben als glücksbringendes Zeichen, darum näht man ihn auch einem Reisenden in seine Kleider, aber ohne dass er davon weiß.[317]

Ein solches Kleeblatt, um Mitternacht gepflückt, verkündet eine reiche Erbschaft, und wer es bei sich trägt, hat Glück im Spiel. Wenn der Ministrant ein Vierblatt ohne Wissen des Geistlichen ins Messbuch legt, so wird

---

314 Hartmann, Neue Teufelskünste, 25.

315 Vulpius, Curiositäten der physisch-literarisch-artistisch-historischen Vor- und Mitwelt, III., 458.

316 Menzel, Christliche Symbolik, I., 498.

317 Curtze, 400.

dieser während des Messelesens so verwirrt, dass ihn der Messner am Kleid zupfen muss. Ist die Messe dann zu Ende und bekommt der Messner das Vierblatt wieder, so kann ihn niemand im Spiel besiegen.[318]

Legt sich an bestimmten Bergquellen im Passeiertal ein Wanderer zum Schlafen nieder, so kommen weiße Tauben mit vierblättrigem Klee im Schnabel, und sie lassen diese Blätter dem Schläfer aufs Herz fallen. Erwacht er früher, als dass diese Blätter welk werden, so kann er sich, wenn er sie in den Mund nimmt, unsichtbar machen und die Grotten der seligen Fräulein finden, denen jene Tauben gehören.[319]

Durch ein solches Vierblatt erkennt man auch Zauber und Trug. Da war zu Rottweil in Schwaben ein Seiltänzer, der balancierte einen ungeheuren Wiesbaum auf der Nase. Ein Mädchen, das soeben Klee heimtrug, hatte ein Vierblatt gefunden, und sie bemerkte deshalb sogleich, dass der Gaukler nichts weiter als einen langen Strohhalm auf der Nase trug. Sie tat dies den Zuschauern kund. Da ward der Gaukler ärgerlich und zauberte der Dirne vor, dass sie durch einen tiefen Bach waten müsse, und sie schürzte ihren Rock immer höher, so dass alle Leute lachen mussten.[320]

Wenn man am Sonntag ein vierblättriges Kleeblatt vor Sonnenaufgang in den Schuh legt, so erkennt man in der Kirche alle Hexen daran, dass sie mit dem Rücken zum Altar sitzen. In Wales erblickt man die Feen, wenn man ein Vierblatt und neun Weizenkörner auf das Blatt eines gewissen Buches legt.[321]

Mit den Stengeln des Hanfs (Cannabis sativa) treibt man in der Schweiz den Winter aus. Man legt einen solchen Stengel quer auf zwei Gartenböcke, schnellt ihn mit einer Gerte hoch in die Luft und ruft dazu:

---

318 Wolf, Zeitschrift für deutsche Mythologie und Sittenkunde, I., 330.

319 Beda Weber, Passeier, I., 235.

320 Meier, I., 252.

321 Rodenberg, 132.

„Grüne Bolz, fahr ins Holz,
Fahr ins obere Beckehus.“

Diese fliegenden Hanfstengel stellen die Pfeile des Frühlings dar, durch die der Winter fortgeschossen wird.

In Wales säen die jungen Leute am Allerheiligen-Abend vor Mitternacht Hanfsamen auf den Kirchhof. Der Säende geht um die Kirche und sagt:

„Hanf, ich säe;
Lass die kommen, die ihn mähe.“

Wenn es nun Zwölf schlägt, muss er hinter sich blicken und sieht dann, wenn er in diesem Jahr heiraten wird, seine künftige Braut. Wenn ein Mädchen den Hanf säte, und sich umsieht, erblickt sie den künftigen Bräutigam. Erschaut man aber einen Sarg, so muss man sterben. Auch in Hochschottland findet dieser Brauch statt.[322]

Bei der Ernte des Buchweizens (Polygonum sagagopyrum) findet in Oberbayern folgender Brauch statt: Man bindet auf jedem Buchweizenfeld zusätzlich zu den gewöhnlichen Garben eine besondere, welche der *„Bock“* genannt wird (vgl. den bereits erwähnten *„Oswald“*). Wenn er gedroschen wird, singt man dabei einen besonderen Wechselgesang im Takt des Dreschens. Den letzten dieser Halmböcke schmückt man mit Blumen, behängt ihn mit Kuchen, und wirft ihn dann in die Mitte des ausgedroschenen Haufens. Da stürzen sich nun wegen der Kuchen manche darauf, und die anderen dreschen fort, so dass es zuweilen blutige Köpfe gibt. Beim Ausdreschen dieses letzten Halmbocks lassen die sich gegenüber Stehenden gleichzeitig ihre Drischel fallen und werfen sich gegenseitig alle das Jahr über gemachten Fehler vor, ohne dass aber ein Streit darüber entstehen darf.[323]

---

322 Rodenberg, 188 sowie Grant-Steward, 162.
323 Friedrich Panzer, Bayerische Sagen und Bräuche, II., 227.

Unter den Küchenpflanzen schenkte man dem Kohl (Brassica oleracea) die größte Aufmerksamkeit. Er galt als Gegenspieler des Weins, was sich schon in der griechischen Mythologie vorfindet. Am Sankt-Stephans-Tag darf man keinen Kohl essen, denn dieser Heilige verbarg sich in einem Kohlfeld, um seiner Marter zu entgehen. Zu Leutstetten in Oberbayern füllen die Leute kleine Fässer mit Wasser aus dem Sankt-Peters-Brunnen und besprengen damit den Kohl, damit der „Grüne Wurm" abgehalten wird.[324]

Will der Knecht das ganze Jahr über wohlgenährte Rosse haben, so muss er in der Neujahrsnacht Kohl stehlen und die Pferde damit füttern[325], und an anderen Orten heißt es, man soll Kohl aus dem Garten des dritten Nachbarn holen und jedem Tier im Stall davon geben, damit es vor Hexerei gesichert bleibt. Wir haben es hier also wieder mit dem freund-nachbarlichen Diebstahl zu tun, auf den der echte Bauer vertraut.

Im Kloster Hervestehude bei Hamburg mussten einst zwei Schwestern den Kohlgarten betreuen. Die eine zog sehr großen Kohl, während die zweite ganz schlechte Pflanzen in die Küche lieferte. Da fragte sie schließlich die Erste: „Woher kommt es, dass dir der Kohl so gedeiht?" Die Erste vertraute ihr nun an: „Bei der Kommunion habe ich die Hostie aus dem Mund genommen und unter den Kohlstengeln vergraben." Die zweite Schwester baute nun bald darauf ebenso schönen Kohl an, aber die Nachbarn sahen in der Nacht ein wunderliches Licht im Kohlgarten, und als dieses der Äbtissin erzählt wurde, gingen alle Nonnen nachts in feierlichem Zug hinaus und fanden an einem der Kohlstengel ein natürlich gewachsenes Kruzifix, welches dann in Hamburg aufbewahrt wurde, bis es Kaiser Rudolph II. im Jahr 1602 in seine Raritätenkammer bringen ließ.[326]

Der Kopfkohl (Brassica capitata), gemeinhin „Kraut" genannt, liefert das bekannte und gesunde Sauerkraut, welches man zu Weihnachten essen soll, damit man das Jahr über viel Silber bekommt. Am Sankt-Bartholomäus-Tag

---

324 Wolf, Aberglauben, Nr. 611.
325 Temme, Sagen der Altmark, 77.
326 Tharsander, III., 32.

soll niemand in die Krautbeete gehen, denn an diesem Tag legt Sankt Barthel die Krautköpfe ein, wobei man ihn nicht stören darf.[327]

In der Wetterau muss die Frau beim Säen des Krauts auf den Herd springen, damit das Kraut gerät, und dabei rufen:

„Häupter wie mein Kopf,
Blätter wie meine Schürz'
Und Strünke wie mein Bein !"[328]

Wenn man dreimal gesegnete Pfingstmaien in die Krautbeete steckt, so werden die Erdflöhe verscheucht, und wenn an mehreren Krautpflanzen im Verlauf des Sommers Blumen entstehen, so gibt es im Haus bald eine Braut.[329]

Der Rübenkohl (Brassica rapa) oder Weiße Rübe ist die Wurzel des Zanks und des Spottes. Man muss hier nur an Rübezahl und an das Rübchenschaben denken.

Der Rettich (Raphanus sativus) verscheucht den Schlaf, und sein Saft schützt vor Insektenstichen sowie den Bissen der Schlangen und anderen Gewürms. Wenn die Kinder zum ersten Mal in die Schule gehen, soll man ihnen Rettichscheiben auf ihr Butterbrot legen, dann lernen sie leicht die Buchstaben des Alphabetes vor- und rückwärts aufzusagen.[330]

Der Kren (Cochlearia armoracia), den man unrichtig Meerrettich nennt, weil er mit der See gar nichts zu tun hat, wird mit einem Stückchen Brot gegen den Bilwitzschnitt an die erste Garbe gebunden.

---

327 Rockenphilosophie, 177.
328 Grimm, Deutsche Mythologie, 1189.
329 Curtze, 401.
330 Rockenphilosophie, 939.

Der Salat oder Lattich (Lactuca sativa) vermehrt die Milch der Säugenden und mindert das Feuer der Liebe. Der Adler soll sein scharfes Auge dadurch erhalten, dass er von Zeit zu Zeit Lattich isst.

Der Kümmel (Carum Carvi) wird fast allenthalben als Würze auf die Brotlaibe gestreut, die Hausgeister aber hassen ihn. Zu Wilhelmsdorf in Thüringen war einst ein Holzweib, welches sich einer Bauersfrau als sehr hilfreich erwies, ihr aber immer sagte: „Piep kein Brot,– so leidst du keine Not.“ Als aber die Bäuerin trotzdem Kümmel ins Brot buk, schrie das Holzweib:

„Hast du mir gebacken Kümmelbrot,
Bukst du dir selbst die größte Not.“

Das Weibel verließ nun das Haus, und der Wohlstand sank nach und nach so herab, dass die Bäuerin nicht einmal mehr Brot ohne Kümmel hatte. Eine ähnliche Sage gibt es auch von einem Bauern in Schallholz, der diesen Bitten der Holzmännlein nicht willfahrte.[331]

Wenn man Kümmel sät, soll man tüchtig schimpfen, denn damit scheucht man die Geister fort, und er wird gut gedeihen. Wer zu viel Kümmel isst, sieht alles doppelt.[332]

Der Anis (Pimpinella anisum) hilft gegen das Alpdrücken, wenn man ihn unters Kopfkissen legt, und er verschafft angenehme Träume. Wer sich mit Aniswasser wäscht, behält ein jugendliches Aussehen.

Der Dill (Anethum graveolens) schützt vor Zauberei und Verhexung, weshalb ihn Bräute bei sich tragen sollen. Das neugeborene Kalb wird mit Salz und Dill eingerieben, und wenn der Viehstall ausgemistet ist, wird Dillpulver dreimal rückwärts über die Schulter in den Stall gestreut.

---

[331] Bechstein, Thüringer Sagen II., 140, 190.
[332] Nork, II., 386.

Der Fenchel (Foeniculum) hilft den gebärenden Frauen, und die Jäger haben beobachtet, dass sich die Hirschkühe damit purgieren [Reinigen durch Erbrechen oder Durchfall], bevor sie ihre Jungen zur Welt bringen.[333]

Die Karotte (Daucus Carota) oder Gelbe Rübe ist wegen ihrer Süße eine Lieblingsspeise der Zwerge, die oft ein Goldstück dafür hinlegen. Am Neujahrstag soll man Möhren essen, weil dann das ganze Jahr das Geld nicht ausgeht. Von der Rübe erzählt man auch folgende Münchhausiade: Ein Samenhändler reiste über den Rhein und ließ im Schwarzwald ein Samenkorn fallen. Als er zurückkam, war eine so große Rübe daraus gewachsen, dass er zwei Ochsen damit mästen konnte, die während dieser Fütterung so große Hörner bekamen, dass, wenn man zu Martini in eines derselben hineinblies, der Ton erst zu Georgi herauskam.[334]

Die Steinsilge (Petroselinum) soll nach dem Säen sehr rasch aufgehen. Bleibt dies aus, so ist es ein Zeichen, dass bald jemand im Haus stirbt. Wenn man eine aus der Erde gezogene Petersilienwurzel noch einmal, und zwar im Namen einer gewissen Person, eingräbt, so wird diese krank und stirbt. Auf diese Weise hat schon mancher Mann seine Frau und gar manche Frau ihren Mann heimlich unter die Erde gebracht.[335]

Fast in allen Bauerngütern findet man das Königskraut (Ocymum basilicum) wegen seines angenehmen Duftes angebaut. Plinius schrieb manches Wunderliche über diese Pflanze, was von seinen Nachbetern treulich weitertradiert wurde. So sagt er, dass aus dem zerriebenen, mit einem Stein bedeckten Königskraut Skorpione werden, dass sich die gekauten Blätter an der Sonne in Würmer verwandeln sollen usw. Von unseren Bauersleuten wird es gegen Kopfschmerzen an die Stirn gebunden.

Auch die Raute (Ruta graveolens) wird beinahe in allen Bauerngärten angepflanzt, und zwar hauptsächlich deshalb, weil sie ein wichtiger Bestandteil

333 Heinrich Bruno Schindler, Der Aberglaube des Mittelalters, 162.
334 Meier, 85, 470.
335 Curtze, 400.

des *„Diebes-Essigs"* ist, der vor böser Lust und vor ansteckenden Krankheiten schützt. Die Raute dient gegen Schlangenbisse und Vergiftung, und Aelianus erzählt, dass das Wiesel, wenn es mit einer Schlange kämpfen will, zuerst Raute isst, weil es dann die Bisse der Schlange nicht zu fürchten hat. Die Raute beschirmt vor dem Mahr und dem Nachtvolk, das in der Nacht vor Frohnfasten[336] umherzieht. Sie beschützt vor dem Alp und verwandelt sich, in den Sarg eines Toten gelegt, in Gold, so dass dadurch dessen Seele golden strahlend im Himmel ankommt.[337]

Wer ein fünfteiliges Rautenblatt findet, wird Glück haben. Bindet man den Kindern, wenn sie von den Pocken befallen sind, Rautenwurzeln um den Hals, so bleiben ihnen keine Augenleiden zurück. Haben die Kinder Bauchweh, so muss man nur ein Büschel Raute in die Häl (den Kesselhaken) des Herdes hängen. Maulwürfe werden von der Tenne verscheucht, wenn man Raute, die in der Kreuzwoche gepflückt wurde, dort vergräbt. Es ist bekannt, dass derjenige, der den Kopf der weißen Schlange besitzt, jedes Schloss aufsperren, verborgene Schätze finden, sich unsichtbar machen und dem Teufel einen Wechseltaler abnötigen kann. Dafür muss aber der Besitzer jede Nacht zwischen Elf und Zwölf eine Raute und ein Ei in das Gefäß mit dem Schlangenkopf legen.[338]

Wenn man Rauten und Benediktenkraut gräbt, muss man dazu sprechen:

„Ich brech' euch edle Kräuter schon,
Durch des himmlischen Vaters Kron,
Und durch den Heiligen Geist;
Dass ihr behaltet Kraft und Tugend mit ganzem Fleiß,
Dass ihr mir seiet ein Sicherheit,
Vor dem Teufel und allen Zauberleut.
Im Namen des Vaters, des Sohnes," *usw.*

---

336 Allgemeiens Fasten, das vierteljährlich durchgeführt wird. (F.-D. S.).
337 Baumgarten, 30.
338 Birrcher, 65.

Dann nimmt man die beiden Kräuter sowie Wachskerzen und Salz, bindet sie zusammen und lässt sie dreimal weihen. Um dann vor dem Teufel und allem Zauber geschützt zu sein, macht man drei Stücke daraus, verbohrt sie unter der Schwelle und vernagelt diese mit dem Nagel einer Egge. Die Raute hat diese Bedeutung durch ihren aromatischen Duft und durch ihr Grünbleiben im Winter erlangt.

Von den Hülsenfrüchten findet man in Pflanzensagen und -bräuchen die Bohne und die Erbse am häufigsten und die Linse am seltensten erwähnt. Die Linse erinnerte durch ihre Gestalt an Münzen. Esau verkaufte sein Recht der Erstgeburt für ein Linsengericht. Am Karfreitag soll man Linsen essen, damit man das ganze Jahr hindurch Geld im Haus hat.

Die Erbse gehört zu den Lieblingsspeisen der Zwerge, gilt aber auch als Leichengericht, und in Freiburg z. B. muss den Männern, welche Totenwache halten, um Mitternacht Erbsensuppe dargereicht werden.[339] Beim Pflanzen der Erbsen muss man schweigen, und damit die Gesäten nicht von den Vögeln verzehrt werden, soll man drei Erbsen in den Mund nehmen und sie vergraben.

Um das Kalte Fieber zu heilen, nimmt man so viele Erbsen, wie der Kranke Jahre zählt oder wieviele Tage seit seiner Krankheit vergingen, wickelt sie in Papier und wirft sie dann in fließendes Wasser.

Gebiert eine Frau ein Kind, so kocht man eine Handvoll Erbsen und vergräbt sie unter der Schwelle. Dann wird die Frau beim Stillen keine Schmerzen empfinden.[340]

Wenn ein Mädchen oder ein Bursche eine Schote mit neun Erbsen findet und diese hinter die Tür legt, so spricht der Nächste, der über die Schwelle hereintritt, den Namen des künftigen Bräutigams oder der Braut aus. Eine

339 Kuenlin, 128.
340 Zauberarzt, 208.

solche Schote, mit neun Erbsen über einen Wagen geworfen, bewirkt, dass er umfällt.[341]

Erbsen, die am Johannisfeuer gekocht sind, helfen das ganze Jahr über gegen Quetschungen und Wunden. Wenn man nachts mit Erbsen im Mund in eine Kapelle geht, sieht man seine bekannten Verstorbenen als Geister vorübergehen. Wer eine einzelne Erbse findet, soll sie nicht unbeachtet liegen lassen, denn mancher gewann durch solche Erbsen eine Königstochter und ein Schloss.[342]

Von Weihnachten bis zum Heiligen-Drei-Königstag soll man aber keine Erbsen essen, sonst bekommt man im selben Jahr Schwären. In den drei Donnerstagnächten vor Weihnachten, den sogenannten „*Bosselnächten*", wirft man jedoch in Schwaben Erbsen ans Fenster, um durch ihr Anklopfen an die Scheiben das baldige Erscheinen des Erlösers anzukündigen. In der Christnacht wälzt man sich auf ungedroschenem Erbsenstroh, um die Erbsen herauszudrücken. Diese mengt man dann unter die zum Anbau bestimmten, damit die Ernte desto reicher werde.

Bei der „*Tyrjagd*", die, so wie das „*Haferfeldtreiben*", eine Art Volksgericht war, durch welches man leichtfertige Frauen und böswillige Männer bestrafte, wurden die Tyrjäger mit Erbsenstroh umwunden.[343]

Um den Leuchtenberg in Tirol wachsen die Erbsen seit der Zeit der Heiligen Notburga noch immer, ohne angebaut zu werden.

Auf der Insel Rügen war einst ein Knecht, der keine Erbsen essen mochte. Kamen sie auf den Tisch, so fuhr er mit dem umgekehrten Löffel hinein und sprach voll Hohn: „Hock up, so fret ick di". Bald ging es ihm aber so schlecht, dass er sich herzlich nach Erbsen sehnte. Er kehrte wieder zu seinem Herrn zurück und bat ihn um Dienst. Der aber fuhr nun mit der um-

---

341 Staricius, Heldenschatz, 66.

342 Zeitschrift für deutsche Mythologie, IV., 107.

343 Montanus, II., 96.

gekehrten Schaufel in einen Haufen Erbsen und rief: „Hock up, so met (miete) ick di", und der Knecht musste abziehen, weil keine Erbse auf der umgekehrten Schaufel liegen blieb.[344]

Die Bohne (Phaseolus) soll mit dem Menschen zugleich aus dem Urschlamm hervorgegangen sein. Sie gilt als sehr nährstoffreich und war daher den ägyptischen Priestern und den Pythagoräern zu essen verboten. Als sich Maria Magdalena einem reuigen Leben zugewandt hatte, nahm sie in die Einsamkeit nur einen Krug voll Wasser und wenige Bohnen mit sich und lebte neun Jahre, ohne dass Wasser und Bohnen weniger wurden.

Frauen sollen Bohnen vermeiden, denn sie bewirken Unfruchtbarkeit, sie machen schwere Träume, verursachen den Alp, und die Bohnenblüten sollen sogar Wahnsinn herbeiführen.[345]

Nimmt man die Zunge aus einem Menschenschädel, kocht sie, legt sie wieder an ihren vorigen Ort, vergräbt den Kopf im Frühjahr und pflanzt drei Bohnen darüber, so kann man sich unsichtbar machen, wenn man die Bohnen, die daraus wuchsen, auf die eigene Zunge legt.[346]

Auf einem Acker bei Brixen wachsen die sogenannten *„Monstranz-Fisolen"*, deren Narbe (Keim) einer Monstranz gleicht, welche von zwei Engeln getragen wird. Dies kommt daher, weil einst eine Monstranz von den Feinden geraubt und in diesem Acker vergraben wurde, ohne dass man sie wiederzufinden vermochte.[347]

Schon im alten Athen feierte man ein Bohnenfest, und zwar zu Ehren Apollos. In Deutschland und in den Niederlanden zelebrierte man das häufig in Bildern dargestellte Bohnenfest am Dreikönigstag. Man buk einen großen Kuchen, in welchem sich nur eine einzige Bohne befand. Er wurde

---

344 Temme, Die Sagen und Märchen von Pommern und Rügen, 317.
345 Schwenk, 58 sowie Menzel, Christliche Symbolik, 148 und Wolf, Aberglauben, 243, 579 u. A.
346 Wolf, Zeitschrift für deutsche Mythologie und Sittenkunde, I., 241.
347 Zingerle, 461.

bei der Tafel aufgetragen und in so viele Stücke geschnitten, wie Personen anwesend waren. Derjenige, in dessen Schnitte sich die Bohne befand, war der Bohnenkönig. Man überließ die Angelegenheit aber nicht dem Zufall, sondern wusste es so zu arrangieren, dass das Stück mit der Bohne dem Wohlhabendsten der Gesellschaft zukam, denn der Bohnenkönig durfte es an erheiternden Getränken nicht fehlen lassen.

In Solothurn hieß der Sonntag Quasimodogeniti [der erste Sonntag nach Ostern] *„der Bohnensonntag"*, weil man an diesem Tag zur Erinnerung an die Erhebung der thebaischen Leiber jedem, der zum Gottesdienst ins Ursula-Münster kam, eine Bohne reichte und ihn bat, für dieses Geschenk etwas zu beten.[348]

Die Bohnen wurden ebenfalls gerne von den Elfen aufgesucht.

IX.
Die Kryptogamen

Von unseren heimischen Kryptogamen zogen insbesondere das Moos, die Pilze und das Farnkraut die Aufmerksamkeit des Volkes auf sich.

Das saftige, schwellende Moos lädt den Müden zur Rast ein. Es diente schon in ältesten Zeiten zum Füllen von Kissen und Pfühlen[349], zum Verstopfen von Ritzen in Wänden und Kähnen, und als Streu für das Vieh. Den Abergläubischen bot es aber nur wenig Inspiration. Man sagt, dass es, wenn es auf einem Dach zu wuchern anfängt, die Verarmung des Hauses anzeigt. Anderseits heißt es aber auch, dass man das Moos nicht vom Dach entfernen soll. Moos, auf verfaultem Gebein gewachsen, galt als gutes Zaubermittel. Für die Waffensalbe konnte aber nur jenes genommen werden, das „auf der Hirnschale eines Gehenkten" gewachsen war.[350]

---

348 Hettinger, Helvet. Kirchengeschichte, I., 493.

349 Ebenfalls ein Kissen (F.-D. S.).

350 Heinrich Bruno Schindler, Der Aberglaube des Mittelalters, 178.

Das Isländische Moos, oder richtiger, die Isländische Flechte (Cetraria islandica) gilt allenthalben als vortreffliches Mittel gegen Brustleiden. Sie wuchs, so erzählt eine Tiroler Sage, in frühesten Zeiten auch in den Tälern und war so reich an Nährstoffen, dass die Kühe, welche davon aßen, außerordentlich viel Milch gaben. Als nun Christus auf einer seiner Wanderungen auch durch Tirol kam, gelangte er als Bettler verkleidet zu einem Gehöft, in welchem die übermütige Bäuerin soeben ein Milchbad nahm und den bittenden Herrn schnöde abwies. Da erzürnte der Herr und verbannte die nützliche Flechte aus den Tälern, indem er rief: „Iseré, wachs' unterm Schnee!", und seitdem wächst die Pflanze, die früher Iseré hieß, nur noch auf den Höhen.[351]

Die Pilze, mit ihrer oft prachtvollen Färbung und dem ihnen eigentümlichen Duft, sind mal nährend und mal furchtbar giftig. Man brachte sie daher, ebenso wie wegen ihres plötzlichen Erscheinens, mit den Gnomen und Elfen in Verbindung. So wächst in Wales ein Giftpilz, *„Bwyd-Ellyllon"* genannt, der zu den Leckerbissen der Elfen gehört, aber von Menschen und Tieren gefürchtet wird. Plinius erzählt, dass auf den Gipfeln der Eichenbäume in Gallien weiße, wohlriechende Pilze wuchsen, welche des nachts leuchteten und daher auch nur im Dunkeln gesammelt werden konnten. Man bereitete aus ihnen das „Agaricum", das als sehr wirksames Mittel gegen Vergiftungen berühmt war.[352]

Die Gichtmorchel (Stinkmorchel, Phallus impudicus) gilt besonders bei Jägern als Mittel, um die Potenz zu steigern. Ist der Pilz noch jung, so hat er die Form und Farbe eines Eis und wird vom Volk *„Hexen-Ei"* genannt. Böse Weiber benutzen ihn zur Bereitung von Liebestränken.

Von den sonstigen Pilzen fand ich nur den Theuerling erwähnt. Er ist ein kleiner Pilz, der in Gruppen auf feuchtem Holzwerk wächst und bei seiner Reife Sporen umherstreut, welche die Form sehr kleiner Linsen haben. Der

---

351 Zingerle, 114.

352 XIV., 13.

Bauer zählt diese Samen, denn ein Metzen[353] Korn soll im nächsten Jahr genau so viele Groschen kosten, wie einer dieser Teuerlinge Sporen verstreut hat.

Das Farnkraut mit seinen zierlich gestalteten Wedeln erregte bei Jägern und Bauern Verwunderung, weil sie nicht begreifen konnten, wie eine so stattliche Pflanze weder Blüten noch Früchte trieb und sich dabei doch immer vermehrte. Sie meinten, dass in der Besamung dieser Kräuter ein besonderes Geheimnis liegt, weshalb auch der Farnsamen eine so wichtige Rolle spielte, obwohl ihn vielleicht niemand, der von ihm sprach, mit eigenen Augen gesehen hatte. Man verwechselte vielleicht die Antheridien des Bärlapps (Bärlappsamen oder Hexenmehl) mit ihm. Nur Paracelsus soll echten Farnsamen bekommen haben und zwar dadurch, dass er Himmelbrandblätter unter das Farnkraut legte.

Dass man tatsächlich nicht wusste, wann die Fruchthäufchen des Farns platzen, geht daraus hervor, dass es mal heißt, man müsse in der Johannisnacht hinausgehen, um den Farnsamen zu holen, und dass ein anderes Mal gesagt wird, man soll es in der Christnacht tun. Dabei erreicht der am häufigsten erwähnte Wurmfarn (Filix mas) nur im Juli und August die Fruchtbildung. Um eine sichere Auskunft zu treffen, sagt man daher zumeist, dass der Teufel den Farnsamen herbeischafft, und dass man sich deshalb dem Bösen verschreiben muss, um ihn zu erlangen. Für denjenigen aber, der den Farnsamen selbst holen will, gibt es gewisse Verhaltensregeln: Er darf während der ganzen Adventszeit nicht beten, keine Kirche besuchen, kein Weihwasser berühren, und er muss beständig wünschen, dass ihm der Böse zu Geld verhilft. Ist dann die bestimmte Nacht gekommen, so muss er zwischen elf und zwölf auf einen Kreuzweg gehen, über welchen schon Leichen zum Friedhof getragen wurden. Da erscheinen ihm dann zahlreiche Verstorbene, bekannte und unbekannte, um ihn zu bewegen, von seinem Vorhaben abzulassen. Er darf sich aber nicht regen, ja, seine Miene nicht verziehen, sonst wird er sogleich vom Teufel zerrissen. Ist mit Schlag Zwölf

353 Hohlmaß für Getreide und Hafer, das regional differierte. (F.-D.S.)

die Probe bestanden, so kommt der Finstere Jäger und gibt ihm eine Tüte mit Farnsamen.[354]

Wer solche Farnsamen besitzt, kann in seinem Gewerbe so viel arbeiten wie sonst nur zwanzig Männer. Der Farnsamen macht auch unsichtbar: Als ein Mann in der Mittsommernacht sein verlorenes Füllen suchte und durch eine Wiese ging, da fiel Farnsamen in seine Schuhe, und als er heimkam, gewahrte er, dass seine Hausleute gar nicht auf ihn achteten. Er rief: „Ich habe das Fohlen nicht gefunden!" Da erschraken alle heftig, weil sie seine Stimme hörten, ohne ihn zu sehen. Er machte nun allerlei, um zu begreifen, was mit ihm geschah, wurde aber erst dann wieder sichtbar, als er seine Schuhe ausgezogen hatte.[355]

Der Farnsamen verhilft den Jägern auch zu Freischüssen. Wer Farnsamen hat, dem muss der Teufel alles bringen, was er von diesem begehrt, sogar den „Wechseltaler". Legt man Farnsamen zum Geld, so nimmt es niemals ab. Ein Bursche aus Eschelbach (im Badischen) hatte sich vom Bösen Farnsamen verschafft und konnte nun fahren wie er wollte. – Er jagte mit vier Pferden die steilsten Abhänge hinab! Einst kam er mit dem Erntewagen in die Scheuer, und da sich niemand zum Abladen fand, fuhr er über die Leiter auf den Dachboden und warf dort die Fracht ab. Der Bauer kam dazu, sah die gefährliche Geschichte und schwieg, denn hätte er nur ein Wort gesprochen, so wären Pferde, Wagen und Kutscher herabgestürzt.

Ein anderer Bursche wollte ebenfalls den Farnsamen besitzen, und er bat jenen kühnen Kutscher, dass er ihn beim Heranschaffen begleite. Sie gingen um elf Uhr in der Christnacht auf einen Kreuzweg. Der Führer zog einen Kreis, gebot tiefstes Schweigen und verlas wunderliche Dinge aus einem kleinen Buch. Um halb zwölf ertönte das Getöse des Wilden Heeres, dann hing plötzlich ein großer Mühlstein an einem dünnen Faden über den beiden. Hierauf erschien ein vierspänniger Wagen, dessen Fuhrmann, um sie

354 Meier, I., 243.

355 Grimm, Deutsche Mythologie, 1160.

zum Sprechen zu verleiten, nach der nächsten Ortschaft fragte. Plötzlich glitt eine große Holzschüssel herab und fragte, ob sie dem Wagen nachfolgen könne, und diese Schüssel erschien dem Burschen so komisch, dass er laut lachen musste. Dafür belohnte ihn der Wissende mit einer stattlichen Ohrfeige, da er sich durch das Lachen den Farnsamen verscherzt hatte.[356]

Sehr leicht gelangte aber ein Bauer aus Alpach (in Tirol), zum Farnsamen. Er ging nämlich eines Abends in den Wald, breitete sein Hemd unter einem Farnbusch aus, steckte sieben kreuzförmige Holunderreiser im Kreis in die Erde und ging wieder heim. Am nächsten Tag lag der Samen auf dem Hemd.[357]

Konrad von Würzburg sagt in einem seiner Lieder:

„het ich samen von dem varn,
den würfe ich dar den scheiden daz sie in verslünden.“

Wer also aus dem Dienst seiner Herrin scheidet, soll ihr den Scheidsischen (Silurus) Farnsamen zum Verschlingen vorwerfen.

Die Heilige Hildegard schreibt in ihrer *„Physica“* (II. 91) vom Farn, dass dort, wo es wächst, der Teufel selten sein Spiel treibt, dass es Haus und Hof vor seinen Untaten schützt und dass es das Einschlagen des Blitzes verhütet. Am Lechrain gräbt man ihn zu letzterem Zweck um Johannis und trocknet ihn an der Luft, aber ohne dass ein Sonnenstrahl darauffällt.

Ein Gürtel aus Farnkraut, am Vorabend des Johannistages gewunden, behütet vor allerlei Krankheiten. Blühender Farn, über die Haustür genagelt, macht, dass beim Fuhrmann alles gut geht, so weit seine Peitsche reicht. Auch bei unseren Gebirgsbauern sah ich oftmals ein Büschel Farnkraut an den Wagen gebunden, besonders wenn sie sehr steile Wege herabfuhren. Sie

356 Baader, Neue Volkssagen, Nr. 139.
357 Zeitschrift für deutsche Mythologie, III., 340.

zeigten aber keine Lust, mir die Sache zu erklären, vermutlich weil sie glaubten, dass der Farn seine Kraft verliert, wenn sie das Geheimnis offenbaren.

Im Thüringer Wald heißt das Farnkraut auch *„Irrwurz"*, denn wenn man ohne es zu sehen darüber schreitet, kommt man (wie bei der Irrwurzel) vom Weg ab und kann sich nur dann wieder zurechtfinden, wenn man die Schuhe wechselt. Frauen müssen dabei aber ihre Schürze ablösen und verkehrt herum aufbinden. Der Farn heißt auch *„Otterkraut"*, denn wenn man es bei sich trägt, wird man von den Ottern verfolgt. Tabernaemontanus schreibt hingegen, dass die Schlangen den Farn fürchten, und man streut ihn an solche Orte, wo man glaubt, dass sich jene Tiere aufhalten. Der Farn ist auf den Gebirgsfeldern schwer zu auszumerzen, es kommt immer wieder, außer man reißt ihn am Tag der Enthauptung Johannis aus dem Boden.[358]

Indessen wird der Farn, besonders wo er häufig wächst, auch verbrannt, da die Asche guten Dünger ergibt. Die Farnwurzel, in den Wein gehängt, verhindert, dass er sauer wird. Legt man die Wurzel einem gestürzten Pferd unter die Zunge, so kann es wieder aufstehen. Eine Salbe aus Schweinefett und Farnkrautpulver zieht Splitter und Pfeilspitzen aus den Wunden. Frauen aber, die guter Hoffnung sind, dürfen keinen Farn berühren, da es einen nachteiligen Einfluss auf sie ausüben würde.[359]

Von den anderen Farnarten sind hier noch aufzuführen:

- Die Mondraute (Botrichium lunaria), denn sie wurde von den Alchemisten zur Herstellung von Gold und Silber und des unsichtbar machenden Steins verwendet.[360] Man sammelte sie am Montag für Hexensalben. Zu den Milchtöpfen gelegt, behütete sie die Milch vor Zauberei und vermehrte den Rahm. Das „nur im Mai und Juni sichtbare" (einzige) Blatt der Pflanze sollte genau mit dem Mond ab- und zunehmen. In einer Handschrift der k. k. Hofbibliothek steht in

---

358 Grimm, Deutsche Mythologie, 1161.
359 Tabernaemontanus, II.,1183.
360 Wier, De praestigiis daemonum, I., c. 18.

der *„Relation von Trabnitz in Schlesien“*: „Im buchwalt hinter dem closter teuche, an der selbigen lötten, da findet man das kraut Lunaticam am gepüsch in dem Majo. Wie es einst Hertzog Carel gesucht, hat er gesehen wie schön guldiger thau umb das kraut stunde, dass von diesem zuvor gewaschen, von der sonnen ausgezogen, gar guldig geschienen ist. An welchem orth gutt gold zu finden sein muss, gewisslich nach arth dieses herbae.“[361] – Die Sporenbehälter waren vermutlich soeben geplatzt, und der Finder glaubte goldenen Tau zu sehen, der nun auf Gold im Boden hinwies.

- Der Tüpfelfarn (Polypodium vulgare) verursacht angenehme Träume.[362]

- Der Güldene Widerton behütet Kinder vor Verzauberung. Die Mädchen stellen ihn ans Fenster, um vor den Verlockungen des Grünen Jägers geschützt zu sein. Schießgewehre und Samen werden mit dem Samen dieses Farns gefeit, das auch beim Gießen der Freikugeln benutzt wurde. Betrüger schneiden aus der Wurzel eine handförmige Gestalt, die sie Leichtgläubigen als eine *„Sankt-Johannis-Hand“* verkaufen, welche Glück bringen soll. Im *„Jägerbrevier“* heißt es (S. 111): „Nimm den Stamm oder im Fall der Not auch das Kraut vom güldenen Wiederthon, so an einem Quatembersonntag vor Sonnenaufgang gesammelt worden, und mische solches unter das Pulver, es ist für allen Schaden gut.“

- Der Adlerfarn (Pteris aquilina) soll schon in sehr alter Zeit zu zauberischen Zwecken gebraucht worden sein. Schneidet man die Stengel ganz unten durch, so zeigt sich entweder ein Doppeladler oder die Buchstaben H. I. C., welche auf den Namen Christi gedeutet werden. Wer den Samen dieses Farns bekommt, kann Mäuse und Frösche daraus hervorzaubern.[363]

---

361 7360 (Fol. 56, b).

362 Helwig, Zauberarzt, 97.

363 Montanus, 144, a.

- Der Schlangenfarn oder die „Schlangenzunge“ (Ophioglossum vulgatum), an den Schmiss der Peitsche gebunden und den Gaul nur einmal des Morgens damit angetrieben, sorgt dafür, dass das Pferd den ganzen Tag fleißig zieht.[364]

- Das Frauenhaar (Adianthum) soll einerseits jeden Zauber zerstören, weshalb es auch *„Widerton“* (Entgegentun) genannt wird. Andererseits benutzte man es, um die Liebe zu befeuern. Es soll auch verjüngende Kraft besitzen und ein langes Leben bewirken, weshalb man es auch *„Widertod“* nannte. Man flocht es, zur Bewahrung der Jugend, in den Brautkranz. Wenn man eine Lauge daraus bereitet und das Haar damit wäscht, wird dieses lang und dicht. Gibt man den Hähnen das Kraut zu essen, so werden sie stark und streitbar. Das Frauenhaar heilt den Stich der Schlangen und Spinnen, und Wein, der mit Adianthum angesetzt ist, vertreibt das melancholische Geblüt. Die Pflanze galt schon bei den Ägyptern als Zeichen der Nüchternheit, und ihr Gebrauch gegen Berauschung soll man vom Wiedehopf gelernt haben, der, wenn er zu viele Trauben verzehrt hatte, einen Wedel vom Frauenhaar in den Schnabel nahm, „um während der Verdauung nicht benebelt zu werden.“

X.
Die Sträucher

Der Botaniker versteht unter dem Begriff „Sträucher“ all jene Gewächse, deren Stengel nicht „krautartig“, sondern mehr oder minder holzig und berindet sind, gleichgültig, ob diese Pflanzen klafterhoch emporschießen oder ob sie sich nur einen Schuh, ja bei gewissen Alpensträuchern oft nur einige Zoll, über den Boden erheben. Diesem Merkmal zufolge werden die Heide, der Efeu, der Weinstock, die Mistel, die Heidelbeere und andere zu den Sträuchern oder strauchartigen Gewächsen gezählt. Die Hochsträucher aber unterscheiden sich dadurch von den Bäumen, dass sie keinen Hauptstamm

---

[364] Friedrich Panzer, Bayerische Sagen und Bräuche, II., 206.

besitzen, sondern dass sie bodenständige Schöße treiben und Gebüsche bilden.

Das Heidekraut (Erica) bedeckt oft große Bergflächen und bietet den Jägern ein behagliches Lager. Man weiß, dass aus der „Heide" einst Bier gebraut wurde, und eine irische Sage erzählt, dass die Elfen das Brauen dieses Heidebieres von den Dänen erlernt haben.[365]

Die Heide ist den Schlangen und dem Wolf zuwider, und an manchen Orten bindet man ein Büschel Heidekraut den Elstern zu Ehren auf einen Baum, damit sie durch ihr Geschrei das Nahen eines Wolfes anzeigen sollen. Blüht die Heide sehr reichlich, so kündet das einen strengen Winter an. Die Heide symbolisiert auch die Einsamkeit, daher heißt es in der „*Bedeutung der Blumen*" (Nr. 8): „Wer heide ihm selber treit, mit laube und mit plüten, der zeugt dass er sin gemüde zur ungesellschaft habe, wann heide steht gerne inne der wilde, und hait ire wonnung nit gerne bei anderm krude."

Auch die beliebte Alpenrose (Rhododendron) gehört zu den Ericineen. Sie heißt in vielen Gebirgsgegenden „Donnerrose", denn sie soll den Blitz anziehen. Auf der Saubacher-Alp in Tirol war einst eine Sennerin wie gewöhnlich alleine. Eines Nachts aber kam ein starkes Gewitter, so dass sie erwachte und zu ihrem größten Schrecken den Hilferuf ihres Geliebten hörte. Sie trat dreimal vor die Tür, aber jedes Mal schwieg dann die Stimme. Am nächsten Morgen fand sie ihren Liebling vom Blitz erschlagen. – Der Unglückliche trug eine Donnerrose in der Hand![366]

Eine spröde Dirne gab einem ihrer Verehrer zum Spott eine Alpenrose, und es währte nicht lang, dass auch er vom Blitz erschlagen wurde.[367]

Die Alpenrose ist wie die Heide ein Sinnbild der Einsamkeit. Sie wird bei Hafling (in Tirol) „Oswaldstaude" genannt, denn am Isinger, wo einst alles

[365] Irische Elfenmärchen, 110.
[366] Zingerle, 113.
[367] Menzel, Mythologie, 34.

voller Alpenrosen stand, fanden Hirten einst ein Bild dieses Heiligen, und fromme Menschen bauten dann an jener Stelle die noch immer stehende Oswaldkapelle. Im Aargau heißt die Pflanze „Rafausle“, und im Kanton Glarus singen die Kinder:

„D'Rafausle, d'Rafausle, die wachsed auf der Alp,
Und wenn der Schnee zergange ist, so fahre d'Buba z'Alp.“

Die Heidelbeere und die Preiselbeere (Vaccinium myrtillus und oxycoccos) wachsen bei uns ebenfalls nur auf den Höhen, und wenn sie reichlich gedeihen, soll es ein Anzeichen dafür sein, dass es in den Tälern wenig Obst geben wird. Die Preiselbeere wird häufig als Schmuck von Heiligenbildern und Kreuzen verwendet. Eine Sage erzählt, dass einst ein frommer Klausner die Heilige Maria um Obst für die armen Gebirgsbewohner anflehte. Da nahm Maria den Kranz ab, welcher ihr Haupt schmückte, löste ihn auf und streute ihn über die Berge. Dort wuchsen von nun an diese Beeren so reichlich, dass sich die Hügel zweimal im Jahr röteten, nämlich im August und Oktober.[368] Daher heißt der Strauch auch „Liebfrauenstrauch“ und *„Marienpalm“*, und die Beere *„Muttergotteskirsche“*.

Eine zweite Sage stammt aus Tirol: Als nämlich Gott Vater alle Kräuter und Bäume schuf, wollte der Teufel auch eine Pflanze erschaffen und bat dazu um Erlaubnis, die er dann auch erhielt. Da schuf er die lockenden Grangelbeeren, sprach aber in seiner Bosheit dabei den Fluch aus, dass jeder, der davon isst, ihm verfallen sein soll. Das war aber Gott Vater nicht recht. Er setzte daher auf jede Beere ein Kreuzlein und hob dadurch den Fluch des Teufels auf, so dass die Beeren jetzt vollkommen unschädlich sind.[369]

Es wurde von uns schon früher angemerkt, dass sich die menschliche Einbildungskraft häufig an Kleinigkeiten entzündet. Hier erfand sie wegen der vier Kelchlappen, von denen die Beere gekrönt ist, eine eigene Sage.

---

368 Montanus, 158, a.
369 Zingerle, 263.

Der Seidelbast oder „Zeiland“ (Daphne mezereum), welcher im Altnordischen Tyvithr hieß, soll dem Zio oder Thio[370] geweiht gewesen sein. Legt man seine Rinde auf die Haut, erzeugt sie Blasen. Es soll einst ein stolzer Baum gewesen sein, als aber das Kreuz Christi aus seinem Holz gezimmert wurde, traf ihn der Fluch, und er schrumpfte, so dass er schließlich zu einem kleinen, mageren Sträuchlein wurde.[371]

Im Wald Sachsenruten bei Chemnitz geht der böse Seidelmann um, der die Wanderer vom Weg abbringt. Er war einst ein schlimmer Beamter, und niemand weiß mehr, wodurch er zu erlösen ist.[372]

Wer einen Hopfenkranz trägt, verkündet dadurch, dass er heiteren Gemütes ist und sich wenig um Liebesgram kümmert. Wenn man aber jemandem gebietet, er soll eine Hopfenranke tragen, so deutet man ihm dadurch an, dass er mehr geschwätzt hat, als er verantworten kann, denn der Wilde Hopfen trägt viel mehr Blüten als andere Kräuter und bringt doch keine nützlichen Früchte hervor.[373]

Wenn Jungfrauen langes Haar bekommen wollen, müssen sie sich einige Haare abschneiden und sie zusammen mit den Hopfensetzlingen in die Erde legen, denn so wie der Hopfen in die Höhe steigt, wächst auch ihr Haar.[374]

Wer zu Riemeringen (Elsass) in der Christnacht schweigend in den Hopfengarten geht, sieht, wenn die Uhr Zwölf schlägt, saftige Hopfensprossen aus der Erde kommen, die aber sogleich wieder verschwinden. Je schöner sie waren, desto besser wird die Hopfenernte ausfallen. Johannes Wier erzählt: „Wenn auf unseren Speichern viel Hopfen in Vorrat lag, hörten wir, wie in der Nacht vor jenem Tag, an welchem die Kaufleute kamen, zahlrei-

---

[370] Tyr, Gott des Krieges (F.-D. S.).

[371] Baumgarten, 21, Anmerk. 4.

[372] Graesse, 375.

[373] Bedeutung der Blumen, Nr. 10.

[374] Rockenphilosophie, 212.

che Hopfensäcke herabgeworfen wurden. Wir waren dann stets froh, denn wir konnten immer damit rechnen, dass wir am nächsten Tag einen guten Handel machten."[375] Dieses scheinbare Herabwerfen der Säcke soll von freundlichen Zwergen herrühren, welche durch jenes Geräusch die Aufmerksamkeit der Bewohner auf die herbeireisenden Kaufleute erregen wollten.

Der edle Wein ist neben dem Getreide und dem Lein von der größten Wichtigkeit. Eigentlich ist er hier nicht heimisch, denn wir erhielten ihn von den Römern. Aber er hat sich doch so eingebürgert, dass wir uns unser Vaterland ohne die grünen Rebenhügel kaum vorstellen können. Einst scheint der Weinbau aber viel weiter bis in den Norden verbreitet gewesen zu sein als jetzt. In der Mark Brandenburg fand der erste Weinbau im Jahre 1173 statt.[376] Im fünfzehnten und sechzehnten Jahrhundert gab es noch Weinberge bei Königsberg[377], Oderberg und Wiesenthal mussten dem Gymnasium zu Joachimsthal jährlich zwanzig Tonnen weißen und zwanzig Tonnen roten Wein aus eigenem Anbau liefern, und der Weinbau hörte dort erst um das Jahr 1740 auf.[378]

Der Dichter Sabinus erzählt in seinem Reisegedicht, dass an der Havel ein Berg steht, der bis zum Gipfel mit Reben bepflanzt ist, die ebenso guten Wein geben wie jene zu Wangirmen (Worms). Nach Pommern wurde der Weinstock bei der Verbreitung des Christentums durch Bischof Otto von Bamberg gebracht. In Vorarlberg erzählt man sich die Sage, dass selbst am Hohen Trista Weinreben gepflanzt wurden, während er heute nur noch von einer rauhen Alp umgeben ist.[379]

In der Umgebung von Wien erstreckte sich der Weinbau bis auf die Bergesgipfel, wo man noch jetzt verwilderte Reben findet, während die Weingärten meist nur in den Tallehnen existieren. Dass die Isländer lange vor

---

375 Opera omnia, c. 22, p. 71.
376 Anzeiger für Kunde der deutschen Vorzeit, 1834, S. 14.
377 Kehrberg, Königsberg, S. 16.
378 Fischbach, Städtebeschreibung, S. 356.
379 Vonbun, Vorarlberger Sagen, 102.

Christoph Columbus schon im Jahr 1000 nach Nordamerika (Neufundland, Nantuket und Neuschottland) schifften, um dort Wein zu holen, ist geschichtlich erwiesen, und noch immer wachsen an den Küsten von New York bis Neufundland sieben verwilderte Rebsorten.[380]

Seit „Noah aus dem Kasten war", wird der Wein mit Sorgfalt und oft mit großer Mühe gepflegt. Einer jüdischen Überlieferung zufolge rühmten einst alle Bäume ihre Eigenschaften. Nur der Weinstock schwieg, und er senkte seine Ranken bescheiden zu Boden. Da trat der Mensch zu ihm, band die Ranken empor, und dankbar brachte nun der Weinstock die herrlichsten aller Früchte hervor. Aus Dankbarkeit lässt man auch an einigen Orten bei der Weinlese einen Rebstock unberührt.

Der Weinstock liebt besonders die Ulme, an welcher er sich lustig hinaufrankt, dagegen flieht er den Efeu, den Kohl und den Rettich, und er zieht sich – so heißt es – völlig von ihnen zurück.

Anhaltender Südwind macht die Trauben saftlos. Wenn man daher einen Weingarten vor diesem Wind schützen will, sollen zwei grün gekleidete Männer mit einem Hahn dahin gehen und diesen zerreißen. Der eine schreitet dann mit dem halben Hahn links und der andere rechts um den Weingarten herum. An jener Stelle, wo sie zusammenkommen, wird der Hahn vergraben.[381] Der alte Brauch, einen Hahn zu opfern, existiert bekanntlich bei verschiedenen Gelegenheiten.

In Schwaben sagt man, dass am Johannistag die Weinstöcke geschüttelt werden sollen, damit der Wein ein „Bodengefährt" (einen Grundgeruch) bekommt, und in Bayern hält man die Kinder dadurch vom Traubennaschen ab, dass man ihnen abgeschnittene Reben zeigt und ihnen erzählt, dass der Mann im Mond zur Strafe für sein Traubenstehlen solche Rebhäsel (Rebwellen) schleppen muss.[382]

---

380 Wilhelmi, Island, 163.

381 Babst, 309.

382 Friedrich Panzer, Bayerische Sagen und Bräuche, II., 79.

Unholde gehen nachts in fremde Weingärten und schütteln die Reben, damit die Trauben in ihre eigenen Weinberge übergehen sollen, und die Hexen sieden Reben, um des Nachbars Weinberg zu verderben.[383]

Am Urbanustag (25. Mai) beobachtet man das Wetter. Ist es hell, so wird der Wein gut. Sankt Urban, der Bischof von Langres, steht deshalb in Beziehung zum Wein, weil er sich bei der Christenverfolgung in einem Weinberg versteckte. Aus Dankbarkeit schützt er nun die Trauben vor Hagel und den Wein im Keller vor dem Kahnigwerden.

Der Heilige Makarius bekam eine Traube als Geschenk. Er schenkte sie einem anderen Mönch, dieser verschenkte sie wieder, und so ging die Traube lang und unversehrt herum, bis sie wieder in die Hände des Makarius gelangte.

Der Heilige Wigbert hatte einst beim Messelesen keinen Wein, da nahm er eine Traube und presste den Saft in den Kelch, welcher dort augenblicklich zu Wein wurde. Der Heilige Hilarius pflückte mit seinen Schülern Trauben. Je mehr sie aber pflückten, desto mehr neue Trauben wuchsen nach.

Der Heilige Gonsalvus schlug mit seinem Stab auf einen Felsen, aus welchem nun Wein hervorquoll. Auf den Befehl des Heiligen Felix musste auf einem Dornbusch eine Traube wachsen, welche dem Heiligen Maximus zur Labung dienen sollte, und als der Heilige Excelsus erschlagen und unter einem Weinfass begraben wurde, entdeckte man seinen Leichnam dadurch, dass das Fass niemals leer wurde.[384]

Auf einer Hochzeit in Kunitz bei Jena ging spät in der Nacht der Wein aus. Da gab der Hausherr seiner Magd Geld und befahl ihr, im alten Schloss Wein zu holen. Als die Magd zur Burg kam und an die Tür pochte, kam eine Gestalt. Sie fragte nach ihrem Begehren und füllte ihr den Krug im Kel-

[383] Grimm, Deutsche Mythologie, 1043.

[384] Menzel, Christliche Symbolik, II., 548 usw.

ler, ohne Bezahlung dafür anzunehmen. Hausherr und Gäste waren ebenso über die Erzählung ertstaunt wie über den herrlichen Wein. Die Sache wurde in Jena angezeigt und amtlich untersucht, ohne dass man sie erklären konnte.[385]

Es exisitieret noch von manchen Burgruinen die Sage, dass sich in ihren vermauerten Kellern uralter Wein befindet. Als ganz vorzüglich galt aber jener Wein, den man „in seiner eigenen Haut" fand. Das bedeutet, dass sich bei ihm sich im Lauf der Zeit eine dicke Hülle Weinstein gebildet hatte, während die Fassdauben allmählich abgefault waren.

Außer dem gewöhnlichen Winzerfest und dem Umzug der Weinhüter, den ich im bereits im Kapitel des Jahreskreises anführte, gab es auch noch andere auf den Weinbau bezogene Feierlichkeiten. So war es z. B. in Tübingen ein sehr alter Brauch, dass die Weingärtner am Friedrichstag (5. März) um zwölf Uhr mittags in Zweierreihen auszogen. In der Mitte des Zuges trug einer ein Kreuz, an welches eine Flasche, ein Hering und eine Brezel aus Weizenmehl gebunden waren. Dann folgte eine Knabenschar, die ein Seil schleppte und von denen die einen vorwärts, die anderen aber rückwärts gingen, um den Kampf des Frühlings mit dem Winter darzustellen. Die rückwärts Gehenden wurden dann besiegt. Die Ordner dieses Zuges, der im Jahre 1584 zum letzten Mal gehalten wurde, waren als Narren verkleidet, und abends gab es eine große Mahlzeit.[386]

Auf dem Turmberg in Baden geht am Mittag des Ostersonntags das Gespenst eines ehemaligen Winzers in einem Weingarten herum und liest Rebenschnitzel auf, so wie er dies auch in seinem Leben aus Geiz tat. Ein mutiger Bursche machte dem Gespenst Vorwürfe über die Entweihung des Feiertages. Da warf es ihm Rebenschnitzel nach, die zu lauter Feuer wurden.[387]

---

385 Anzeiger für Kunde der deutschen Vorzeit, VI., 359.
386 Crusius, Schwäbische Chronik, II., 355.
387 Baader, Neue Volkssagen, Nr. 125.

Einst kam Jesus mit seinem Begleiter Petrus auf einer Wanderung auch nach Lindau am Bodensee, wo sie aber, statt Herberge zu empfangen, von den hartherzigen Bürgern abgewiesen wurden. Da trafen sie vor dem Tor einen Tagelöhner, der sie freundlich aufnahm und mit ihnen teilte, was er und sein Weib hatten. Da erlaubte ihnen der Herr, sich etwas auszubitten, und sie baten ihn um ein Gärtchen und um einen Acker. Am Morgen fanden sie ihren Wunsch weit übertroffen. Als das die Lindauer hörten, ließen sie dem Herrn sagen, dass sie ihm gerne ein Nachtlager gegönnt hätten, aber sie wussten ja nicht, wer er war. Der Herr kehrte ruhig um und ließ sich von den Lindauern bewirten. Dem Petrus war das aber nicht recht. Nach der Mahlzeit baten sie den Herrn, da sie alles andere ohnedies schon besaßen, um Weinreben, und der Herr gewährte sie ihnen. Auf dem Weg fragte Petrus: „Herr, warum hast du den neidischen Leuten Wein wachsen lassen?“ „Sei ruhig, Petrus“, entgegnete der Herr, „sie werden sich nicht übertrinken daran.“ – Der Lindauer Wein soll nämlich beinahe so sauer sein wie der schlesische, den selbst der Teufel nicht trinken konnte.

Auch die bereits erwähnte Mistel (Viscum) gehört zu den Halbsträuchern. Die Druiden schätzten sie außerordentlich hoch. Sie galt ihnen als Mittel gegen alle Gifte, und sie sollte unfruchtbare Tiere fruchtbar machen. In einer nordischen Mythe wird erzählt, dass Balder von den Göttern so geliebt wurde, dass Odin und Freya allen Elementen, Tieren, Steinen, Pflanzen, Krankheiten und Giften den Eid abnahmen, dem Gott Balder auf keine Weise zu schaden. Allein, östlich von Walhall wuchs auf einem Baum die Mistel, der sich hinter dem Laubwerk verborgen hielt und daher bei diesem Schwur übersehen wurde. Der neidische Loki kannte sie jedoch gar wohl. Als sich nun die Götter einst damit belustigten, auf den unverwundbaren Balder Pfeile und Speere zu werfen, nahm Loki den Mistelzweig, gab ihn dem blinden Hödur, führte dessen Hand, und als dieser warf, fiel Balder todeswund nieder. In der *Pöluspa* heißt es deshalb:

„Gewachsen war
hoch über den Wiesen,
der zarte, zierliche
Zweig der Mistel.

Von der Mistel kam
hässlicher Harm
da Hödur schoss.“[388]

Seitdem galt die Mistel als Werkzeug des Bösen, und sie wurde zu Zaubereien und geheimen Künsten gebraucht. Da sie auf dem entlaubten Baum auch bei ärgstem Frost grün bleibt, sah man in ihr ein Wesen, das allem Trotz zu bieten vermag. Weil sie auf Bäumen nistet, nannte man sie auch „den Mahr (Alp) des Baumes“, und man glaubte, dass sie nur auf jenen Ästen wächst, auf denen der Nachtmahr geritten ist. Auch ihr regelmäßiger, zweiteiliger Wuchs erregte Aufmerksamkeit, und der alte Glaube der Druiden an ihre Heilkraft pflanzte sich lange fort. Sie hilft gegen Rotlauf, gegen die Pest, das böse Wesen der Kinder, gegen Krämpfe, fallende Sucht, gegen Gicht und Würmer usw. usw. Wer eine Mistelbeere in Silber gefasst um den Hals trägt, ist vor Verheerung geschützt.

Mit der Mistel kann man auch Diebe festbannen. Sie sprengt alle Schlösser, dient als Wünschelrute und schützt den Baum, auf dem sie wächst, vor dem Blitz. Legt man einen Schwalbenflügel auf eine Mistel, so versammeln sich alle Vögel der Gegend darum. Bindet man zu Weihnachten Mistelzweige an die Fruchtbäume, so gedeiht das Obst. Die alten Kräuterbücher unterscheiden jedoch die Mistel, je nachdem, ob sie auf einer Eiche, einer Ulme, einem Birnbaum oder einem Haselstrauch wächst. Die letztere wird, weil sie am seltensten vorkommt, am höchsten geschätzt, und sie soll anzeigen, dass unter dem Hasel ein Schatz verborgen liegt.

Pflückt man die Mistel, so darf sie niemals die Erde berühren und muss – nach der Art der Druiden – mit einem Tuch aufgefangen werden. Auch soll man sie nur im August, „wenn die Sonne im Sternzeichen des Löwen geht“ oder aber zwischen zwei Frauentagen[389] sammeln. Steht die Sonne jedoch im Zeichen des Schützen, so muss die Mistel drei Tage vor Neumond vom Baum herabgeschossen und mit der linken Hand aufgefangen werden.

---

388 Simrock, 280 sowie Afzelius I., 42 u. A.

389 Marientage (F.-D. S.).

Die Mistel ist übrigens in unseren prosaischen Tagen beinahe noch tiefer im Ansehen gesunken als der Efeu. Sie hat alle ihre Heilkräfte verloren, und man verwendet sie zu nichts anderem mehr als zur Bereitung des sogenannten „Verbenöls“ und des hässlichen, stinkenden Vogelleims.

Unter den echten Sträuchern boten die Rose und der soeben erwähnte Haselstrauch der Einbildungskraft des Menschen die meisten Anhaltspunkte.

Die Rose galt zu allen Zeiten und in allen Ländern als die Königin der Blumen. Die Gallier nahmen vor der Schlacht den Helm ab und bekränzten sich mit Rosen, und einer jüdischen Sage zufolge stammt die rote Farbe dieser Blume vom ersten Blut, das auf Erden vergossen wurde.

Die Heilige Maria, die „Geistliche Rose“, sitzt oft in einem Rosenhag oder einem Rosental. – Die altdeutschen Maler liebten es, die Heilige Jungfrau in einer Rosenlaube darzustellen, und in Legenden sprossen Rosen plötzlich um Marienbilder herum. Die Heilige Rosa von Lima warf Rosen in die Luft, um sie Gott darzubringen. Da formten die schwebenden Blumen zum Zeichen, dass Gott das Geschenk annahm, die Form des Kreuzes. Der Heiligen Dorothea wurde von ihrem himmlischen Bräutigam ein Korb mit Rosen geschenkt. Als sich der Heilige Dominikus in den Dornen wälzte, erblühten Rosen an ihnen. Er berichtet außerdem, dass der Erzengel Gabriel aus hundertfünfzig himmlischen Rosen drei Kränze für die Heilige Maria flocht. Der eine aus weißen Rosen symbolisierte ihre Freude, der zweite aus roten Rosen bezeichnete ihre Schmerzen und der dritte, aus goldenen, ihre Glorie.

Im Kloster Doel sang der Mönch Josbert jeden Tag fünf Psalmen zu Ehren der Heiligen Maria. Als er im Jahr 1186 bei der Nachtwache des Andreasfestes nicht zugegen war, suchte ihn der Prior. Er fand ihn tot in der Zelle und sah aus seinen Augen, Mund und Ohren fünf Rosen hervorblühen.

Wenn ein Domherr zu Hildesheim sterben sollte, fand er[390] drei Tage vorher in seinem Chorstuhl eine weiße Rose. Die weißen Rosen werden auch „Magdalenarosen" genannt, denn sie wurden durch die Tränen dieser reuevollen Heiligen entfärbt.

Die Heilige Elisabeth, Landgräfin von Thüringen, brachte den Armen Brot in einem Korb, und als ihr strenger Gemahl den Korb zu öffnen befahl, lagen statt der Brote Rosen darin. Dasselbe wird auch von der Heiligen Rosa von Viterbo, von der Heiligen Casilda und anderen erzählt.

Als die unfassbar demütige Ada einst einen Aussätzigen mit ins Bett nahm, erblickte ihr herbeieilender Mann das Lager mit unzähligen Rosen bedeckt. Wollte man alle Legenden anführen, in welchen Rosen vorkommen, so entstände ein ganzes Buch.

Die *„Bedeutung der Blumen"* (Nr. 231) schreibt über sie: „Wer nie etwas anderes begehrt als die besondere Ehre und Würde seiner Liebsten, wer sie so liebt wie sich selbst, und dadurch Mut und Freudigkeit gewinnt, sie überall zu schützen, der soll Rosen tragen mit ihren Dornen."

Wenn in einem Garten ein Rosenkönig (drei Rosen an einem Stengel) erblüht, so gibt es bald eine Braut im Haus. Blüht aber im Herbst eine einzelne Rose, so zeigt sie an, dass jemand aus der Familie sterben wird. Wenn man einem Toten Rosen mit ins Grab gibt, so welkt der Strauch, von dem sie gepflückt wurden. Die Rosen wachsen überhaupt nicht gerne, wo ein Toter liegt.[391]

Der Teufel kann die Rosen nicht leiden und wird aus den Besessenen durch ihren Geruch vertrieben. Wenn Liebende Rosenblätter in einen Bach werfen und zwei dieser Blätter miteinander fortschwimmen, ohne sich zu

---

[390] Wie bereits im Zusammenhang mit der Lilie beschrieben.

[391] Curtze, 402.

trennen, so kommt die Ehe zustande. Wenn man zum ersten Mal einen Aderlass vornimmt, soll man das Blut unter einen Rosenstock schütten.[392]

Die Deutschen hatten die Sitte, bei Gelagen eine Rose an der Zimmerdecke aufzuhängen, als Zeichen, dass nichts von dem Geschehen ausgeplaudert werden soll. Deshalb heißt es auch im Narrenschiff: „Was wir kosen, das bleib unter den Rosen."

Aus Rosen wand man das Schapel (den Kranz) der Bräute. Man hielt das Rosenöl für eines der kostbarsten Dinge und sprach dem Rosenwasser besondere Heilkräfte zu, so sehr, dass man es den Speisen als Würze zusetzte. Dieser Brauch kam ebenso wie die Rosenfeste aus Frankreich nach Deutschland. Ein solches Rosenfest zur Belohnung tugendhafter Mädchen wurde um das Jahr 1750 in Rudolstadt vom Kanzler von Ketelhold ins Leben gerufen, und am 4. Juli 1752 übersandte Göcking[393], ohne den Stifter zu kennen, dem Rosenmädchen von Lichstedt ein Gedicht aus sechsundfünfzig Versen.

Die Päpste segneten goldene Rosen und machten den Fürsten Geschenke damit. So heißt es unter anderem in Ulrich von Reichenthals *„Conzilienbuch"* (fol. 16): „Darnach zu mittervasten, als man singt letare, do het bapst Johannes der XXIII. mess zu dem thum zu Costenz, und segnet ein guldin rosen und gabs dem römischen Künig Siegmund; der fuert in durch die stadt und het auf den tag gross Fest."

Rote Rosen symbolisieren auch Wunden, deshalb wird das Schlachtfeld von mittelalterlichen Dichtern „ein Rosengarten" genannt, und der Rosengarten auf der Ebene Ida, die unter Walhalla liegt, gilt gleichzeitig als Schlachtfeld und als Paradies. Für vornehme Frauen wurden eigene Rosengärten gepflanzt. König Giebich ließ den Rosengarten seiner Tochter Kriemhild, in welchem eine Riesenlinde stand, unter der fünfhundert Frau-

392 Friedrich Panzer, Bayerische Sagen und Bräuche, I., 257 sowie II., 295.
393 Gerhard Gottlieb Günther Göcking (1705-1755), lutherischer Pfarrer und Autor (F.-D. S.).

en Schatten fanden, von zwölf Helden bewachen, unter denen Sigfrid der berühmteste war.

In der Nähe von Meran befand sich einst der prachtvolle Rosengarten des Königs Laurin. Die Rosen dufteten dort so herrlich, dass Betrübte getröstet wurden und Kranke genasen. Der Garten wurde nur durch eine seidene Schnur abgegrenzt. Die Nachtigallen sangen dort so wundervoll wie sonst nirgends, und der Eingang befand sich unter den heutigen Burgruinen von Hauenstein, unweit vom *„Grünen Tann"*, der schon zu jener Zeit stand, als Dietrich von Bern hierher kam und König Laurin gefangennahm.[394]

Über die Entstehung von Hildesheim gibt es zwei sich ähnelnde Rosensagen: Die eine erzählt, dass Kaiser Ludwig der Fromme auf einer winterlichen Jagd die Reliquienkapsel, die er um den Hals trug, an einen Dornenstrauch hing, aus dem nun augenblicklich Rosen hervorsprossten. Deshalb erbaute man hier sogleich eine Kapelle, welcher dann der Dom zu Hildesheim nachfolgte.[395]

Die zweite Sage berichtet nur von einem deutschen Kaiser, ohne seinen Namen zu nennen, der in dem großen Wool (Wald), wo jetzt Hildesheim steht, einen weißen Hirsch mit solcher Hast verfolgte, dass er sich gänzlich verirrte. In seiner Angst zog er das goldene Kreuz hervor, welches ihm seine Mutter geschenkt hatte. Er hing es an einen blühenden Rosenstrauch, betete und schlief ein. Als er erwachte, fand er alles mit Schnee bedeckt, aber die Rosen blühten noch viel schöner als vorher. Da gelobte er, am Ort dieses heiligen Schnees eine Kirche zu erbauen, und kaum hatte er dieses Gelübde ausgesprochen, so kam auch schon sein Gefolge. Er befahl nun, eine Kapelle zu errichten, welche das erste Gebäude der Stadt Hildesheim wurde.[396]

---

394 Alpenburg, Alpensagen, 337.

395 Botanisches Literaturblatt, Regensburg, 1830, S. 467.

396 Seifart, Hildesheim, I.,1.

Am Fuße des Kirchbergs bei Lüdge wuchsen in einer Nacht drei feurige Rosen, blühten eine Stunde lang und verschwanden dann wieder. Als sich diese Erscheinung mehrere Nächte wiederholte, fürchteten sich die Leute wie vor etwas Gespenstischem. Aber die Klügeren fassten Mut, gruben am Tag unter lauten Gebeten an jener Stelle nach, und sie fanden ein uraltes steinernes Muttergottesbild, zu dessen Ehren sie sogleich eine Kapelle erbauten.[397]

Ein schwäbischer Bauer hatte zwei Töchter, die eine war böse und die andere mild. Als er auf den Jahrmarkt zog, verlangte die böse Tochter, dass er ihr ein seidenes Kleid mitbringe, die gute wünschte aber nur einen Rosenkönig (drei Rosen auf einem Stiel). Der Bauer kaufte das Kleid, konnte aber auf dem ganzen Markt keinen Rosenkönig finden und kehrte betrübt zurück, denn er liebte seine sanfte Tochter. Auf dem Heimweg sah er einen Garten mit Rosensträuchern und gewahrte auch drei Rosen auf einem Stiel, die er voller Freude sogleich abschneiden wollte. Plötzlich stand aber ein zottiges Ungetüm vor ihm, packte ihn und gab ihn nicht eher frei, bis sich die fromme Tochter bereiterklärte, die Gattin des Ungeheuers zu werden. Da verwandelte es sich in einen reichen und wunderschönen Prinzen, während die böse Tochter nur einen Bauern zum Mann bekam.[398]

Die Hagrose, Heckenrose, Hagebutte, Hagedorn (Rosa canina) hat ihren Namen daher, weil sie mit ihren dornigen Zweigen einen so dichten Hag bildet, dass weder Mensch noch Tier hindurch können. Sie wächst besonders gerne dort, wo früher heilige Haine standen oder an Plätzen, die einst als Opfer- und Begräbnisstätten gedient hatten. Sie heißt noch in manchen Gegenden, z. B. am Niederrhein, *„Friggdorn"* (Friggadorn), und darf nur am Freitag (dem Tag der Freja oder Frigga) gepflückt werden.

„Die Bedeutung der Blumen" (Nr. 31) schreibt von der Hagrose: „Wer etwas Liebes hat, das ihm in allen Dingen gefällt, von dem er aber nichts erzählen darf, der soll Hagedorn tragen, denn der hat die Art, dass er, wie freundlich

---

397 Seiler, 34.

398 Meier, Volkssagen, 202.

er auch aussehen mag, sich wegen seiner Dornen doch nicht anrühren lässt."

Als Luzifer vom Himmel gestürzt war, wollte der Böse wieder hinaufkommen und schuf einen Strauch mit hohen, geraden Gerten, die voller Dornen waren. Diese Gerten sollten die Leiter, und die Dornen die Sprossen sein, an denen er emporklettern wollte. Aber der Herr erriet die Absicht des Bösen und bog die Gerten nieder. Da wurde der Teufel zornig, und er bog nun auch die Dornen, so dass sie jetzt herabgekrümmt sind und alles festzuhalten trachten, was in ihre Nähe kommt.[399]

In Angeln nennt man die Hagebutten *„Judasbeeren"*, weil sich Judas an einem Hagedorn erhängt haben soll. Seit dieser Zeit bogen sich ihre Dornen nach unten.

Mutter und Tochter gingen einst Kräuter sammeln. Da sah das Mädchen einen Hagenbusch mit wundervollen Rosen. Als sie aber einige abbrechen wollte, rief plötzlich eine Stimme aus dem Busch: „Holt! Deif! Deif! Eck hev deck leif!" („Halt! Dieb, Dieb! Ich hab dich lieb!") Da war das Mädchen nun gefangen. Es wollte schreien und konnte nicht. Es sah nichts außer einem rosenroten Schein und roch den lieblichsten Rosenduft. Vor den Augen der Mutter war es aber gänzlich verschwunden. Diese rief und jammerte, und Leute kamen herbei und schrien ebenso vergeblich. Oben aber auf dem Busch blühten zwei der allerschönsten Rosen. So verging längere Zeit. Die Tochter war Rosenprinzessin geworden und lebte mit ihrem Gemahl in Freuden, konnte aber ihre Mutter nicht vergessen. Schließlich kamen Feinde, töteten den Prinzen und zerstörten seinen Palast. Da fand auch die Mutter ihre Tochter wieder, und beide lebten so friedlich miteinander wie früher.[400]

---

[399] Müllenhoff, Sagen, Märchen und Lieder der Herzogthümer Schleswig-Holstein und Lauenburg, 358.

[400] Seiffart, Hildesheim, II., 93.

Es war im Jahre 1090, als der Graf von Berge seine Frau, die er für treulos hielt, umbrachte und ihre Kinder in der Wildnis aussetzte, damit sie von Wölfen und Bären zerrissen würden. Allein, die Heilige Maria hatte Erbarmen mit den Kleinen und zog einen so dichten Hag von wilden Rosen um sie herum, dass kein Raubtier ihnen nahen konnte. Als der Graf auf einer Jagd seine Kinder unversehrt wiedersah, erkannte er sein Unrecht. Er nahm die Kleinen wieder zu sich und änderte zum Zeichen seiner Reue das goldene Zepter seines Wappens in eine Hagerose.[401]

Ist ein Stall durch Eingraben von Zauberdingen verflucht, so schneidet man heimlich bei Vollmond eine dreiteilige Hagenbuttengerte mit drei Schnitten vom Strauch. Der erste Schnitt muss nach unten und im Namen des Teufels geschehen. Der zweite muss nach oben im Namen der Heiligen Dreifaltigkeit, und der dritte wieder nach unten, stets mit den Worten: „ … schneide ich dich ab“, geführt werden. Hat man diese Rute, so schneidet man dreimal die Buchstaben J. H. S. (Jesus hominum Salvator) in ihre Rinde. Dann legt man zwei Hagebuttendornen kreuzweise in den rechten Schuh und geht in den Stall. Wo sich das Eingegrabene befindet, kann der Fuß nicht mehr weg. Gräbt man dort nach, so findet man Haare, Knochen, Zöpfe und andere Dinge, oft sehr kunstvoll arrangiert.[402]

In Österreich verwünscht man Leute, die einem lästig sind, auf den Hetscherlberg. Die Hagebutten heißen hier nämlich Hetscherln. Dieser Hetscherlberg ist weit weg, mindestens so weit wie das Land, wo der Pfeffer wächst. Aber niemand kann ihn recht beschreiben. Er ist nur höchst langweilig, man findet nichts auf ihm außer Hetscherln, und man begegnet keiner lebenden Seele. Daher gilt er auch geschwätzigen Frauen als wahrer Ort der Verdammnis. Es soll sich dort ein großer Teich mit Fischen befinden, welche allesamt verbannte Geister sind, die den Teich nie verlassen können, weil kein Bach von ihm ins Tal herabfließt.[403]

---

401 Montanus, 148, b.
402 Leoprecht, 29.
403 Vernaleken, Alpensagen, 155.

An den Zweigen der Hagrose finden sich zuweilen moosartige Auswüchse. Sie entstehen, so wie auch die Galläpfel gebildet werden, nämlich ebenfalls durch den Stich der Cynips rosea [Gallwespe]. Man nennt diese Auswüchse „Schlafäpfel“ oder „Schlafkunze“, denn sie sollen, in die Wiege oder ins Bett gelegt, Schlaf hervorrufen. Schon Altvater Odin kannte den Schlafkunz, denn er legte einen solchen unter das Haupt der Brunhild, damit sie einschlief. Dieser Schlafkunz (Schlafkonrad), den man noch an einigen Orten für Nesteln der Frau Holle hält, hilft den Kindern auch gegen Behexung und Krämpfe. Er wurde gegen die Wasserscheu gebraucht, sollte Wahnsinnige beruhigen, und man fand ihn wegen seiner Heilkräfte noch im siebenzehnten Jahrhundert in den Kräuterschubladen der Händler.

Der angeblich von Karl dem Großen mit eigener Hand zu Hildesheim gepflanzte Rosenstock, vor dem man viele Jahrhunderte lang an bestimmten Tagen Lampen und Kerzen entzündete, war ebenfalls ein Hagrosenstamm und hatte beinahe Mannesdicke erreicht.

Die ersten weißen Hagrosen entstanden dadurch, dass die Heilige Maria die Windeln des Christuskindes zum Trocknen über diesen Strauch ausbreitete. Dies geschah an einem Freitag, an welchem sie stets die Wäsche wusch, weshalb auch an jedem Freitag die Sonne scheinen muss, und wenn es nur für einige Augenblicke ist. Die weiße Hagrose wird daher besonders verehrt. Die Hexen fürchten sich vor ihr und wagen es nicht, sie zu brechen, weil sie dadurch entlarvt würden. Selbst der Werwolf verliert sein Zottelkleid, wenn er diese Staude berührt. Sie ist aber auch ein Zeichen der Trauer, und sie wird für die Kränze von Jungfrauenleichen benutzt. Wenn sie aber in einem Jahr zweimal blüht, so ist der Untergang der Welt oder die Götterdämmerung nahe.[404]

Die ebenfalls wildwachsende Rostrose (Rosa rubiginosa), welche wegen ihrer weinartig riechenden Blätter auch *„Weinrose“* genannt wird, heißt in der Gegend von Tübingen *„des Heilands Dornenkrone“*, denn die roten Punkte auf ihren Zweigen sollen vom Blut des Heilands herrühren. Auch die Moosrose

[404] Montanus, I., 148, 149.

soll, wahrscheinlich einer neueren Legende zufolge, aus einem Tropfen von Christi Blut entstanden sein, der ins Moos niederfiel.[405]

Die Hagrose erscheint in fast allen Sagen, welche von Dornbüschen erzählen. Der Dorn war wegen seiner stechenden Eigenschaft ein Sinnbild des Feuers, wodurch sich die Mythen von brennenden Dornbüschen erklären. Auch der Todesgott erscheint unter dem Namen Högni (Hagen). Er ist ein finsteres, mordsüchtiges, feindseliges Wesen und tötete den Siegfried. Der Hagedorn symbolisiert, da er mit seinen Stacheln alles festhalten will, auch den Geiz. Deshalb sieht man auf Sylt, wo einst das *„Wolderholz"* stand, heute nichts mehr außer dem Hagedorn, denn die Bauern waren so neidisch aufeinander, dass sie das ganze Gehölz abrodeten.[406]

In Oberkulm, an der Landstraße von Aarau nach Luzern, stand seit undenklicher Zeit ein Dornbusch, dessen Stamm drei Fuß Dicke besaß, so dass sich jeder Vorübergehende erstaunte und als Wahrzeichen einen Stein zu ihm hinlegte. Dadurch bildete sich bald ein ringförmiger Wall um den Strauch, von dem man sagte, dass er unter seinen Wurzeln einen Schatz barg, der von einer Jungfrau gehütet wurde, unter deren Schritten es wie Gold glänzte. Man meinte allenthalben, dass der Busch nicht umgehauen werden durfte, und im *„Wirtshaus zum Rössli"* stritten einst ein alter und ein junger Bauer darüber. Sie wetteten, und der junge hieb den Dornbusch zum Schrecken des Alten wirklich um. Man will aber noch vor gar nicht allzu langer Zeit noch die Jungfrau an jenem Steinwall gesehen haben.

Auch auf dem Birrfeld im Aargau steht ein großer Dornstrauch, und wenn dieser einmal welkt, so entsteht eine so entsetzliche Schlacht, dass das vergossene Blut die Mühle zu Mühlingen drei Tage lang antreiben wird.[407]

In Paris, so erzählt Johannes Wier, ergrünte kurz nach der Bluthochzeit (24. August 1572) ein dürrer Dornenstrauch, genauso wie jener verdorrte

---

[405] Menzel, Christliche Symbolik, 279.

[406] Müllenhoff, Sagen, Märchen und Lieder der Herzogthümer Schleswig-Holstein und Lauenburg, 91.

[407] Rochholz, Aargauer Sagen, 60.

Baum, an den sich der Heilige Christophorus festhielt, als er das Christuskind durchs Wasser trug.[408]

Was mag wohl den Haselstrauch (Corylus avellana) zu seinem einstigen großen Ruf verholfen haben? Vielleicht die Früchte, die bis zu ihrer Reife von den Schelfen so sorgsam umhüllt sind, oder die Blüten, die sich im Winter entwickeln, oder die geraden schlanken Schöße mit ihrer glatten, ungerunzelten Rinde? – Trotz des eifrigsten Suchens konnte ich keinen ausreichenden Grund finden, auf welchen sich besonders die Beziehung des Hasels zu den Metallen stützen könnte, denn dass er als Wünschelrute benutzt wird, ist allgemein bekannt.

Der Hasel gehörte schon in der vorchristlichen Zeit zum Totenkult, denn man fand Haselnüsse und Haselstäbe in den Gräbern der Alemannen und anderer germanischen Stämme. Menzel berichtet, dass sich bei der Ausgrabung des alemannischen Gräberfeldes am Lupfer unter jeder Leiche ein Haselstab und zuweilen noch zwei andere unter dem Totenbaum fanden, der das Skelett umschloss. Dieser Schriftsteller glaubt, dass diese Haselstäbe – wie Wünschelruten – zur Erhebung des Toten aus der Erde behilflich sein sollten.[409] Die Haselnuss galt auch als das Sinnbild des Frühlings, des Lebens und der Unsterblichkeit und, weil sich die Haselnüsse oft paarweise vorfinden, auch als Zeichen des ehelichen Glücks.

Mit Haselstäben wurden die Saatfelder, die Gerichtsplätze und die Wahlplätze für die ritterlichen Zweikämpfe umsteckt, zum Zeichen, dass diese Orte von niemand Unberufenem betreten werden durften. Der *„Epil-Sage"*[410] zufolge bestand die Notstange, die man in Zeiten der Gefahr aufrichtete, aus einem hohen Haselstock, auf den man einen Pferdeschädel steckte. In Graubünden wurden die Vögte mittels zweier Haselstöcke gewählt.[411] In den Gemeindewäldern konnten die Anwohner Holz fällen, so viel sie wollten, nur die Eichen und Haseln mussten verschont bleiben. Man

---

408 Wier, De praestigiis daemonum, Ausgabe von 1686, S. 531.

409 Menzel, Mythologie, 154.

410 Rhein. Mus., II., 353.

411 Heigelin, Briefe über Graubündten, 191.

glaubte, dass dieser Strauch von einem geistigen Wesen geschützt wurde, und unsere Volkslieder führen oft Gespräche mit der „Frau Hasel".

Im Schwarzwald trugen die Hochzeiter eine Haselrute, und wenn in einem Jahr viele Haselnüsse wachsen, gilt es als Vorzeichen, dass viele Kinder zur Welt kommen werden. Auch die Ruten, welche Jakob in den Brunnen legte, um seine Schafe besonders fruchtbar zu machen, sollen Haselstäbe gewesen sein.[412]

Die Haselstaude galt also mit ihren zahlreichen Früchten als Symbol der Fortpflanzung und Vermehrung. Daher bedeutet auch der Ausdruck „in die Haseln gehn" so viele wie seine Liebste aufzusuchen, und aus einem ähnlichen Grund sagt auch eines unserer Volkslieder:

„Die Nachtigall singt auf kein' Tannenbaum,
Schlagt in der Haselnussstaud'n."

Denn der Sprosser singt nur zu jener Zeit, wenn er sein Weibchen sucht, und er schweigt nach der Paarung wieder.

Als die Heilige Maria über das Gebirge ging, um Elisabeth zu besuchen, wurde sie von einem heftigen Gewitter überrascht. Sie fand aber vollkommenen Schutz unter einem Haselstrauch, und seitdem ist der Hasel vor Blitzen sicher und schützt jeden, der sich unter ihr verbirgt, vor dem Donnerkeil. Deshalb werden auch an mehreren Orten in Tirol, am Tag Mariae Heimsuchung [2. Juli] Haselzweige geschnitten und als Schutz gegen den Blitz vor die Fenster oder ins Bett gesteckt.[413]

Auch drei Späne aus Haselholz oder drei frische Haselzweige, ins Gebälke eines Hauses gelegt, sichern vor Blitzschlag, und aus derselben Ursache dürfen auch im Palmbusch Haselzweige nicht fehlen. Ein Haselstab, mit einem

412 Nork, III., 278.
413 Wolff, Zeitschrift, I., 327 sowie Leoprecht, 98.

Holunderzweig ins Kreuz gebunden, schützt vor dem Wilden Heer (Wodansheer).

Als einst drei Mähder bei Sankt Florian ein furchtbares Wagengerassel hörten, ohne sehen zu können, wodurch es entstand, legten sie Haselzweige kreuzweise auf die Straße, und sogleich war der Lärm vorbei.[414]

Drei Kreuze von Haselzweigen, auf den Boden der Scheuer gelegt, bevor die Frucht eingebracht wird, behüten das Getreide vor allem Schaden. Haselzweige, in die Ställe gesteckt, bringen dem Vieh Gedeihen. Wer sich in der Walpurgisnacht ein Stück Holz aus dem Haselstrauch schneidet, stößt sich keinen Splitter ein, oder er kann ihn sich sogleich wieder herausziehen. Irrlichter können nur mit Haselgerten verscheucht werden.

Auch die Hexen erliegen der Macht der Hasel, besonders jene, die das Milchstehlen betreiben und in der Schweiz „Lachsnerinnen" genannt werden. Der Pfarrer zu Thalemil, J. Müller, schreibt über sie: „So etwan einer Kuh der anken wird entwandt, da ist die gemeine weiß der sännen und viechbawren, dass sie drei haselschoss vor Sonnenaufgang brächen, darnach die newe milch zur fewerstatt wird gesetzt, und mit dem haselholtz geschwungen und verlezt, der hexin weh zu thun, dass sich der Zauber löset" usw.[415]

Ein anderes Mittel, den Zauber der Lachsnerinnen zu stören, besteht darin, dass man zwei Haselstäbe nimmt und auf den einen die Namen „Jesus", „Maria" und „Johannes" und auf den anderen die drei magischen Worte „Tetragrammaton", „Adonai" und „Otheos" einritzt und dann beide Stäbe kreuzweise zusammenbindet. Dieses Kreuz wird mit dem Wachs einer Osterkerze beträufelt, und dann legt man ein weißes Tuch und etwas Stabwurz (Abrotonum) darauf und siebt die verhexte Milch durch, die dann völlig unschädlich wird.[416]

---

414 Baumgart, S. 8, Anmerkung.
415 Zeitschrift für deutsche Mythologie, IV., 119.
416 Montanus, 118, a.

Wenn man mit einem Besen aus Haselreisern den Staub aus allen Ecken des Hauses zusammenkehrt und in einen Sack tut und tüchtig darauf schlägt, so werden die Hexen bewältigt. Auch die Pferde sind vor dem Verhexen behütet, wenn man ihnen den Hafer mit einem Haselstock umrührt, der im Namen der Heiligen Dreifaltigkeit während des Kirchenläutens geschnitten wurde. Schläft man unter einer Haselstaude, so hat man weissagende Träume.

Bei Hieben besitzt der Hasel eine ganz besondere Kraft, deshalb soll man Kinder nie mit Haselruten züchtigen, denn sie verlieren dadurch ihren geraden Wuchs. Dafür kann man aber mit einem Haselstock auch sogar Abwesende nach Herzenslust durchbläuen. Man geht zu diesem Zweck am Karfreitag vor Sonnenaufgang hinaus. Dann schneidet man, ohne dabei zu sprechen und ohne angeredet zu werden, das Antlitz gegen Osten gewendet, den Haselstock im Namen der Heiligen Dreifaltigkeit mit drei Schnitten ab. Nun nimmt man ein altes Kleidungsstück, spricht den Namen desjenigen darüber aus, der die Bescherung empfangen soll und schlägt darauf, so lange, wie man Kraft und Lust hat. Der Genannte wird dann, wo immer er auch ist, die unsichtbaren Hiebe aufs Schmerzlichste empfinden.

Einst stand ein Hirte ruhig auf seinen Stock gelehnt, als mehrere Soldaten vorbeikamen. Einer von ihnen, ein guter Schütze, schoss den Stab weg, so dass der Hirte hinfiel. Dieser jedoch sagte nichts, sondern er zog, als die Soldaten vorüber waren, seinen Kittel aus und schlug mit seinem Haselstock so wacker darauf, dass man den Soldaten, der überdies von seinen Kameraden verhöhnt wurde, eine Viertelstunde Weges weit schreien hörte.[417]

Wer seine Rache noch weiter treiben will, der schneidet sonntags vor Sonnenaufgang einen einjährigen Haselzweig, beugt sich nieder und spricht zu diesem: „Ich schneide dich im Namen meines Feindes N. N., den ich verstümmeln will!“ Dann geht er nach Hause, legt den Zweig im Namen der

[417] Meier, Volkssagen, I., 245.

Heiligen Dreifaltigkeit auf einen Eichentisch, holt ein scharfes Messer und zerhackt den Zweig, wobei er spricht:

„Bald – bleuein – droch – mirroch – betu – baroch – assa – maroth! Die Heilige Dreifaltigkeit strafe den, der dieses Übel beging und lasse es nicht zu, es zu wiederholen. Eson – eli-on – emasis – ales erge!"[418]

So furchtbar diese Formel auch klingen mag, so wollen wir hoffen, dass niemand anderes darunter leidet als der arme, einjährige Haselzweig.

Mit einer Haselnuss kann man sich auch schussfest machen. Man muss sie nur aushöhlen, das Evangelium Johannis auf ein sehr feines Papier schreiben, in die Haselnuss stecken, und diese dann unter das Altartuch legen, so dass ohne Wissen des Priesters drei Messen darüber gelesen werden. Diese geweihte Haselnuss trägt man an einem Band um den Hals.[419]

Wer am Morgen nüchtern eine Haselnuss und Rautenblätter isst, bleibt den ganzen Tag vor Gift geschützt. Das Haselnussöl hilft auch gegen den Schwund der Glieder. Vom Haselholz sagt Konrad von Meydenberg in seinem *„Buch der Natur"*: „Wer ein kleines gertlin oder rütel nimpt von dem haselbom, und spalt es nach der leng, und leg die zwey teil von ein ander ein wenig, so gehend sy widder zu einander und fuegen sich zusammen on alles Zaubern, wenn das holcz hat leiplich lust in im, denn es auss im dunst nach den spalten, und zeucht sich wider zu samen, und darumb wer ein gar kleines vögel brat an der ruten, so kert sich das spissel von selber umb, ein weil, von dem wirbel der geist und des dunstes in dem holcz, von der hicz – jedoch han ich des nit gesehen."

Konrad wundert sich, dass sich das Holz ohne jeden Zauber wieder zusammenfügt, findet es aber begreiflich, dass sich die Rute, wenn man an ihr einen Vogel brät, von selbst am Feuer dreht, und zwar wegen der „Wirbel

---

418 Montanus, 117, b.

419 Hartmann, Teufelskünste, 13.

der Geister"! Er fügt aber höchst naiv hinzu, dass er die Sache selbst nicht gesehen hat. – Das war also der Stand der Naturforschung in jener Zeit …

In einem Haselstrauch, der eine Mistel trägt, wohnt ein Geldmännchen oder ein Alraun. Lukas, der Sohn des Vogtli von Galten im Fricktal, entdeckte einst auf der Sinzenmatte eine solche Haselmistel. Als er davon erzählte, begehrte ein Schwarzkünstler, dass er ihm diesen Haselstrauch zeigen sollte, damit sie gemeinsam den Alraun heben konnten. Aber Lukas wurde beim Ausgraben so von Furcht erfüllt, dass er davonlief. Der Schwarzkünstler hob nun den Alraun für sich allein, machte Reisen damit und kehrte bald sehr reich zurück und machte dann dem Lukas ein kleines Geschenk.[420]

Der Haselstrauch besitzt auch besondere Gewalt über die Schlangen. So hatte der Heilige Patrick einen Stab, mit welchem er böse Geister und Schlangen aus Irland verbannte, und im Schwarzwald gab man vor nicht allzu langer Zeit den Kindern, wenn sie weit zu gehen hatten, Haselruten mit, damit sie vor Schlangen sicher waren. Zieht man mit einem Haselstab einen Kreis um eine Schlange, so kann sie nicht aus ihm heraus.[421]

Unter der Hasel nisten aber auch die weißen Schlangen, die ihren König hüten. Tiroler erzählten mir selbst noch vom Haselwurm. Er ist weiß, hat fast drei Fuß Länge, und er trägt, besonders an Festtagen, eine Krone. So stark ist er, dass er durch den dicksten Eichenbaum fahren kann. Wer ihn ausgraben will, muss die Hasel, welche eine Mistel trägt und daher schon fünfunddreißig Jahre alt ist, mit diesen Worten ansprechen: „Grüß dich Gott, edle Frucht Haselstaude." Dann muss er den Strauch ganz ausgraben und den Wurm ansprechen: „Ich beschwöre dich, mein Wurm", usw.

Der Wurm, der anfangs ganz ruhig liegt, wird sogleich mit Beifuß (Artemisia) bestreut, dann kann er nicht mehr entfliehen. Wer einen Haselwurm besitzt, kennt alle Eigenschaften der Kräuter. Vor ihm fliehen alle Geister,

420 Birrcher, 66.
421 Helwig, Zauberarzt, 301.

er kann sich unsichtbar machen, ist unverwundbar, und niemand kann ihn gefangennehmen, denn mit dem Haselwurm kann man sogar durch verschlossene Türen gehen.

Wer ein Stück Haut und drei Rippen vom Haselwurm in seine Felder vergräbt, hat keinen Hagel zu fürchten, und das Wild äst seine Früchte nicht ab. Ein solcher Haselwurm von außergewöhnlicher Länge – er maß nämlich zwölf Fuß – soll beim Kloster Illfeld zwei Männer verschlungen haben.[422]

So wunderlich all diese Geschichten sein mögen, so bleibt doch der Gebrauch der Hasel als Wünschelrute das Merkwürdigste, besonders weil er so lange Zeit erhalten blieb. Der magische Gebrauch von Ruten ist ebenso alt wie weit verbreitet. Sie wurden schon von den Etruskern benutzt. Plinius (XXXI. 3.27) nennt jene, die mit Hilfe von Ruten verborgene Quellen fanden, „aquileges", und die *aquae virgo* trug, ebenso wie die Brunnennymphe Juturna, eine Rute in der Hand. In den nordischen Mythen ist die Rute dem Wodan eigen, und in den Liedern der Edda wird sie mehrfach erwähnt, z. B. in *Skirnisför* (32):

„Zum Hügel ging ich
Ins tiefe Holz,
Zauberruten zu finden;
Zauberruten fand ich." usw.

Und im *Harbardhs-Lied* (Strophe 20) heißt es:

„Ein harter Riese
ist Hlebrand gewesen:
er gab mir eine Wünschelrute
damit raubte ich ihm den Witz."

422 Tharsander, Schauplatz, II., 871.

Im Althochdeutschen wird der Schlangenstab des Hermes mit dem Wort „wunscilgerta“ bezeichnet, und im *Nibelungenlied* heißt es (1064) bei Beschreibung des Hortes:

„der wunsch der lac dar under – von golt ein rütelin
der daz het erkunnet . . . der möhte meister sin
wol in al der werlte . . . über islichen man.“

Die mittelhochdeutschen Dichter sprechen oft von der Wünschelrute, z. B. heißt es in Conrads *„Goldener Schmiede“*[423] von der Heiligen Maria: „Du bist die wünschelgerte, dar mit uz einem steine wazzer wart geslagen,“ und im *„Trojanischen Krieg“* (Vers 19,888) von Helena: „schoener als ein wünschelgerte kam sie geslichen ufrecht.“

Der Heilige Columban besaß einen Wünschelstab, den er einem armen Mann schenkte, welcher ihn aber auf Drängen seiner Frau zerbrach.[424]

Der Zauber mit der Hasel wurde schon in den *„Ripuarischen Gesetzen“* (69. 4) verboten, aber erst im vierzehnten Jahrhundert brachte man den Rutenzauber (Rhabdomantie) in ein System.

Der Mönch Basilius Valentinus zu Straßburg, der zugleich die Alchemie betrieb, gibt sieben Arten an, wie man die Haselstaude festhalten muss, damit sie die verschiedenen Einflüsse der in den sieben Planeten wirkenden Metalle empfindet.[425]

Man gebrauchte die Wünschelrute nicht nur zum Auffinden von Quellen und Erzadern, sondern auch zur Entdeckung von verborgenen Schätzen,

---

423 664 und 614.

424 Scotus., Vita S. Canisii., c. 24.

425 Über die Wünschelrute wurde sehr viel geschrieben. Vgl. „Literaturgeschichte der Wünschelruthe“ im „Neuen literarischen Anzeiger“, 1807, S. 345-477 sowie im „Braunschweiger Anzeiger“, 1752, S. 1625, im „Gothaer Taschenbuch“, 1809, S. 1-19; bei Zeidler, „Pantho-mysterium“; in Gilberts „Annalen“, T. 27; bei Grimm, „Deutsche Mythologie“, 926 sowie bei Menzel usw.

und sogar, um Diebe und Mörder zu überführen. Ja, man ging so weit, dass man mit der Wünschelrute versteckten Marksteinen und verirrtem Vieh nachspürte. Man suchte mit ihr den verlorenen Weg, kundschaftete den Feind aus, urteilte durch sie über die Wahrheit und Unwahrheit einer Erzählung. Sie gab kund, ob jemand Entferntes gesund oder krank, tot oder lebendig war, ob eine Frau einen Sohn oder eine Tochter gebären würde, und man wollte sogar im Meer jene Stellen durch sie auffinden, an denen Waren versunken sind.

Die Wünschelrute schlägt aber nicht in jedermanns Händen an, sondern sie wirkt nur bei demjenigen, der mit den Metallen vertraut ist. Die Hasel hat eine besondere Neigung zu Gold und Silber, während die Esche zum Kupfer und die Fichte zum Blei hingezogen werden. Beim Gebrauch der Haselrute muss man alles Metall vom Körper entfernen, denn sechs Münzen im Sack ziehen sie mehr an als eine, die offen auf dem Tisch liegt. Ja, sie wird zuweilen sogar betrügerisch, denn oft, wenn man glaubt, dass sie auf eine Erzader anschlägt, weist sie nur auf einen Pfennig hin, der einmal verloren wurde. Man unterscheidet Feuerruten, Brandruten, Springruten, Schlagruten und Beberuten. Die Rute selbst ist eine Astgabel (Zwiesel), deren beide Enden mit beiden Händen so gehalten werden, dass die Verbindungsstelle der Zweige oben ist, und sich so nach den Erzadern, Quellen usw. hinabneigen oder „schlagen“ kann. Ein einjähriger Trieb ist der beste, weil er noch am wenigsten die Einflüsse der Witterung erlitten hat und daher empfindlicher ist als ältere Äste.

Bei anderen bestand die Wünschelrute nur aus einem einfachen, etwa drei Finger langen, geraden Haselstab. Er wurde auf dem ausgestreckten Zeigefinger oder auf dem Daumen, im Gleichgewicht liegend, getragen. Dieser Stab durfte weder mit einem Messer noch mit einem anderen metallischen Werkzeug, sondern nur mit einem scharfen Flint (Feuerstein) abgeschnitten werden und zwar am Wodanstag (Godestag, Donnerstag). Mal wird gefordert, dass eine gabelige Wünschelrute in der Johannisnacht gesucht und geschnitten werden soll, ein anderes Mal aber am Dreikönigstag oder in der Fastnacht. Dies soll stets bei Neumond und unmittelbar vor Sonnenaufgang geschehen. „Denn die weisende Kraft des Baumes verbreitet sich durch das angenehme Temperament der Nacht in die äussersten Spitzen der Bäume.“[426] Sie muss auch mit einem geschwinden Schnitt und einem einzigen Hieb abgetrennt werden, damit der Baum keine Zeit hat, die geheimnisvolle Kraft aus dem Zweig zurückzuziehen. Die warme Temperatur der Hand befördert ihre Wirksamkeit. Am Lechrain spricht man bei dem Abschneiden der Wünschelrute:

„Ich schneide dich, liebe Ruten,
Dass du mir musst sagen,
Was ich dich will fragen,
Und dich so lang nit rühren
Bis du die Wahrheit tust spüren.“[427]

Im *„Buch der Welt“* lautet die Formel:

„Ich beschwöre dich, Sommerlatte,
Aus des Waldes grüner Matte,
Dass du mich weisest, so recht und wahr,
Als Maria eine reine Jungfrau war,
Wo Gold und Silber liegt blank und klar.“[428]

Eine dritte Formel beginnt auf folgende Weise:

„Gott grüße dich du edles Reis.
Mit Gott dem Vater such' ich dich,
Mit Gott dem Sohne find' ich dich,
Mit des heiligen Geistes Macht brech' ich dich“ usw.

Manche dieser Besprechungen und Beschwörungen der Wünschelrute sind ziemlich lang, und es gibt deren sogar siebenfache. Doch überging man zuweilen auch alle Rituale und schnitt zu einem bestimmten Zweck die Rute

---

426 Lyncker, 103.
427 Leoprecht, 98.
428 Stuttgart, 1847, 241.

sogleich ab. Das tat z. B. ein Bauer im Badischen, um ein Schwein zu finden, welches er verloren hatte. Zufällig berührte er mit dieser Gerte eine Felswand, die sich nun öffnete und ein Gewölbe zeigte, in welchem ein weiß gekleidetes Fräulein und mehrere Kisten zu sehen waren. Das Fräulein rief ihm zu, aus den Kisten zu nehmen, was er wollte, und dann ereignete sich wieder, was schon in früheren Erzählungen geschah, nämlich dass er über dem Gold das Beste, nämlich die öffnende Gerte vergaß.[429]

Die Sagen vom Auffinden von Schätzen durch die Wünschelrute sind sehr weit verbreitet. Mal sind die Rituale dabei relativ einfach, dann wieder komplizierter. Immer jedoch muss das Heben des Schatzes mit dem größten Schweigen geschehen.

Die Blüte des Schlehenstrauchs (Prunus spinosa) wird von den Landleuten als blutreinigendes Frühlingsmittel betrachtet. Die ersten drei Schlehenblüten, die man antrifft, helfen gegen Fieber. Der Schlehenstrauch heißt wegen seiner dunklen Zweige auch *„Schwarzdorn"*, und hegt eine so große Feindschaft gegen den Weißdorn (Crataegus), dass er in dessen Nähe verdorrt. Wenn also Schlehenholz zu einem bösem Zauber benutzt wurde, kann dieser leicht durch Weißdornzweige aufgehoben werden.

Der Elsenstrauch (Prunus padus) stand in besonderer Hochachtung, denn man glaubte, dass er die Hexen (Elsen) vertreibt, die Elfen fernhält und keine Truden, Unholde und Drachen in seiner Nähe duldet. Deshalb nennt man ihn auch „Alpstrauch", „Trudenbaum", „Unholdenbaum", „Drachenblühbaum" usw. Vermutlich entstand dieser Glaube dadurch, weil das Holz und die Rinde, besonders in der Blütezeit, einen widerlichen Geruch ausströmen. Dieser brachte dem Strauch auch den Namen „Faulbaum", und alle gespenstischen Wesen fliehen vor üblen Gerüchen.

Wer am Karfreitag um drei Uhr Morgens (der wahren Marterstunde des Heilands) eine Elsenrute schneidet, sich um den Leib bindet und damit in

---

[429] Friedrich Panzer, Bayerische Sagen und Bräuche, II., 296.

die Kirche geht, erkennt die Hexen. Die Löcher, welche die Hexen in die Schwelle oder in die Balken bohrten, um ihre Zaubermittel hineinzustecken, werden am besten mit Elsenholz verpfropft.

Wer reich werden will, sagt man in Eisenerz, der soll eine Elsenrute mit drei Knospen auf dem bloßen Leib tragen, und wer unsichtbar werden will, muss ein Kreuz aus Elsenholz besitzen. Dieses ist nämlich allein imstande, den Teufel fernzuhalten, der ihn in der letzten Probenacht (*Barchtannacht*) furchtbar anficht.

Von den Sträuchern sind noch zu erwähnen:

- die Stecheiche (Ilex aquifolium),
- der Spindelstrauch (Evonymus europapaeus),
- der Brombeerstrauch (Rubus fruticosus)
- und der Schwarze Johannisbeerstrauch (Ribes nigra).

Konrad von Meydenberg schreibt in seinem „*Buch der Natur*" über die Stecheiche (*Ylmpaum*), dass die Menschen die „eichelähnlichen" Früchte dieses Strauchs zur Speise benutzten, bevor sie das Getreide kennenlernten. Unsere Stecheichen tragen aber rote Beeren, die von den Hexen benutzt werden, wenn sie Ungewitter brauen. Dort, wo man keine Weidenbäume findet, nimmt das Landvolk Stecheichenzweige (Stechpalmen) für die österlichen Palmbüsche.

In der Schweiz dienen Stechpalmzweige – wie bei uns die Tannenreiser – als Zeichen der Schänken. In Zürich erzählt man, dass die Stechpalme dadurch entstand, dass die Palme, von welcher man beim Einzug Christi in Jerusalem Zweige abschnitt, sogleich Dornen bekam, als die Juden ihr furchtbares „Kreuzigt ihn!" ausriefen. Die Stechpalme bleibt zum Andenken an den Tod des Heilands immerfort grün. Nach Macrobius[430] gehört die Stecheiche zu den unglückbringenden Pflanzen.

---

[430] L. 5.

Der Spindelstrauch, dessen zähes Holz einst zur Herstellung von Spindeln gebraucht wurde, galt als Schicksalsbaum der Freya. Ihre Erlösung aus der Gewalt des Winters hing im übrigen stets von jenen Bäumen ab, die ihre Knospen als erste entfalteten.

Brombeeren, besonders die bläulich bereiften (Rubus caesius), soll man nach dem Bartholomäustag (24. August) nicht mehr essen, denn danach hat sie Barthel – in früheren Zeiten war das Wodan und später der Teufel – gefüllt.[431]

An anderen Orten heißt es, dass man nach Michaelis (29. September) keine Brombeeren mehr essen soll, weil dann der Böse die Hand über sie hält. Wenn man dreimal rücklings unter eine Brombeerstaude geht, „welche Wurzeln mit zwei Knoten gebildet hat", so kann man Geschwüre heilen.[432]

Der Johannisbeerstrauch mit schwarzen Früchten heißt auch *„Gichtstock"*, weil er die Gicht vertreibt. Doch muss ihn der Kranke ganz allein und schweigend pflanzen und pflegen, wenn ihm die Früchte helfen sollen. Ein gichtkrankes Mädchen in der Pfalz musste drei Wochen lang Schmerzen leiden, weil sich jemand anderer sich an ihrem Gichtstock zu schaffen gemacht hatte.[433]

Da der Holunder (Sambucus nigra) fast genauso häufig als Strauch wie in der Gestalt eines Baumes vorkommt, in manchen Gegenden sogar weitaus häufiger, soll er hier die Reihe der Sträucher beschließen. Wenn man sich bei vielen Pflanzen nicht erklären kann, warum sie im Volk Bedeutung erlangten, so versteht man dies beim Holunder wieder sehr leicht: der starke Duft seiner Blüten, seine Fülle an Früchten, sein leichtes Mark und seine beim Vertrocknen hohl werdenden Zweige, von denen er seinen Namen erhielt (altd.: *holan-tar*, engl.: the *hollow-tree*, der hohle Baum, *Hohl-ter*). – All dies reicht mehr als genügend aus, um Aufmerksamkeit zu erregen, abgese-

[431] Kuhn, 400.
[432] Tractat von Erkanntnuss etc., 32.
[433] Friedrich Panzer, Bayerische Sagen und Bräuche, II., 301.

hen davon, dass man bereits früh seine schweißtreibende Kraft erkannte, die sich bei so vielen Krankheiten heilsam erwies, dass man ihn schon zur Zeit des Heidentums als heilig betrachtete.

Man wagte es bis in spätere Zeiten nicht, seine Äste abzuschneiden, ohne zuvor niederzuknien, die Hände zu falten und mit Andacht zu sprechen: „Frau Ellhorn (Holunder), gib mir was von deinem Holz, dann will ich dir von meinem auch was geben, wenn es wächst im Walde.“[434]

Auch in nordischen Ländern glaubt man, dass im Holunder ein geistiges Wesen wohnt, welches sie *„Hyldemoer“* nennen und ganz auf ähnliche Weise anrufen, wenn sie etwas vom Strauch abpflücken wollen.

Der Holunder gehörte auch zu jenen Holzarten, die von den Germanen beim Bestatten ihrer Toten benutzt wurden.[435]

Er hieß „der Baum des Heils“, denn er schützte vor Feuer und Seuchen, vor Verzauberung und vor allem Bösen. Vor den Stall gepflanzt, behütet er das Vieh vor jedem Übel. Metallgeschirre, mit Holunderblättern eingerieben, rosten nicht und nehmen kein Gift an. Tische und andere Holzgeräte mit Holunderblättern gewaschen, werden niemals wurmstichig. Der Schreiner oder Totengräber ging schweigend zum Holunderbusch und schnitt eine Stange ab, um das Maß einer Leiche zu nehmen, und der Fuhrmann, der die Leiche zum Friedhof führte, trug statt der Peitsche einen Holunderstock.

An einigen Orten am Niederrhein legt man den Toten ein Kreuz aus Holunderzweigen in den Sarg, und auf vielen Gottesäckern wurde gezielt Holunder angepflanzt. Auf dem pittoresken Judenfriedhof in Prag, welcher der Sage nach schon angelegt wurde, bevor die Slawen nach Böhmen kamen, findet man überall zwischen den Grabsteinen Holunder, und zwar mit so

---

[434] Grimm, Deutsche Mythologie, 618.

[435] Tacitus, c. X.

dicken Stämmen und so knorrigen Wurzeln, dass man sogleich ihr hohes Alter erkennt.[436]

Früher hatte jeder Bauer in seinen Hofraum einen Holunderbusch, unter dem er seine abgeschnittenen Haare und Nägel, seine ausgebrochenen Zähne usw. vergrub, damit ihm niemand durch ihren Missbrauch Kopfweh, Zahnschmerzen und anderes anzaubern konnte. Auch die Elfen lieben den Holunder, und an manchen Orten pflegte man ihn am ersten Mai oder am Johannistag, wenn die Lichtelfen ihren Umzug halten, besonders zu ehren.[437]

Wer in seinem Schatten schläft, ist vor Schlangen, Mücken und Verzauberung sicher, denn die Frau Holunder oder Frau Ahlhorn schützt ihn. In Kopenhagen steht im *„Stadtviertel der Matrosen"* in jedem Hof ein Holunder, welcher sorgfältig gepflegt wird, denn der Geist des Baumes beschirmt das Haus und hilft den Frauen in Kindesnöten. Der Geist verschwindet, wenn der Baum abstirbt. Ja, es gibt in Dänemark sogar einen Holunder, der in der Dämmerung zuweilen lustwandelt und in die Fenster hineinschaut, wenn die Kinder allein im Zimmer sind.

Der Holunder gilt dem Bauern als vollständige Hausapotheke, denn er nutzt die Blüten, die Früchte, das Mark, die Rinde, den Splint, das Holz und die Wurzel. Schält er den Splint nach oben, so dient er ihm als Brechmittel, zieht er ihn nach unten vom Holz, so wirkt er abführend.

Wer jemanden heilen will, der an Zahnschmerzen leidet, geht mit einem Messer rückwärts aus der Stube bis zum Holunder und spricht dreimal: „Liebe Frau Hölter, leiht mir ein Spälter, den bring' ich euch wieder." – Dann löst er ein Stück Rinde los, schneidet einen Span aus dem Holz, den er, wiederum rückwärts gehend, in die Stube trägt. Nun ritzt der Leidende sein Zahnfleisch mit diesem Span, bis er blutig wird, und dann trägt er, abermals rückwärts gehend, den Span zum Holunder zurück. Er setzt ihn

436 Praetorius, Glückstopf, 217.
437 Püttram, Elfenmärchen, 67.

wieder ein und verbindet die Rinde, woraufhin sich der Zahnschmerz verliert.[438]

Auch das Fieber und der Rotlauf können auf den Holunder überpflanzt werden, und zwar durch folgende Formel:

Zweig, ich biege dich, *Hollerast hebe dich auf,*
Fieber nun lass mich; *Rotlauf setze dich drauf.*
Ich hab dich einen Tag,
Hab du's nun Jahr und Tag.[439]

Wenn ein Fieberkranker, ohne zu sprechen, einen Holunderzweig abbricht und in die Erde steckt, so bleibt das Fieber am Zweig haften und hängt sich an jeden, der zufällig dorthin kommt. Deshalb soll man nie einen im Boden steckenden Holunderzweig berühren.

Auf einem Zettel, den man zur Abwehr der Gicht in Bocksleder eingenäht trägt, steht Folgendes: „Gott der Herr ging über Land, da begegneten ihm siebenzigerlei Gichter und Gichtinnen. Da sprach der Herr: ‚Ihr siebenzigerlei Gichter und Gichtinnen, wo wollt ihr hin?' Da sprachen die siebenzigerlei Gichter und Gichterinnen: ‚Wir gehen über das Land und bringen die Menschen um ihre Gesundheit und geraden Glieder.' Da sprach der Herr: ‚Ihr sollt zur Hollerstaude gehen, da sollt ihr alle Ästlein abbrechen, lasst nur dem N.N. (Name des Kranken) seine geraden Glieder.' Im Namen des Vaters, des Sohns und des Heiligen Geistes."[440]

Wer auf einer Kreuzung von fünf Straßen ein Stück Seil findet, das noch eine Schlinge hat, und dieses an drei Morgen hintereinander an eine Holunderstaude hängt, kann sich von der Gicht befreien, wenn er dazu spricht: „Holunder, ich habe die Gicht und du hast sie nicht, nimm sie mir ab, dann hab ich sie auch nicht."

---

438 Montanus, 149.
439 Grimm, Deutsche Mythologie, 1122.
440 Friedrich Panzer, Bayerische Sagen und Bräuche, II., 305.

Drüsenleiden und sogar die Schwindsucht können durch bestimmte Rituale auf den Holunder übertragen werden. Durch einen dreifachen Holunderschößling wird der Schwund der Glieder geheilt.[441]

Gegen die Epilepsie schneidet man neun Scheiben aus einem Holunderschößling, der auf einem Weidenstrunk wuchs, und hängt sie dem Leidenden um den Hals. Gegen Halsweh lässt man die Kinder aus Holunderröhren trinken. Im Eichsfeld warnt man die Leute, Holunderholz zu verbrennen, weil dadurch alle Hühner im Haus sterben könnten, und zu Ochtersum sitzt ein unheilkündendes, gespenstisches Huhn unter einem Holunderbusch.[442]

Judas soll sich an einem Holunderbaum erhängt haben, deshalb heißt auch der auf dem Baum wachsende Pilz „Judasohr".

Als das Dorf Immenstede zerstört war, wussten die Leute nicht, wo sie ihren Wohnplatz wählen sollten. Da ließen sie einen Schimmel laufen, der im Osten der Ginsel-Au zu einem Holunderbusch eilte, wo ein schöner, grüner Platz war, auf dem sie dann die Alversdorfer Kirche erbauten.[443]

Bei der Nortorfer Kirche im Schleswig'schen wächst ein Holunderbusch an der Mauer, von dem die Sage erzählt, dass, wenn er so hoch wird, dass man ein Pferd unter ihm anbinden kann, ein weltweiter Krieg entbrennt. Es wird dann ein weißer König sein, der alle anderen Könige besiegt. Er wird sein Pferd an den Holunder binden, und das Blut auf dem Wahlplatz wird bis an die Knöchel reichen. Zur Zeit der Napoleonischen Kriege war dieser Holunder schon so hoch, dass er bis ans Kirchendach reichte, und man sah dort in der Nacht wunderbare Erscheinungen in der Luft, insbesondere zwei Heere. Als im Jahre 1813 wirklich die Feinde kamen und bei Nortorf ein Gefecht stattfand, glaubte man, dass die Prophezeiung nun erfüllt wird,

---

441 Anzeiger für Kunde der deutschen Vorzeit, VI., 461.
442 Seifart, Hildesheim, II., 165.
443 Wolf, Beiträge, I., 31.

besonders, weil der König von Dänemark weißes Haar hatte. Als die Feinde von dem Holunder hörten, stutzten sie ihn so, dass er nun lange wachsen muss, bis er seine einstige Höhe wieder erreicht.

Auch bei Schneefeld steht ein Holunder, von dem eine ähnliche Sage existiert. Ebenso steht an der Kirche bei Süderhastede ein Holunder, zu dem man in der Nacht oft einen König auf einem Grauschimmel reiten sah. Dieser König war es, der den Dithmarschern einst ihre Freiheit nahm, und auf dem Dithmarscher Haideviert wird einst eine große Schlacht stattfinden.[444]

In der Sage von der Gründung des Stiftes Klosterneuburg wird ebenfalls der Holunder erwähnt. Leopold der Heilige wollte schon seit längerer Zeit einen frommen Bau errichten, wusste aber nicht, wo. Einst hatte der Wind den Schleier seiner Gemahlin Agnes fortgetragen, und als er diesen nach sieben Jahren während einer Jagd auf einem Holunderstrauch erblickte, hielt er dies für das Wahrzeichen, dass er an dieser Stelle den Bau beginnen solle. Man zeigte dort noch vor mehreren Jahren ein Stück Holunderholz. Es stak in der Höhlung eines großen siebenarmigen Leuchters, den man in andächtigem Glauben für jenes Gefäß hielt, in welchem die schleiertragende Holunderstaude zum ewigen Andenken aufbewahrt wurde.

XI.
Die Bäume

Unsere Bäume, unter denen sich auch manche eingewanderte wie der Nuss- und der Mandelbaum befinden, teilen nicht nur die Gelehrten, sondern auch der Laie in Laubbäume und Nadelhölzer (Nadelbäume) ein. Deshalb betrachten wir auch hier diese beiden Gruppen jede für sich und sprechen vorerst vom Wald im Allgemeinen.

Der Begriff „Wald“ bezeichnet einen weitläufigen, mächtigen Bestand von gleichartigen Bäumen. Wir sprechen daher vom Tannenwald (Tann),

---

[444] Müllenhoff, Sagen, Märchen und Lieder der Herzogthümer Schleswig-Holstein und Lauenburg, 378 ff.

vom Buchen-, Eichen- und Föhrenwald (Forst) usw. Diese verschiedenen Wälder verfehlen es auch nicht, verschiedene Eindrücke in uns hervorzurufen: So stimmt uns der Buchenwald heiter, der Eichenwald ernst, und ein dunkler Fichtenwald, durch dessen dichtes Zweiggitter kaum ein Vogel zu fliegen vermag, macht uns sogar düster und schweigsam. Nach derartigen Eindrücken wird man auch schon in frühesten Zeiten die Wälder betrachtet haben.

Jeder Hochwald trägt das Gepräge des Erhabenen, jedoch keiner so stark wie ein Wald von hundertjährigen Eichen. Dazu kommt, dass jeder derartige Eichenwald viele helle Bereiche besitzt, denn die Eiche entwickelt sich gleichmäßig nach allen Seiten. Sie schießt nicht wie Tannen und Fichten mastenartig empor, und sie schafft sich daher ringsum einen freien Raum, der dann diese sonnige Helle gewährt, während der Baum selbst den köstlichsten Schatten bietet.

Es ist daher nicht zu verwundern, dass die Germanen einen besonderen Waldkult besaßen, der sich bis nach Einführung des Christentums erhielt und dass sie insbesondere den Eichenwald zu seiner Ausübung erwählten. – In dem Schatten solcher Riesenbäume und in dem Säuseln ihres Laubes fühlte sich der Mensch den göttlichen Gewalten näher! Er umgab diesen heiligen Hain mit einem dichten Hag, er sah die Gottheit selbst in den Kronen der ehrwürdigen Bäume wohnen und die Opfer an die Altäre bringen, die er unter ihren Zweigen errichtet hatte. Der Wald galt also als Tempel, und ebenso wie im Tempel nur der Geweihte das Allerheiligste betrat, so war es auch im heiligen Hain der Fall. In ihm durfte, dem Bericht des Tacitus zufolge, kein Stamm gefällt werden, und kein Baum durfte auch nur eines Astes, kein Zweig seines Laubes beraubt werden.

Maximus Tyrius[445] schreibt, dass die Kelten ihren Hauptgott in Gestalt einer hohen Eiche verehrten, und Lucan[446] berichtet von den Massiliern, dass sie den Bäumen Menschen und Tiere opferten.

---

[445] Dissert., 38.
[446] B. C. 3, 405.

Der Hag der Semnonen war so heilig, dass sie ihn nur gefesselt betraten, bei den Nahanarvalen galt ihr Hain als uraltes Volksheiligtum, und die Arianen, Angeln und Varinen betrachteten ihre heiligen Wälder als Wohnstatt der Göttin Hertha.[447]

Wer den heiligen Hain verletzte, der sollte nach den altfriesischen Gesetzen (Tit. 42) den Göttern geopfert werden. Bei den Esten galt es als frevelhaft, im heiligen Hain ein Blatt abzupflücken oder Erdbeeren zu sammeln. Sie begruben heimlich ihre Toten darin und opferten noch vor nicht allzu langer Zeit, besonders im Kirchspiel Hajel, in den drei Nächten vor dem Georgs-, Johannes- und Michaelstag, unter den Bäumen ein schwarzes Huhn.

Bei den Friesen und Sachsen dauerte die Wälderverehrung bis ins elfte Jahrhundert, denn Bischof Uwan von Bremen ließ dort erst um diese Zeit die heiligen Bäume ausrotten.[448]

Nach der *Völuspa* (32) wohnten im Jarnwide (Eichenwald) die Zauberfrauen Jarnwidiur. Im *Vasthrudnismal*[449] wird erzählt, dass Lif und Lifthrasir, von denen das ganze Menschengeschlecht abstammt, sich während der Suturlohr in Hoddimirs Wald verbargen.

Auch die Elben oder Alben bewohnen nicht nur einzelne Bäume, sondern sie wählten sich dazu Haine und Gärten. In Schweden heißen solche Baumgärten, die von den Elfen gepflegt werden, „*Elftradgar-dar*“. Nach dem Gott, dem ein solcher Hag geweiht war, bekam er auch seinen Namen, z. B. „*Thors-wi*“, „*Odins-Horg*“, „*Freys-lunda*“ usw.

In den Wäldern wohnten die „Laubjungfrauen“ oder „Hainjungfrauen“, die in späteren, prosaischeren Zeiten zu den „Holzweiblein“ herabsanken.

---

447 Tacitus, 39, 40, 43.
448 Grimm, Deutsche Mythologie, 60, 614.
449 Ein Buch der Edda (F.-D. S.).

Sie waren aber jenem, der ihnen begegnete, kein gutes Zeichen, und wenn der Jäger eine „Waldfrau“ sieht, so spuckt er aus und entzündet Feuer, denn das ist jenen Wesen zuwider. Sie sehen von vorne ganz hübsch aus, gleichen aber von hinten einem verwitterten Baumstrunk. Oft erscheinen sie in einem Wirbelwind, und wenn man sie verjagt, erregen sie zuweilen so heftige Stürme, dass Bäume aus dem Boden gerissen werden.[450]

Oft hört man im Wald auch ein heftiges und schauerliches Rauschen, ohne dass sich auch nur ein Blatt bewegt. Auch das machen die Unholde. Im Hardwald verkaufte der „falsche Joggeli“ zur Zeit einer Hungersnot den Vater einer armen Familie an die Soldatenwerber. Dieser geriet darüber so in Verzweiflung, dass er sein Kind, damit es nicht noch leiden möge, in eine Schlucht schleuderte. Zur Strafe dafür muss er nun umgehen, und wenn er wehklagt und sich das Haar ausrauft, rauscht der Hardwald wie im stärksten Sturm.[451]

Wenn im Walerewald in der Oberpfalz der Waldgeist (der *„Schwarze Nickel“*) zur Mittagszeit im Helgraben trommelt, so bedeutet das Krieg. Manche Wälder verdorrten oder versanken, weil ein Betrug begangen wurde. In Bering in Mittelfranken vermachten drei Jungfrauen der Gemeinde einen Wald, mit der Bedingung, dass jeden Abend zum Gebet geläutet werden musste. Als bald die Gemeinde das Läuten unterließ, begann der Wald zu verdorren, wurde aber wieder grün, als man die Glocken wieder in Bewegung setzte.[452]

In Tirol erzählt man sich in der Nähe von Seen oftmals die Sage, dass dort, wo jetzt Wasser ist (bei Lauserses, bei Reitt, bei Beschütt usw.), einst ein schöner Wald gestanden hat. Zum Besitzer eines solchen, jetzt versunkenen, Waldes kam einmal ein Mann, wies alte Dokumente vor und behauptete, jener Wald gehöre ihm. Da kam es zur Klage. Es entstand ein langer Gerichtshandel, bei dessen Dauer der Besitzer keinen Ast abschlagen

---

450 Afzelius, II., 13, 310.

451 Birrcher, 57.

452 Friedrich Panzer, Bayerische Sagen und Bräuche, II., 80, 145.

durfte, so dass alles Holz wild durcheinander wuchs. Da rief er in größter Erregung seinem Gegner zu: „Wenn der Wald wirklich mein ist, soll er bis in einem Jahr ein See werden, ist er aber dein, so mag er grün bleiben!" – Und alsbald kam ein schreckliches Unwetter mit Erdbeben und Wolkenbruch, und der Wald versank in einem See, auf dessen Grund man noch immer die Bäume sehen kann.[453]

Die Sage vom wandelnden Wald, die uns allen aus Shakespeares *„Macbeth"* bekannt ist, findet sich ziemlich verbreitet und häufig wiederholt. Im Jahre 1164 hauste jener Graf, der den Dithmarschern die Freiheit genommen hatte, auf Stellerborg. Sie wollten aber sein Joch abschütteln und bestachen den Pförtner. Als nun zu Pfingsten die Schlossleute herabkamen, um sich zu vergnügen, nahmen die Dithmarscher Zweige in die Hand und rückten zum Schloss hinauf. Da rief der Pförtner „De Wald, de kumt!", und lief davon, und die Dithmarscher öffneten das Tor und eroberten die Burg. Im Jahre 1317 wurden aber die Dithmarscher auf dieselbe Weise getäuscht. Sie waren nämlich plündernd bis nach Kiel gezogen, wo sie den Bürgern bald lästig wurden. Deshalb wurden sie von ihnen zu einem Tanz auf den Kuhberg gelockt. Hier waren die Dithmarscher übermütig, badeten in Bier und blieben über Nacht auf der Heide. Am Morgen erschien Graf Geert mit seinen Mannen, von denen jeder einen grünen Ast trug, so dass die Dithmarscher glaubten, es käme ein Wald heran. Sie wurden überfallen, viele erlagen den Waffen, und andere ertranken in der Bünzenau, so dass fünfhundert von ihnen ihr Leben verloren.[454]

Vom wandelnden Wald findet man eine fränkische Sage ans dem sechsten Jahrhundert bei Amoin (III. 82), eine hessische bei Grimm[455] und zwei dänische bei Saro.[456]

---

[453] Alpenburg, Alpensagen, 18.

[454] Müllenhoff, Sagen, Märchen und Lieder der Herzogthümer Schleswig-Holstein und Lauenburg, 13, 14.

[455] Deutsche Sagen, Nr. 91.

[456] Thiele, I., 172.

Auch die Schweizer nahmen die Burg des Landenbergers auf eine ähnliche Weise. Selbst auf Schiffen wurde diese Kriegslist benutzt: Der Dänenkönig Frotho schickte seinen Hauptmann Erich mit acht Jachtschiffen gegen die Pommern und Wenden. Als nun Erich hörte, dass sie mit sieben großen Schiffen herankamen, ließ er sieben seiner Barken mit grünen Ästen verkleiden und in einer Bucht vor Anker legen. Er selbst fuhr aber mit der achten Jacht den Feinden entgegen, die ihn kaum gewahrten, als sie ihn zu fangen versuchten. Er wendete und floh, um sie zu anzulocken, zu jener Bucht. Dort glaubten sie nur Bäume zu sehen und wurden, kaum dort angelangt, von den bebuschten Jachtschiffen umringt und von den Dänen gefangengenommen.[457] Von bestimmten Seen und auch von der Donau bei Wien erzählt man, dass sie alljährlich ein Menschenopfer fordern. Dasselbe sagt man auch von mehreren Wäldern, z. B. in der Lausitz, die noch heute so rauh und öde sind, dass man sich in ihnen rettungslos verirren kann.[458]

Zu den neueren Waldsagen gehört jene vom General Ziethen, der auch ein großer Hexenmeister war. Es ging ihm einmal ziemlich schlecht, denn die Österreicher und Russen hatten ihn mit Übermacht überfallen, und er musste gegen seinen Willen abends zum Rückzug trommeln lassen. So kam er in ein Tal. Seine Soldaten waren sehr ermüdet, und er wusste, dass ihm die Feinde eng nachrückten. Da rief er auf einmal: „Halt! Und keiner bewege ein Glied!“ Die Soldaten standen wie eine Mauer. Nun schlug der alte Ziethen ein Kreuz, murmelte etwas dazu, und im Hui war die ganze Armee in einen großen Wald verwandelt. Er selbst kletterte auf einen Eichenbaum und lachte über das, was kommen würde. Es dauerte nicht lange, da lief der Feind vom Berg herab. Panduren und Kosaken, Kroaten und Ungarn, Weißröcke und Grünröcke kamen und erstaunten, als sie anstatt des Heeres einen Wald vor sich sahen, den sie nun rasch durcheilten, wobei sie zornig hier und da einen Zweig abhieben. Als die Feinde weit genug fort waren, stieg der alte Ziethen von seiner Eiche herab, murmelte einen anderen Spruch, und seine Soldaten standen wieder da, mit Sack und Pack und wie eine Mauer. Mancher hatte zwar einen kleinen Hieb bekommen oder den

---

457 Temme, Die Sagen und Märchen von Pommern und Rügen, 7.
458 Grimm, Deutsche Mythologie, 615.

Zopf verloren, das tat aber nichts zur Sache, und der Alte sagte: „Vorwärts, nun fassen wir den Feind im Rücken!“ Der Feind wurde wirklich besiegt, und der alte Fritz wollte sich dann halb totlachen über die List, die Ziethen genutzt hatte.[459]

Auch die beiden Sagen vom Teufelswald zwischen München und Augsburg scheinen neueren Datums zu sein. Die eine erzählt, dass einst der Bischof von München zum Bischof von Augsburg reiste. Da hörte er in der Nacht hinter seinem Wagen rufen: „Halt! Halt!“ Aber er befahl dem Kutscher, so schnell wie möglich weiterzufahren. Als der Wagen glücklich ans Ende des Waldes kam, rief die Stimme: „Ich lasse die Katze des Bischofs von Augsburg grüßen!“ Nachdem nun der Bischof angekommen war, erzählte er seinem Amtsbruder das Abenteuer. Als er dann den Gruß erwähnte, fuhr die Katze des Bischofs von Augsburg wie wütend durchs Fenster.

Die zweite dieser Novellen erzählt von einem Handwerksburschen, der in der Woche nach dem Heiligen Dreikönigstag durch diesen Teufelswald geht. Weil sein Pfad durch gefällte Bäume versperrt ist, kommt er aber vom Wege ab. Allein, er geht ruhig weiter, denn er vernimmt das Schlagen von Äxten und glaubt daher, dass Arbeiter in der Nähe sind. Aber diese Schläge ziehen ihn immer weiter fort. Es wird ihm bange, und schließlich ruft er den vermeintlichen Holzfällern zu, ihm doch um Gotteswillen den Weg zu weisen. Bei dem Wort „Gott“ hören die Axtschläge auf, man erteilt ihm aber auch keinen Rat. Nach mancherlei Abenteuern und fleißigem Beten gelangt der Bursche abends endlich in ein Dörflein bei Freiberg.[460]

Uralte Überlieferungen erzählen, dass die Menschen von den Bäumen abstammen oder aus den Wäldern hervorkamen. Ask und Embla (Esche und Ulme) galten als Vater und Mutter. Die Semnonen leiteten ihren Ursprung aus einem heiligen Hain ab.[461]

---

459 Temme, Sagen der Altmark, 68.

460 Monatlicher bibliographischer Anzeiger, VII., 362.

461 Tacitus, c. 39

Der Baum ist daher auch das Sinnbild des Lebens und seiner Zeitabschnitte. Im Frühling deutet er mit seinen Sprossen und Blüten auf die Jugend, im Sommer auf das Reifen der Früchte, im Herbst mit dem Abfallen des Laubes auf das Welken des Lebens, und im Winter auf den Tod. Nicht nur die Griechen glaubten, wie bereits erwähnt, dass die Bäume von geistigen Wesen bewohnt sind, sondern auch schon früher die Kelten. Bei den germanischen Stämmen wurden solche Bäume noch wichtiger, denn man baute aus ihren Ästen und Zweigen Tempel, und wie die „*Wölfsungasaga*" erzählt, errichtete man auch Königssäle um sie herum. In ihre Zweige schnitt man geheimnisvolle Runen. Odin singt im „*Havamal*" (143):

„Runen wirst du finden
und Ratstäbe,
sehr starke Stäbe,
sehr mächtige Stäbe.
Erzredner ersann sie
sie ritzte der hehrste der Herrscher.
Odin den Asen,
den Alfen, Dain,
Dwallin den Zwergen
Alswidr aber den Riesen,
Einige ich selbst."[462]

Man hing Opfertiere, Tierhäute und Pferdeschädel an die Äste und warf im Vorüberreiten Speere durch jene Häute. Auch bei den Langobarden trifft man die Verehrung heiliger Bäume an. An einem Ort vor Benevent, der noch lange Zeit später „*Wodan*" hieß, stand ein solcher Blutbaum, an welchem Tierhäute aufgehängt wurden. Bei bestimmten Festlichkeiten wurde er von den Langobarden mit solcher Wildheit umritten, dass die Rosse von den Spornhieben bluteten. Der Heilige Barbatus ließ ihn im siebenten Jahrhundert fällen, weil das Volk, obschon getauft, vom alten Baumkult nicht ablassen wollte.[463]

---

462 Eddalieder, Simrock, 29.

463 Grimm, Deutsche Mythologie, 617 sowie Nork, I., 288 u. A.

Solche Bäume hießen deshalb „Blutbäume", weil sie „gefeit" waren und weil man zu ihrem Schutz sagte, dass bei einer Verletzung Blut aus ihnen fließt. Auch die neuere Zeit kannte solche Bannbäume, z. B. im Urserental, wo Tannen und Arven gefeit waren. Bei Wiesbaden stand eine Blutlinde, bei Romove in Preußen eine Bluteiche, bei Zürich eine Blutbuche. Übrigens könnte der Name „Blutbaum" auch davon herrühren, dass die Gallier ihre geheiligten Bäume mit dem Blut der Opfer zu düngen pflegten.

Vom Tode Balders war bereits im Zusammenhang mit der Mistel die Rede. Nach seinem Hinscheiden sandten die Asen Boten aus und befahlen allen, zu weinen. Da weinten auch die Bäume mit, und sie weinen noch immer, wenn man sie aus dem Frost in die Wärme bringt.[464] Sie beschlagen dann nämlich durch den Temperaturwechsel mit Feuchtigkeit.

Wenn ein Baum plötzlich abstirbt, verkündet er den Tod seines Besitzers, und ein ebenso übles Vorzeichen ist es, wenn er niedersinkt oder umfällt. Verdorrt nur ein einzelner Ast, so sagt der Bauer, dass die Drude sich darauf gewiegt hat. Grünt ein dürrer Baum aufs Neue, so hat dies eine gute Vorbedeutung. Anderseits weist es aber auch auf das Herannahen von Kriegen hin.

Beim Untersberg, in welchem Karl der Große schläft, befindet sich das Walserfeld, auf welchem ein Birnbaum steht, der schon dreimal gefällt wurde. Die Wurzel trieb aber immer wieder aus, so dass stets ein neuer Baum entstand. Er ist nun schon seit langem dürr. Wenn aber der Bart des Kaisers dreimal um den Tisch gewachsen ist, an welchem er sitzt, dann wird dieser Birnbaum blühen. Karl wird dann mit seinen Kriegern aus dem Berge kommen und seinen Schild an den Baum hängen. Dann entsteht auch eine furchtbare Schlacht, aber zuletzt werden die Bösen von den Guten erschlagen. Nach einer anderen Lesart soll durch diese Schlacht Deutschland einig und groß werden, und im Jahr 1814, als das deutsche Volk so begeistert

---

[464] Simrock, 282.

war, schlug der Baum tatsächlich aus. Allein, seine Blätter verdorrten bald wieder.

Schließlich heißt es auch, dass, wenn Karl den Untersberg verlässt, der Antichrist kommt, das Weltende hereinbricht und das jüngste Gericht gehalten wird.[465] Auch am Kyffhäuser, in welchem Friedrich Rotbart schläft, steht ein dürrer Baum, welcher, sobald der Kaiser aus dem Berg heraustritt und seinen Schild in die Zweige hängt, wieder grünen wird und bessere Zeiten verkündet.

Wenn das Kirschbäumlein auf der Seiser-Alm in Tirol blüht und die Kirschbäume auf der Straße nach Kranewitten so groß sind, dass man Pferde daran binden kann, dann wird ein schrecklicher Kampf mit den Schweizern kommen, und alle, die sich zum Walserfeld flüchten, werden dort erschlagen.[466]

Als die Ronneburg verbrannte, wurden die Obstbäume zum Teil verkohlt. Aber wunderbarerweise blühten sie dennoch, und dies zudem im September![467]

Auch die verdorrte Birke, welche den schwimmenden Leichnam des Heiligen Andreas von Rinna aufhielt, begann erneut auszuschlagen und grünte sogar sieben Winter fort.

Bäume hingegen, die von bösen Händen gepflanzt wurden, finden kein Gedeihen. So stehen bei Ochtersum dreizehn einsame und kümmerliche Bäume, die niemals höher werden, weil sie ein Räuberhauptmann mit seinen zwölf Gesellen zum Zeichen ihres Bündnisses pflanzte.[468]

---

465 Grimm, Deutsche Mythologie, 908 sowie Ludwig Steub, Das bayerische Hochland, 93 u. A.

466 Zingerle, 406.

467 Praetorius, Anthropodemus Plutonicus, I., 165.

468 Seiffart, Hildesheim, II., 238.

Bei Nürnberg ist ein Waldtal, welches *„Zu den drei verfluchten Jungfern"* heißt, denn dort lebten einst drei Fräulein. Sie lockten Fremde in den Wald, um sie auszurauben und zu töten. Daher wurden sie vom Blitz erschlagen, und ihre Geister wurden in die Bäume gebannt. Man hört nach dem Gebetsläuten zuweilen noch ihren Jammer.[469]

Wenn man ein Bäumchen ausreißt und in den Rauch hängt, bis es verdorrt, so wird derjenige siech, der es pflanzte. Es gibt auch einen Zauber, durch welchen sich jener, der einen anderen mit einer Holzwaffe (Keule usw.) verwunden will, selbst verletzt. So spricht auch Odin in *Havamal* (Strophe 152):

„Ein sechstes kann ich,
so wer mich versehrt
mit harter Wurzel des Holzes;
den andern allein,
der es mir antut,
verzehrt der Zauber, ich bleibe frei."

Ebenso kann man Unwillkommene auf Bäume festbannen. Der Schmied von Jüterbog bannte den Tod und den Teufel, die ihn holen wollten, auf den Baum vor seiner Schmiede. Dasselbe tat an einem anderen Ort ein Fischer. Als der Herr noch auf Erden wandelte und vom Spielhans freundlich bewirtet wurde, segnete er ihm einen Baum. Dieser trug von Stund an vielerlei Obst, und niemand konnte von ihm herunter, bevor Hans es ihm erlaubte. Kirschdiebe werden durch Sprüche gebannt, und wenn sie längere Zeit auf dem Baum bleiben müssen, ohne eine Handvoll Erde zu bekommen oder ihre Schuhe wechseln zu können, so werden sie schwarz. Die Kinder im Aargau singen:

„Gang nit a's Lunzi's Apfelbaum,
Gang nit a's Lunzi's Tanne,

---

469 Friedrich Panzer, Bayerische Sagen und Bräuche, II., 189.

Er heig en Hexenspruch im Sack
Und chönnt di ane banne.“[470]

Das Holz eines vom Blitz getroffenen Baumes fängt von selbst zu brennen an, wenn man es zum Hausbau verwendet. Die Zimmerleute erkennen es, denn es gibt Funken, wenn sie mit der Hacke daran schlagen. Solche Bäume verschenkt man, denn dem Nehmer schaden sie nicht. Zu Stochedinge (in Seeland) stehen am Kirchhof einige alte Bäume, die des Elfenkönigs Soldaten sind und sich nachts in Geister verwandeln. Im Rugarderwald schwärmt bei Nacht aus einem Baum ein ganzes Elfenvolk hervor, das dann bis zum Morgen umherschweift. Die geisterhaften Bewohner solcher Bäume sind den Menschen oft hilfreich. – Als einst das arme Eschenfriedel weinte, weil seine Kleider zu schlecht waren, um zur Kirche zu gehen, kam ein Männlein aus einem Baum heraus und sprach, es solle nur zum Baum sagen:

„Bäumlein, Bäumlein schüttle dich,
Schüttle alles Gold und Silber auf mich“,

und es bekam die schönsten Gewänder.

So wie in den Holunder kann man auch in andere Bäume Krankheiten verpflanzen, nur muss jener, der die Krankheit verspundet, der nächste Verwandte des Kranken sein.

Zu Könitz (in Westpreußen) steht eine Linde, und in Westfalen sind sieben Linden, in welche die Pest verkeilt wurde.

Auch setzte man, um etwas zu bewahrheiten, Bäume mit den Zweigen nach unten in die Erde: Der Herr des Schlosses Buchlau wurde ermordet, und man verdächtigte einen Knappen dieser Tat, der sich nicht anders zu rechtfertigen wusste, als dass er einen jungen Baum nahm und ihn verkehrt

---

470 Rochholz, Aargauer Sagen, 78.

herum in die Erde setzte. Als nun die Wurzeln bald Blätter trieben, erkannte man seine Unschuld.[471]

Auf dem *„Heiligen-Geist-Kirchhof"* zu Berlin stehen drei Linden, welche wegen drei Brüdern, die wegen eines Mordes angeschuldigt waren, mit den Ästen in den Boden gesetzt wurden und die ebenfalls aus den Wurzeln Blätter trieben. Diese Sage findet man häufig wiederholt.

Eine andere Art von Beweis lieferte die Linde auf dem Friedhof von Annaberg in Sachsen. Der dortige Bergschreiber Adam Ries zweifelte an der Auferstehung. Als am 16. Oktober 1519 sein Beichtvater zu ihm kam, nahm dieser einen jungen Lindenbaum, pflanzte ihn verkehrt herum in den Boden und rief: „So wahr aus diesen Zweigen Wurzeln und aus diesen Wurzeln Zweige werden, so wahr ist die Auferstehung des Leibes!" Diese Linde steht noch immer, und ihre Äste werden von vierundzwanzig Säulen gestützt.[472]

Im Kanton Aargau teilten zwei geizige Brüder ihre väterliche Erbschaft, wussten aber nicht, was sie mit einem einzelnen jungen Kirschbaum anfangen sollten, den keiner dem anderen gönnen wollte. Deshalb pflanzten sie ihn verkehrt herum in die Erde. Er grünte wirklich und brachte sogar Früchte hervor, die aber niemand zu pflücken wagte.[473]

Heute wäre das Treiben eines verkehrt eingesetzten Baumes ein schwaches Beweismittel, denn Versuche haben bewiesen, dass fast jeder junge Baum aus seinen Wurzeln Blattknospen und aus seinen Zweigen Wurzelfasern zu treiben vermag. Bei den Senkern der Reben verwandeln sich ebenfalls die Blattknospen in Wurzeln.

Nicht nur der Baum selbst, sondern alle seine Teile gaben Stoff für Sagen, Märchen und Aberglauben. So gibt es bei Rattenberg in Tirol feurige Stäm-

---

471 Vernaleken, 117.

472 Graesse, Sächsische Sagen, 337.

473 Rochholz, Aargauer Sagen, 83.

me, die einst wegen eines falschen Rechtsstreits glühend wurden und noch oft durch die Stadt herabrollen.

Der Schiffer, welcher die Leute zwischen Rheinsulz und Erzgen überführte, erlöste einst einen Geist, der ihn in Gestalt eines Baumstrunks um die Überfuhr bat.

Wiens Wahrzeichen, der *„Stock im Eisen"*, ist der Strunk einer Lärche (Pinus larix), der über und über mit eisernen Nägeln beschlagen ist, so dass man nichts mehr vom Holz sieht. Es kostete im Jahr 1856 einige Mühe, auch nur wenige Späne hervorzuziehen, damit Professor Unger durch den Bau der Zellen bestimmen konnte, welcher Baumart dieser Stamm angehört, der mit der Wurzel nach oben aufgestellt ist. Ich gab mir viele Mühe, eine ältere Sage über dieses Wahrzeichen Wiens zu finden, aber ich hatte keinen Erfolg. Jene Sagen, die man darüber liest, sind alle neueren Ursprungs, und das Urwüchsigste darunter ist wohl noch das Handwerksburschenlied, welches Walter in sein *„Deutsche Volkslieder"* (Leipzig 1841) aufnahm. Es wird darin erzählt, dass für das Schloss eines eisernen Tores der Schlüssel fehlte, den ein Schlosserbursche mit Hilfe des Bösen angefertigt hatte. Kaiser Leopold (der Erste?) wollte einen solchen Schlüssel haben und versprach den Meistern Geld und Gut dafür, aber der Böse drehte jedem Schlosser den Bart des Schlüssels im Feuer um, so dass er verkehrtherum saß, bis ein Geselle aus Halberstadt,

„ … von selbst den Bart verkehrte,
Da war der böse Feind so dumm
Und dreht im Feuer ihn herum;
Husch, saß der Bart gerade."

Der Geselle wurde daraufhin belohnt. Von dem Einschlagen der Nägel wird aber auch in diesem Lied nichts erwähnt.

Hormayr glaubt[474], dass der „Stock im Eisen“ die ehemalige Grenze des Wienerwaldes bezeichnete, und seiner Erzählung zufolge ist es der Stamm einer Eiche, für welche der Teufel einen Eisenring und ein Schloss bei einem Schlosserlehrling bestellte, der sich dem Bösen verschrieben hatte. Der Wiener Magistrat versprach, jenen Schlossergesellen zum Meister zu machen, der das Schloss öffnete. Der Bursche gebrauchte nun den oben beschriebenen Trick, und er schlug zum Andenken an seine List einen Nagel in die Eiche.

Dieser *„Stock im Eisen“* ist aber vermutlich nichts anderes als das ehemalige Zeichen der Wiener Naglergilde oder aber das Abzeichen einer Eisenhandlung. So finden sich noch heute in der Umgebung von Wien bestimmte geschnitzte Stöcke vor den Häusern der Wagner [Fuhrmänner].

Dieser Stock stand, wie insbesondere ein Kupferstich aus dem Jahre 1614 zeigt, welcher das Austragen des Allerheiligsten aus der Stephanskirche darstellt, einst zwischen dem ersten und zweiten jener schmalen Häuser, die gegenüber vom sogenannten „Riesentor“ dieser Kirche lagen. Im Jahr 1792 wurden sie abgerissen, und bei dieser Gelegenheit brachte man den *„Stock im Eisen“* an seine heutige Stätte. Dass dieser benagelte Strunk in frühester Zeit gewiss kein Wahrzeichen von Wien war, geht daraus hervor, dass weder Wolfgang Schmälzl (1548) in seinem Lobgedicht auf Wien noch Peter Fuhrmann in seinem *„Alt und Neu Wien“* (1738) eine Silbe von ihm erwähnen, was sie doch gewiss getan hätten, wenn er irgendeine besondere Bedeutung gehabt hätte. Das Frankfurter Steinbild *„Am Rebstock“* in der Kreuzgasse war im Übrigen eine ähnliche Art von Gewölbeabzeichen.

Die Balken, welche das Dach eines Hauses tragen, sind wichtig, denn von ihrer Güte hängt die Dauer des Gebäudes ab. Daher findet man auch häufig die Sage, dass sich Geister in ihnen befinden. Bei runden, meilerartig gebauten Hütten besaß der Mittelpfahl dieselbe Wichtigkeit, und er wurde

---

474 Geschichte Wiens, III., S 82. In Trimmels „Skizzen aus Österreichs Vorzeit“ (Wien 1837), die ohne jede Forschung geschrieben sind, heißt der Schlossergeselle Hermann, und er gewinnt durch sein Kunststück die Tochter seines Meisters.

gleichfalls von einem elbischen Wesen bewohnt, denn auch die Esche Yggdrasil galt als ein solcher „Halbaum“ („Healvidr“) für die ganze Welt.

Die Dachreste der Burg Ramstein im Baseler Land wurden zum Bau von Sennhütten verwendet. Beim Abbrechen eines Balkens erschien eine Jungfrau mit einem Hündchen, und sie bat, diesen Balken für einen Altar zu verwenden, damit sie erlöst werde, denn ihr Vater hatte sie und den Jäger, der sie entführte und nun in Hundegestalt wandelte, aus Strafe in jenen Balken gebannt.[475]

In der Kirche zu Breitenberg in Schleswig-Holstein liegt ein Balken, aus dem zuweilen Blutstropfen fallen. In Tondern sind sogenannte Wiedergänger in vier Pfähle gebannt. Die Paulwirtin zu Durlach ist zwischen drei Balken verwünscht, und im Aargau, bei Klingen, steht ein Pfahl, der nicht umgehauen wird, weil der Böse hineingezaubert ist.

Der Dachstuhl der Liebfrauenkirche zu München besteht aus 1400 Balken. Ein Balken ist aber überzählig, und man weiß nicht, wohin er gehört. Eginhard, der Schreiber Karls des Großen, erzählt, dass die Sachsen einen Pfahl von ungemeiner Höhe verehrten, den sie Irminsul (Säule des Alls) nannten.[476]

Die zwölf Hauptbalken im Tempel zu Uppsala symbolisieren die zwölf Asen. An die Balkenköpfe der altnordischen Häuser schnitzte man die Köpfe von Göttern, und noch heute sieht man an deutschen Hausbauten die Enden der Giebel zu Drachenköpfen oder wunderlichen Figuren geschnitzt. Balken waren Glückssymbole. Sie dienten als Gerichtszeichen, als Landesmarken, und sie machten die Häuser fest.

An manchen Orten heißt es, dass man keine alten Balken zu einem Neubau verwenden soll, da sonst leicht eine geisterhafte Feuersbrunst entsteht. Auch soll man von einem abgebrannten Haus nie alles Holz fortnehmen,

---

475 Rochholz, Aargauer Sagen, 76.
476 L. I. c. 8.

sonst kommt der Hausgeist mit. Als ein Haus in Tägering niederbrannte, kaufte ein Geiziger die Überreste, und als er alles aufgeladen hatte, rief er: „Haben wir auch alles?“ Da entgegnete eine Stimme: „Jo, fahret numme zu, i sitze scho’ auf der Langwied.“ – Das war der Puck, der im Dachbalken wohnte![477]

Auf der Kapornischen Heide bei Königsberg steht die sogenannte „Vierbrüdersäule“. Sie ist aus Holz, vierundzwanzig Fuß hoch und zeigt oben vier behelmte Männerköpfe und vier herausragende Arme. Sie war schon mehrmals verfallen, wurde dann aber stets vom Kaporner Amt wieder erneuert. Bei dieser Gelegenheit musste sich der Zimmermann aber zuerst vor ihr verbeugen und den Wunsch aussprechen, dass sie recht lange stehenbleiben möge.

Die Sagen über diese Vierbrüdersäule sind zahlreich. So heißt es, hier stand einst eine uralte, den Göttern geweihte Eiche mit vier großen Ästen, aus denen man die vier Köpfe und Arme schnitzte. Einer anderen Überlieferung zufolge wurden an dieser Stelle vier Brüder wegen ihrer Mordtaten gevierteilt. Eine dritte Kunde sagt, dass hier vier Brüder Abschied nahmen, als sie sich auf eine Reise um die Welt begaben. Eine vierte erzählt naiv, dass dort die Könige von Dänemark, Polen und Böhmen sowie Albrecht von Brandenburg auf einer Jagd zusammenkamen und miteinander Brüderschaft tranken. Eine fünfte schließlich spricht von vier Rittern des Deutschen Ordens: Martin Golin, Jakob Stobemel, Konrad Eutkin und Malachias Koblenz, welche sich, als ihre Ordensgenossen von den Sudanern besiegt wurden, vornahmen, diese Niederlage zu rächen. Ihrem Sieg zu Ehren soll man diese vier Bildnisse geschnitzt haben.[478]

Ebenso wie dürre Bäume trieben auch Holzpfähle grüne Reiser aus, um die Unschuld eines Angeklagten zu beweisen, leider aber oft erst dann, wenn dieser schon hingerichtet war.[479]

---

477 Müllenhoff, Sagen, Märchen und Lieder der Herzogthümer Schleswig-Holstein und Lauenburg, Nr. 449 und 451.

478 Tettau-Temme, Ostpreußische Sagen, 181.

479 Z. B. bei Graesse 411 oder bei Bechstein, Thüringer Sagen, I., 78 u. A.

Der bereits erwähnte Juelblock ist ebenfalls noch nicht völlig verschwunden, denn in Sankt Gallen und Appenzell laden die jungen Leute am Montag nach dem „Funkensonntag" einen Block auf Schlitten und ziehen ihn unter Jauchzen und Schellengeläut zum nächsten Wirt, wo sie einen Trunk bekommen.[480]

In Oberbayern ziehen sich die Leute mancher Dörfer am Sankt-Leonards-Tag gegenseitig große Blöcke an Stricken zu, und in Tirol und Krain schleppen die Burschen alten Jungfern in der Fastnacht einen Block vors Haus. In der Schweiz legte man aber jenen, die verbannt wurden, einen knorrigen Wurzelblock, die sogenannte „Matze", vor die Tür.[481]

Wer in der Christmette auf einem Schemel von neunerlei Hölzern sitzt, erkennt alle Hexen. Mit einem Holzsplitter aus einem vom Blitz getroffenen Baum stillt man Zahnschmerzen. Wenn sich am Stubenboden Holzsplitter ablösen, kündigt es fremde Gäste an. Ein Stück Holz, aus einem Sarg in ein Krautbeet gesteckt, vertreibt Raupen und Hasen. Im bayerischen Hochland legt man die Gestorbenen sogleich auf ein Brett (das „Rehbrett", von „reh" = starr, tot), welches nach dem Begräbnis blau angestrichen und an einen Baum oder an ein Feldkreuz genagelt wird, wo es bleibt, bis es verwittert.

Am Karsamstag wird vor jeder katholischen Kirche der „Judas" verbrannt. Das Feuer dazu muss frisch mit Stahl und Stein geschlagen werden, und die Leute entzünden Holzstücke daran, und sie nehmen diese Brände als Schutz gegen Gewitter in ihre Häuser. In manchen Schwänken wird auch hölzerner Leute gedacht:

„*Ein eichin pfaffe, daz ist war,*
ein buechin messe singet," usw.

[480] Tobler, Appenzellischer Sprachschatz, 59, a.
[481] Münster, Kosmographie, S. 475.

In der Schweiz gibt es Geschichten vom „buchsbaumigen Pfaffen“ und von seinem hagebuchigen Sigrist“, vom „holzigen Pfarrer und sin Chuster“, der Misnare dichtet von einem „hölzernen Bischof“ und im „*Reinecke Fuchs*“ erscheint sogar ein „Papa salignus“.

Selbst die Astlöcher entgingen dem Aberglauben nicht. Man glaubte, dass sie von Elfen stammen, die in den Bäumen wohnen, und man durfte durch kein solches Loch nach ihnen spähen, denn sie streuten dem Neugierigen bösen Staub in die Augen oder rissen sie ihm sogar aus.

An schönen Herbsttagen rennen die Kühe auf der Weide oft wie toll herum und brüllen, obgleich man keine Ursache ihrer Aufregung bemerkt. Schaut man aber durch ein Astloch, so gewahrt man den Elfen-Stier, der mit dem Stier der Herde kämpft und diese Bestürzung verursacht.

Die Zweige eines Baumes galten als das Zeichen eines freundlichen Grußes und festlichen Empfangs. Sie dienten bei der Übergabe von Grundstücken als Bestätigung, und wenn man mit einem knospenden Zweig dreimal um den Baum geht, von dem er stammt, so erscheint die künftige Ehehälfte und bietet stumm die Hand.[482] Von der Rute heißt es im „*Hrafnagalder Odins*“ (22):

„Da hebt sich von Osten
aus dem Eliwagar[483]*,*
des reifkalten Riesen
dornige Rute,
mit der er in Schlaf
die Völker schlägt,
die Midgard bewohnen.“

Von ergrünenden Stäben existiert eine Unzahl von Sagen. Aarons grünender Stab ist allbekannt. Das gilt ebenso für Raphaels Bild, welches die

---

482 Grimm, Deutsche Mythologie, 51 sowie „Zeitschrift für deutsche Mythologie“, III., 335.
483 Der Urflut.

Vermählung der Heiligen Maria darstellt. Auf ihm zerbrechen die Jünglinge ihre Stäbe, weil nur jener des Heiligen Joseph über Nacht erblühte, wodurch er als Gemahl der Heiligen Jungfrau bestimmt wurde. Die Stäbe des Heiligen Tresan, des Heiligen Melorus, des Heiligen Fingal und Sankt Johanns von Tongern ergrünten ebenfalls.

Als Roland gefallen und sein Tod durch Karl den Großen gerächt war, steckten die fränkischen Jungfrauen, welche den Kaiser in den Kampf begleitet hatten, ihre Lanzen in den Boden, und diese begannen zu grünen und zu blühen. Als Tannhäuser nach Rom ging, um seinen Lebenswandel mit Frau Venus zu büßen, zeigte ihm der erzürnte Papst Urban einen dürren Stab. Er sagte: „Ich werde dir ebenso wenig verzeihen, wie dieser Stab jemals wieder ergrünen wird!" Tannhäuser kehrte traurig zurück. Aber der Stab ergrünte tatsächlich. Der Papst war erschüttert, und er sandte Boten in alle Welt. Aber Tannhäuser war schon wieder im Venusberg und wurde nie wieder gesehen.[484]

Wo solche Stäbe ergrünten, baute man einst Kapellen. Will man den Nebel vertreiben, so reibt man zwei Stäbe so lang an einer Scheuer, bis sie zu rauchen beginnen. Mit einem geschälten Stab soll man jedoch weder Menschen noch Vieh schlagen, denn der damit Geschlagene verdorrt nach und nach.[485]

Das Laub am Sonntag zu sammeln ist verboten. Wer es dennoch tut, wird durch ein Riesenfeuer vertrieben oder von einer gewaltigen Stimme zu Tode erschreckt.

Beim Lösen des Bastes spricht man Reime und Zauberlieder, damit er sich leichter von der Rinde trennt.

---

[484] Vgl. Menzel, Christliche Symbolik, II., 406 sowie Ludwig Steub, Das bayerische Hochland, 90, u. A.

[485] Rockenphilosophie, 958.

Die Wurzel eines Baumes, die von Mäusen benagt wird, ist das Wahrzeichen von Lübeck.

A. Die Laubbäume

So wie die Eiche dem Charakter des Männlichen am meisten entspricht, so kennzeichnet sich die Linde durch ihr mildes, weiches Wesen. Die Eiche liebt die Zurückgezogenheit und will nur unter ihresgleichen leben. Die Linde hingegen ist der Baum der Wohnlichkeit. Es gibt keine Stubenwälder, aber dort, wo sich Menschen ansiedelten, findet man auch die Linde. Sie steht mitten im Dorf, bezeichnet den Ort, wo man sich abends trifft, und wo man die Angelegenheiten der Gemeinde bespricht. Daher existieren auch so viele Ortsnamen, die den Linden ihre Entstehung verdanken, z. B. Lindenburg, Lindeck, Lindau, Hohenlinden usw. Auch Leipzig heißt eigentlich „die Lindenstadt", denn sie entstand dort, wo die Pleiße und Parthe zusammenfließen, unter Linden, die im Slavischen „Lipa" heißen. Auch viele Familien entlehnten ihre Namen von den Linden, so z. B. in Schweben die Lindegreens, in Dortmund die Lindenhorsts, in Brabant die Lijenden, in der Steiermark die Lindner usw.

In den heiligen Hainen waren die Wallfahrtsgänge mit Linden bepflanzt, welche Laubdächer über den dort aufgestellten Götterskulpturen bildeten. Schon vor der Zeit Karls des Großen stand in jedem Dorf eine Linde, unter welcher die Bewohner zu Festen und Beratungen zusammenkamen. In Ingelheim stand eine Linde, unter welcher das Zentgericht gehalten wurde, in Dortmund existierte die Femelinde, und in Nortorf (Schleswig-Holstein) befand sich eine alte, breitastige Linde, unter welcher man Trauungen und Verträge abschloss, die man durch das Aufdrücken des Daumens (doppen = tupfen) auf den Baumstamm bestätigte.

In Altdorf und Stans wurden unter der Linde Volksgerichte abgehalten, und in jedem Dorf am Niederrhein tanzte man den Kirmesreigen unter der Linde. Die Linde soll auch vor dem Einschlagen des Blitzes schützen, und weil sie so beliebt ist, findet man zahlreiche Sagen und fast überall Linden von hohem Alter.

Unter der Linde in Münchweiler bei Murten hielten die Schweizer Kriegsrat, als sie im Jahr 1476 gegen Karl den Kühnen zu Felde zogen. Nach ihrem Sieg pflanzten sie dann einen Zweig dieses Baumes auf den Marktplatz von Freiburg.[486]

Als im Jahr 1534 Herzog Ulrich Tübingen eroberte, warf er den Lindenzweig, welchen er an der Mütze trug, mitten auf den Schlossplatz, wo er sogleich angepflanzt wurde. Aus ihm wuchs dann die hohe Tübinger-Linde empor.

Bei Süderheistede stand eine Linde, welche von den Dithmarschern „der Wunderbaum“ genannt wurde, weil ihre Äste Kreuze bildeten. Als jene aber ihre Freiheit verloren, verwelkte diese Kreuzlinde, und sie wird nur dann wieder ergrünen, und die Dithmarscher werden nur dann wieder frei werden, wenn eine Elster auf ihr nistet, welche fünf weiße Jungen ausbrütet.[487]

In Mölln wird das Grab Till Eulenspiegels von einer großen Linde beschattet. Wenn einst der Schatten der Linde von Linn (im Aargau) bis auf die Habsburg reicht, dann wird die Welt untergehen. Unter dieser Linde soll schon der Heilige Gallus gepredigt haben. Sie entstand bei einer großen Pest, welche alle Leute bis auf einen einzigen Mann dahinraffte, welcher die Toten begrub und in die Leichengrube einen Lindenzweig pflanzte. An der Rohrerbrücke bei Aarau stand die Fährenlinde, die einst Gerichts- und Mahlbaum war. Im Jahr 1599 wurde mitten in Aarau eine Linde gepflanzt, die aber im Jahr 1710 wieder gefällt wurde, weil sie den Geistlichen, die dort wohnten, zu viel Licht nahm.[488]

Graf Adam von Herbersdorf lud am 15. Mai 1625 die Bewohner Oberösterreichs wegen der Beendigung des Bauernkrieges zur großen Linde auf dem Haushammerfeld. Dort begann dann das sogenannte „Frankenberger

---

486 Rochholz, Aargauer Sagen, 65.

487 Müllenhoff, Sagen, Märchen und Lieder der Herzogthümer Schleswig-Holstein und Lauenburg, 380.

488 Rochholz, 62 und 83.

Würfelspiel", bei welchem stets zwei Bauern auf dem Mantel des Scharfrichters würfeln mussten, welcher von ihnen gehängt werden sollte.

Die älteste und größte Linde ist wohl jene zu Neustadt am Kocher. Sie war schon im Jahr 1229 ein stattlicher Baum, und im Jahr 1408 hieß es von ihr:

„Vor dem Thor eine Linde staht,
die sieben und sechzig Säulen hat."[489]

Im Jahr 1558 ließ Herzog Christoph einen vierfachen Gang von 115 Steinsäulen um sie herum erbauen, um ihre Äste zu stützen. Jetzt hat der Stamm einen Umfang von 32 und einen Astraum von 400 Fuß.[490]

Die *„Sachsenchronik"* erzählt vom Jahre 1473, dass Karl von Burgund in Geldern, Zütphen und Nimwegen großes Blutvergießen anrichtete. Es wurde so früh Sommer, dass schon am Frauentag in der Fasten (25. März) die Bäume und Sträucher blühten, und zu Ostern wuchsern an der Linde in Brunswyck ungewöhnlich große Blätter. Sie maßen fünfeinhalb Zoll Länge und sechs Zoll Breite.[491]

Am Starsberg im Unterharz stand eine hohle Linde, bei welcher eine Gestalt erschien, welche die Leute glauben ließ, dass dort ein Schatz verborgen liegt. Man fand auch wirklich einen Hort. Als der Schatz darin jedoch sichtbar wurde, erschienen zahlreiche Geister und wollten die Schatzgräber zum Opfer haben, so dass sich diese entsetzten und einer vor Angst ausrief: „Ich will nicht!" Daraufhin verschwanden der Schatz und die Gespenster, denn beim Schatzgraben darf man nicht sprechen.

Auf dem Stuckenbergs-Anger im Unterharz kämpften einst zwei Heere, ohne dass eines siegte. Da stieß der Feldherr der westlich stehenden Krieger

---

489 Fiedler, Markt Frankenberg, S. 99. Die Linde ist auf S. 98 abgebildet.
490 Masius, Naturstudien, I., 138.
491 Mainzer Ausgabe von 1429. fol. L.4. Die Lindenblätter sind dort abgebildet.

sein Schwert in den Boden und rief: „Wenn bis morgen früh das Schwert zu einem Baum wird, ist der Sieg unser!“ Am Morgen sah man nun anstatt der Waffe eine Linde, und die Krieger wurden dadurch so angespornt, dass sie das östliche Heer vollkommen in die Flucht schlugen.

Im Bodekessel auf dem Unterharz stand eine Linde, in welcher ein freundlicher Zwerg wohnte. Wenn man ihn darum bat, dann legte er in der Nacht heilende Kräuter vor die Türen der Kranken.[492]

In Wessalaere bei Neveln steht ein tausendjähriger Lindenbaum, aus dessen Strunk eine junge Linde aufschoss, bei der nachts eine alte Frau spann, die von allen möglichen Tieren umgeben war.[493]

Zwischen Auweghen und Huysse schlief einst ein Bauer unter einer Linde ein und wurde in der Nacht durch angenehme Laute geweckt. Als er erwachte, war er nicht gering erstaunt, den ganzen Baum voller Katzen zu sehen, welche diese liebliche Musik anstimmten. Auch der Boden war mit Katzen bedeckt, welche Kuchen backten und sich unterhielten. Diese Tiere waren Elben, die sich ihm in Katzengestalt zeigten, und der Baum hieß fortan „die Katzenlinde“.[494]

Unrechtes Tun kann die Linde nicht vertragen. Als im Jahr 1464 Herzog Otto von Pommern gestorben war, versammelte Albrecht Glinden, der Bürgermeister von Stettin, seine Vertrauten unter der Linde von Schildersdorf, um das Land durch Verrat an den Markgrafen von Brandenburg zu übergeben. Obwohl dieser Anschlag misslang, grünte die Linde dennoch nicht weiter fort.[495]

Hans von Windeck ritt nach Ottersweyer und hörte einen wundervollen Klang aus einer Linde. Da dachte er sich, dass ihm die Heilige Maria ein Zeichen geben würde, hier eine Kapelle zu bauen. Kaum hatte er das ge-

---

492 Pröhle, Sagen vom Unterharz, 6, 22, 172.
493 Wolff, Deutsche Märchen, Nr. 61.
494 Konst en letterbode, 1843, S. 23.
495 Temme, Die Sagen und Märchen von Pommern und Rügen, 70.

dacht, begann der Baum zu rauschen, weshalb er das Kirchlein der „*Heiligen Maria zu den sieben Linden*" errichten ließ.[496]

Einem armen Mann zu Haindorf (in Schlesien) erschien die Heilige Maria im Traum und befahl ihm, ihr Bild auf einer großen Linde aufzustellen.

Bei Bad Hub stand eine Linde mit einem Marienbild, welches so heilig war, dass, als die Bilderstürmer kamen, die Rinde über dieses Bildnis wuchs, um es zu verbergen. Als wieder Frieden herrschte, hörte eine Hirtin Geräusche im Baum. Ihr Vater glaubte, dass es Hexerei war, und er wollte den Baum fällen. Als er ihn aber mit der Axt berührte, fiel die Rinde herab, und das Bild wurde wieder sichtbar.[497]

Bei Rastenberg in Ostpreußen stand eine Linde, bei welcher die Götter verehrt wurden. Unter ihr wohnten Erdmännlein („Barstukken"), welche im Mondschein die Kranken pflegten und den Armen Brot brachten. Als das Christentum eingeführt war, weihte man diese Linde der Heiligen Maria, und zwar nach folgendem Vorfall: Einem unschuldig zum Tode Verurteilten erschien in der Nacht die Heilige Maria. Sie gab ihm ein Stück Holz und befahl ihm, etwas daraus zu schnitzen. Als er am Morgen seine Schnitzerei dem Gericht vorwies, war sie in ein schönes Marienbild verwandelt. Das Gericht erkannte dies als Wunder an und gab den Gefangenen frei. Die Heilige Maria erteilte ihm den Auftrag, dieses Bild auf die erste Linde zu setzen, die er am Wege fand. Erst nach mehreren Tagen gelangte er zur Rastenberger Linde, welche, als er das Bild darauf gesetzt hatte, sowohl im Sommer als auch im Winter grünte. Das Bild wirkte aber so viele Wunder, dass selbst die Tiere vor ihm die Knie beugten.[498]

Nicht nur die Blüten der Linde besitzen heilende Kräfte. Rührt man Lindensprossen zum ersten Brei, den ein Kind isst, so bekommt es niemals Zahnschmerzen. Lindenblätter um den Kopf gebunden, vertreiben das

---

[496] Monatlicher bibliographischer Anzeiger, III., 149.
[497] Schreiber, Rheinsagen, 172.
[498] Tettau-Temme, Ostpreußische Sagen, 119.

Kopfweh. Bindet man sich Lindenbast um die Brust, so ist man vor Zauberei geschützt. Schlägt man behextes Vieh mit Lindenruten, so trifft man auch zugleich die Hexe damit. Mit Lindenholz werden die Kräuter ausgegraben, welche gegen angezauberte Krankheiten helfen sollen. Streut man Lindenasche auf die Äcker, so verschwindet das Ungeziefer, welches auf zauberische Weise entstand.

Die Eiche galt stets als Sinnbild des Mächtigen, daher legte man noch lange nach der Einführung des Christentums Gelübde unter diesen Bäumen ab. Die Obotriten pflegten im achten und neunten Jahrhundert an die Ostseite ihrer Grabhügel eine Eiche zu säen.

Eine altgermanische Sitte war es, am Feuerherd einen großen Eichenblock einzumauern, der immer, wenn Feuer gemacht wurde, mitglomm. Er war jedoch so geschickt angebracht, dass es das ganze Jahr dauerte, bis er verkohlte. Zu Weihnachten wurde er sorgfältig herausgenommen, zu Staub zerstoßen und dieser in den zwölf Rauhnächten auf die Felder gestreut, um ihre Fruchtbarkeit zu mehren.[499]

Die Preußen erhielten zu Ehren ihres Gottes Perkunos ein Feuer aus Eichenholz, das permanent brannte, und die Flamme, an welcher das Johannisfeuer entzündet wurde, musste durch das Reiben eines Stückes Eichenholz an einem Tannenholz erzeugt werden. Die Kohlen dieses „Nodfyrs" wurden den Kühen eingegeben, wenn eine Viehseuche grassierte.

Die Kerben der Eichenblätter stammen vom Teufel. Er hatte mit einem Bauern einen Pakt geschlossen, nach welchem er dessen Seele holen durfte, sobald die Eiche (deren Blätter damals noch glattrandig waren) kein Laub mehr trug. Er freute sich schon auf den Oktober. Aber es kam der November, der Dezember, und alle Bäume standen noch, nur die Eiche nicht, denn ihre Blätter saßen, wenn auch braun und dürr, noch fest auf ihren Stielen. Schließlich kam der Frühling, und einzelne Eichenblätter flatterten zu Bo-

---

499 Montanus, Volksfeste, I., 12.

den. Da frohlockte der Teufel, aber der Bauer führte ihn dicht zur Eiche und zeigte ihm, dass zwischen den alten Blättern schon die neuen herausgekommen waren. Der Böse wurde nun furchtbar zornig über den Betrug, den ihm der Bauer gespielt hatte, und fuhr mit seinen Krallen wütend in die Blätter, die von da an gekerbt blieben.

Eine andere Sage erzählt, dass sich der Teufel vom Herrn die Macht über den Wald ausbitten wollte, worauf der Herr sagte, dass er sie haben soll, sobald alle Bäume ohne Laub stehen. Weil nun die Eiche nie völlig ohne Blätter dasteht, konnte der Teufel auch nie Meister des Waldes werden. Nach einer anderen Lesart kam der Teufel zum Herrn und sagte, er hätte eine Bitte, die ihm dieser nicht abschlagen dürfe, woraufhin Gott antwortete, er würde ihm Bescheid geben, wenn die Eiche kein Laub trägt.

Wenn Untaten in einem Eichenwald geschehen, verlieren die Eichen ihren hohen Wuchs, oder sie hören auf, Früchte zu tragen. Bei Kreuzburg in Ostpreußen war ein Eichenwald, der niemals Eicheln trug, weil im Jahr 1294 dort ein Verrat an den deutschen Ordensrittern geschah. Ihre Mannen mussten vor den Preußen ins Dorf Pokarnonis flüchten, wo man ihnen freien Abzug bot, wenn sie den Marschall Heinrich Bozel und einige andere als Geiseln zurückließen. Die Preußen brachen jedoch ihr Wort. Sie überfielen die Abziehenden, hieben vierundfünfzig Ritter mit ihrem Gefolge nieder, und sie nagelten sogar einen frommen Bruder an einen Eichenbaum. Von da an trug der Wald keine Eicheln mehr.[500]

Auch bei Hanau steht ein Eichenwald, der keine Früchte mehr trägt, weil dort die Leute beim Eichelnsammeln einander aus Neid gegenseitig verwünschten.

Im Stolzenberger Forst bei Stettin standen unter den sonstigen Eichen vier ganz kleine und verkrüppelte, denn dort schossen einst ein Jäger und ein Wilddieb aufeinander und erkannten sich erst im Sterben als Brüder.

---

[500] Tettau-Temme, Ostpreußische Sagen, 191.

Beim Dorf Reichenbach in Thüringen fand man einen gestohlenen Kelch bei einem schlafenden Soldaten, und man erhängte ihn. Zur Beteuerung seiner Unschuld rief er aus, dass in dem dortigen Wald nie wieder Eichen wachsen würden. Nach seinem Tod entdeckte man, dass ihm der wahre Dieb den Kelch in den Sack gesteckt hatte, und die Eichen begannen völlig aus dem Wald zu verschwinden.

Im Jahr 1652 wuchsen zu Jena und Halle seltsam gestaltete Eicheln, in denen man die Gesichter von Türken und Drachen erkannte.[501]

Als Mainz einst große Kriegsschäden erlitt, wuchs auf einem Stein eine fußhohe Eichel, die den Frieden verkündete. Bei einer anderen Belagerung dieser Stadt sagte der Feldherr stolz, er werde sie so wenig übergeben, wie auf einem Stein eine goldene Eichel wachsen wird. Aber es wuchs tatsächlich eine solche, und Mainz musste übergeben werden.[502]

Seit die alten Götter aus den Eichen vertrieben wurden, machte sie der Aberglauben zum Sitz des Bösen und der Hexen. Auf der Eiche zu Bückenhafen (Oberfranken) schaukelten sich am Walpurgistag die Hexen.

Der Richter von Fransingen im Fricktal sah in einer Nacht die Hexeneiche auf der Sinzenmatt erleuchtet wie ein festliches Schloss, und er hörte herrliche Musik von dort. Im Jahr 1744 schoss ein mutiger Feldscherer der Panduren nach der erleuchteten Eiche, woraufhin die Erscheinung sogleich verlosch. Am nächsten Morgen fand man Blutspuren und weibliche Kleidungsstücke unter dem Baum, und ein Weib im Dorf hatte einen Streifschuss erhalten, wodurch sie als Hexe überführt wurde.

Diese Hexeneiche sollte einst verkauft werden, und weil sich lange niemand meldete, bot schließlich der Tonisbub hundert Gulden dafür. Als er sie jedoch fällen wollte, wurden alle Werkzeuge stumpf, bis ihm schließlich ein kunstreicher Schmied eine Axt fertigte, die das Holz angriff. Indessen

---

501 Praetorius, Anthropodemus Plutonicus, II., 232.
502 Anzeiger für Kunde der deutschen Vorzeit, 1838, 368.

schien die Eiche immer auf jene Seite fallen zu wollen, auf welcher Toni soeben stand. Beim Abendläuten entstand dann plötzlich ein furchtbares unterirdisches Getöse. Toni lief vor Schrecken davon und wurde schwer krank. Die Eiche fiel jedoch erst nach sieben Tagen bei einem heftigen Sturm.

Die Sinzenmatt ist überhaupt reich an Gespenstern, denn alle Vierteljahre kommen mehr als dreißig Fraufastenweiber unter eine Eiche und schlagen dort ihre Hütte auf.[503]

Auch die „Wandernde Barakenfrau“ bei Frick wohnt unter einer Eiche. In die Eichen des Toserenwaldes im Kanton Bern sind Hexen gebannt, und auch die Herodias muss bis zum ersten Hahnenschrei auf einer Eiche sitzen.[504]

Dort, wo die Aar in den Rhein fließt, steht die Bückli-Eiche, bei welcher eine weiße Jungfrau spukt, die einen weißen Kranz auf dem Haupt und einen Schlüssel in der Hand trägt.

In der Nähe von Hildburghausen erscheint nachts an der großen Mehl-Eiche eine totenbleiche Frau mit einem schweren Mehlsack. Sie war eine Müllerin, welche die Leute unbarmherzig betrog, und daher so lange wandern muss, bis ihr jemand den schweren Sack abnimmt.[505]

Wenn man einen starken Lärm in den Eichen hört, so rumort der Teufel darin zum Gedenken an die einstigen heidnischen Kulte. In dem Wald Udensthal (Odinstal?) stand noch im Jahre 1640 eine ehemals heilige Eiche, welche man für die Lustlaube des Teufels hielt. An einer Eiche bei Eisingen im Badischen geht sogar am hellen Mittag ein riesiger schwarzer Mann auf und ab, der mit einem Feuerzeug Funken schlägt, die so groß wie Sterne

---

[503] Birrcher, S. 54 u. 68.
[504] Wolf, Beiträge, I., 198.
[505] Rochholz, Aargauer 262 und Bechstein, Thüringer Sagen, I., 33.

sind. Auch einen schwarzen Ziegenbock gewahrt man nachts unter alten Eichen.

Übrigens kann der Teufel, ebenso wie das Unglück, am leichtesten in Eichenbäume eingeschlossen werden. Ein Ritter, der sein Mittagsbrot im Wald verzehrte, sah auf der Eiche, unter welcher er saß, ein unheimliches Wesen, das ihm zurief: „Ich bin din Ungelücke!“ Der Ritter blieb jedoch kaltblütig und lud es zu seiner Tafel ein. Kaum war es aber vom Baum herabgestiegen, als er es fest packte und in die Eiche verschloss. Nun hatte er Glück in allen Dingen und erzählte ganz offen, wie er dazu gelangt war. Einer seiner Neider wollte ihn wieder ins Elend bringen, er ging deshalb zur Eiche und machte das Unglück wieder frei. Aber dieses heftete sich nun an ihn selbst, und dem Ritter ging es so wohl wie früher.[506]

Wie alte, schöne Linden, so wurden späterhin auch stattliche Eichen der Heiligen Maria geweiht, und in katholischen Ländern gibt es kaum eine einzeln stehende große Eiche, an der sich nicht irgendein Marienbild befindet. Manche dieser Marien-Eichen gelangten zu großer Berühmtheit, und man errichtete dort Wallfahrtsorte. Bei Horn in Unterösterreich steht die *„Marienkirche zu den drei Eichen“*, bei Görsdorf am Oberrhein findet man *„Unsere liebe Frau zur Eiche“*, bei Rousse, wo man an einem Eichenzweig, der schneeweiße Blätter trug, ein Marienbild fand, steht die Kapelle *„Unserer lieben Frau zum weißen Zweig“*. In Oberösterreich befindet sich bei Auroldsmünster die Kirche *„Maria-Eich“* usw.

In manchen Gegenden Niedersachsens und Westfalens erhielt sich die Verehrung heiliger Eichen bis in die jüngste Zeit. Im Paderbornischen befindet sich eine solche, zu welcher die Bewohner von Kalenberg und Wormeln noch heute in feierlicher Prozession gehen. Bei Goßmar steht die Eiche des Heiligen Winfrid. Bei Labian (Ostpreußen) stand am Wasser die Eiche des Heiligen Jodocus, in deren hohlen Stamm jeder vorüberfahrende Schiffer einen Pfennig warf, damit er kein Unglück auf dem Wasser hatte.

---

506 Grimm, Deutsche Mythologie, 832

Eine Eiche öffnete und schloss sich freiwillig, um den Leichnam der Heiligen Christina aufzunehmen. Der Heilige Bernhard nannte sich „einen Schüler der Eichen", weil er in seiner Jugend in einem Eichenwald lebte. Manche Eichen werden auch „Herrgotts-Eichen" genannt, weil sie Christus geweiht sind.

Es gibt auch Dichter-Eichen. Im Dorf Harvestehude bei Hamburg steht die Eiche Hagedorns, und bei Wöbbelin (Mecklenburg-Schwerin) jene Eiche, unter welcher Körner[507] begraben liegt. Vor Stralsund steht eine „Wallenstein-Eiche". Dieser Feldherr saß bei der Belagerung dieser Stadt unter jener Eiche, mit einem Glas Wein in der Hand, als eine Passkugel kam und ihm das Glas vor dem Mund in tausend Stücke zerschlug. Dies galt als Zeichen, dass er der Stadt nichts anhaben konnte. Er hob also, nachdem er bereits zwölftausend Mann verloren hatte, die Belagerung auf, und die Stralsunder feiern noch heute das Wallensteinfest.[508]

Die Preußen verehrten drei ihrer Götter (Potrimpos, Pikollos und Perkunos) unter der großen Eiche von Romove, die immer grün blieb und deren Stamm sechs Ellen[509] dick war. Man hatte sie mit seidenen Vorhängen von acht Ellen Höhe umgeben, die von den Waidelotten (Priestern) nur an den größten Festtagen emporgezogen wurden oder dann, wenn ein Vornehmer mit kostbaren Geschenken kam. Dieser Baum war so heilig, dass ein Blatt von ihm, an einem Band um den Hals getragen, vor allem Unglück beschützte. Die Anwohner ehrten ihn noch lange nach der Einführung des Christentums, bis ihn der Bischof von Ermeland fällen ließ.

Auch bei Heiligenbeil stand eine immergrüne Eiche, welche Waidewutt, der erste König der Preußen, gepflanzt hatte und unter welcher Gorcho, der Gott des Essens und Trinkens, verehrt wurde. Bischof Anselm predigte hier und gebot den Heiden, die Eiche umzuhauen, wozu sie sich aber nicht überreden ließen. Das nächste Mal brachte er einen Christen mit, der ein Beil

---

507 Theodor Körner (1791-1813), deutscher Dichter und Dramatiker (F.-D. S.).

508 Temme, Die Sagen und Märchen von Pommern und Rügen, 146.

509 Dieses alte Längenmaß variierte regional sehr stark. Meistens umfasst es ca. 0,5 Meter (F.-D. S.).

trug. Als dieser jedoch die Axt in den Baum schlug, drehte sie sich um und verletzte ihn so arg, dass er sogleich starb. Die Preußen frohlockten. Aber nun hieb Anselm selbst in den Baum, ohne dass ihm etwas widerfuhr. Er ließ sodann Feuer herbeischaffen und verbrannte den Baum mitsamt dem Götzenbild des Gorcho.

Bei Wehlau verehrten die Preußen eine Eiche, die an der Erde siebenundzwanzig Ellen dick war und die eine so große Höhlung besaß, dass ein Reiter sein Pferd darin tummeln konnte. Man betete dort mehrere Gottheiten an. Auch Schlangen betrachteten sie als Götter, und sie setzten ihnen Milch vor. Sie soll noch vor hundert Jahren gestanden haben, dann aber in einer einzigen Nacht verdorrt sein.

Eine ebenfalls gigantische Göttereiche stand an der Stelle der heutigen Stadt Thorn. Sie wurde von Hermann von Balke, dem ersten Landmeister der Preußen, nach einem heftigen Kampf erobert und dann, nach damaliger Kriegsweise, so befestigt, dass er sie „seinen Turm" (Thorn) nannte.[510]

Am Hartberg nahe Geismar stand eine Donner-Eiche (Eiche des Donar), welche der Heilige Bonifacius fällen ließ. Man verwendete ihr Holz zum Bau der Kirche von Lüberg.

Bei Buckenhofen (Oberfranken) wurde im Jahre 1804 die Hexeneiche umgehauen, welche so groß war, dass sie ganze sechzig Klafter Holz gab. In ihrer Höhlung konnte der Förster mitsamt seinem Pferd stehen.

Bei Hartenstein (Sachsen) stand eine Eiche, welche mit dem Schicksal des Hauses Schönburg verknüpft war. Im Jahre 1840 stürzte der Baum um, und bald darauf starben zwei der Schönburger.

Bei Callenberg stehen zwei Eichen, welche zum Andenken an Kunz von Kauffungens Prinzenraub gepflanzt worden sein sollen[511], und bei Linden-

---

510 Tettau-Temme, Ostpreußische Sagen, 19-35.
511 Graesse, Sächsische Sagen 315, 379.

berg am Unterharz befindet sich die Mal-Eiche. Sie steht auf dem Grab eines Ritters, der, nachdem er seine Geliebte entführte, verfolgt und erschlagen wurde. Zwischen Rudolstadt und Saatfeld war an einer Eiche eine starke Kette befestigt, an welcher die Verurteilten gehängt wurden.

An einer Eiche im Kienhard (Mittelfranken) hing eine Keule von solcher Größe, dass sie ein Einzelner kaum tragen konnte. Wenn nun ein Mann von seinem Weib geschlagen wurde, so eilten Jung und Alt hinaus, um diesen „Schlägel" zu holen und ihn an die Haustür des Gedemütigten zu lehnen. Dieser musste sich nun mit seiner Gattin versöhnen und einige Maß Wein spenden, damit die Keule wieder an ihren alten Ort zurückgebracht wurde.[512]

Die Weiber von Weilheim bei Tübingen hatten das Recht, jeden Frühling eine Eiche zu fällen, zu verkaufen und das Geld zu vertrinken. Dieses Recht, welches ihnen wahrscheinlich von den Geistlichen eingeräumt wurde, damit sie gegen die heidnische Baumverehrung mitwirkten, wurde vor ungefähr fünfzig Jahren abgeschafft.

Im Dorf Questenberg am Harz tragen am dritten Pfingsttag die Burschen einen jungen Eichenbaum auf den Buchberg, hängen einen Radkranz (Sonnenrad) darauf und tanzen um diese „Queste".

Zu Minden hielten die jungen Leute am ersten Ostertag einen Reigen um eine alte Eiche.

Die *„Bedeutung der Blumen"* (Nr. 1) sagt: „Wer Eichenblätter trägt, zeigt dadurch seine Festigkeit an und dass niemand seinen Willen brechen kann. Wem aber von seiner Liebsten befohlen wird, Eichenlaub zu tragen, vor dem muss man sich hüten, das heisst, mit diesem darf man sich keinen Scherz erlauben."

---

[512] Friedrich Panzer, Bayerische Sagen und Bräuche, I., 253.

Eichenlaub hilft gegen Verhärtungen im Leib, und gepulverte Eichenblätter ziehen die Wunden zusammen. Auch kann man Krankheiten, besonders Brüche, in Eichen verspunden. Dazu muss man mit einem Sargnagel den leidenden Körperteil des Kranken berühren. Der Kranke stellt sich dann barfuß vor den Eichstamm und, unter Aufsagen eines gewissen Spruchs, schlägt man den Nagel dicht über dem Kopf des zu Heilenden in den Baum. In alten, modrigen Eichen findet man daher häufig Spunde, Nägel, Werg, Fetzen und dergleichen. Übrigens kann man Brüche und die Gicht auch dadurch heilen, dass man durch jene Öffnung schlüpft, welche durch zwei miteinander verwachsenen Eichenäste gebildet wird.

Zu Wittstock in der Altmark, befand sich ein solches Loch, welches auch von Lahmen benutzt wurde, und zwar so häufig, dass man unter dem Baum eine Menge weggeworfener Krücken fand. Da jedoch solche Zweigverwachsungen selten sind, verfielen die Leute auf ein Ersatzmittel: Sie spalteten eine junge Eiche, banden die beiden Hälften oben wieder aneinander und zogen den Leidenden hindurch. Vernarbte der Spalt, so heilte auch der Bruch.

Friedrich Panzer hörte einst im Bayerischen Wald das Geschrei eines Kindes, und als er hinzueilte, sah er einen Bauern und sein Weib, die ihr Kind, das an einem Bruch litt, durch eine gespaltene Eiche zogen.[513]

Im Fricktal sieht man in den Eichenwaldungen eine große Menge von vernarbten Stämmen, die zu solchen Heilverfahren benutzt wurden.

Tharsander zufolge kann man um Michaelis [29. September] an den geöffneten Galläpfeln den Charakter des folgenden Jahres erkennen: Findet man eine Spinne darin, so wird es unglücklich. Ist es eine Fliege, so wird es mittelmäßig. Wenn es sich um eine Made handelt, dann wird es fruchtbar. Findet man nichts, so bedeutet es, dass jemand sterben wird. Ist der Gallapfel inwendig feucht, so kündigt es ein nasses Jahr an, ist er dürr, so wird

513 Friedrich Panzer, Bayerische Sagen und Bräuche II., 201.

es trocken. Ist er aber dünn, so folgt ein heißer Sommer. Wenn die Eiche sehr viele Eicheln trägt, dann kommen früher Schnee und ein langer Winter.

Die Esche (gotisch „asks“, altdeutsch „ask“) wächst, ebenso wie die Linde, nie in großen Beständen, sondern nur vereinzelt oder in kleinen Gruppen. Sie ist, wie bereits erwähnt, der wichtigste Baum der nordischen Mythen. Die *Edda* sagt:

„Da fragte Gangleri:
Wo ist der Götter vornehmster und heiligster Aufenthalt?
Har antwortete:
Das ist bei der Esche Yggdrasil, da sollen die Götter täglich Gericht halten.“[514]

Diese Esche wird in der *„Völuspa“* der „allnährende Weltbaum“ („vidh aldrnàra“) genannt. Ihn begießen die Nornen, und sie holen das Wasser dazu aus Urds Brunnen. Ihr Wipfel heißt „der Stille-Spendende“ („Laerad“). Die Ziege Heidrun und der Hirsch Eikthymir weiden an ihren Zweigen, und die vier Hirsche Dain, Dumejir, Dwalin und Duruthror nagen an ihren Knospen. Auf ihr wohnt der vielwissende Adler, der zwischen seinen Augen den Habicht Wedrfölnir trägt, und das Eichhorn Ratatwiskr („Zweigbohrer“) hüpft auf den Ästen. Beständig träufelt bienennährender Honig von den Blättern:

„Den hohen Baum netzt
weißer Nebel,
davon kommt der Tau,
der in die Täler fällt.
Immergrün steht er
über Urdas Brunnen.“

Aber die Wurzel dieses Welt- und Lebensbaums wird von der Schlange Nidhöggr benagt, die am Brunnen Hvergelmir liegt. Eine der Seiten des

[514] Edda-Lieder, übersetzt von Simrock, 251.

Baums beginnt daher – die Vergänglichkeit andeutend – zu faulen, und nach dem Weltenbrand bleibt nichts von ihm übrig als nur ein Klotz.[515]

Odin erzählt in „*Hawamal*“ (139), dass er schwerverletzt auf der Esche Yggdrasil hing:

„Ich weiß, dass ich hing
Am windigen Baum neun lange Nächte,
vom Speer verwundet,
dem Odin geweiht,
mir selber ich selbst.“

Und in Odins „*Hrafnagaldr*“ heißt es:

„Im Tale weilt
die vorwissende Göttin, herab von Yggdrasils
Esche gesunken;
Alfengeschlechtern
Idun genannt.
Schwer erträgt sie
dies Niedersinken
unter des Laubbaums
Stamm gelehnt.“

Dieses Niedersinken symbolisiert den herbstlichen Fall der Blätter. Der Mythos dieses Baums blieb aber nicht auf den Norden beschränkt, denn Crusius berichtet, dass er in Lorch das Bild eines solchen Weltenbaums sah, an welchem jemand hinaufstieg. Von dem Baum floss Honig, und seine Wurzeln wurden von einer schwarzen und einer weißen Maus benagt. Der Tod ritt dort auf einem Eichhorn, und selbst ein Drache war zu sehen.[516] – Alles Elemente, welche auf die Weltesche Yggdrasil hindeuten!

---

515 Grimm, Deutsche Mythologie, 756 und Simrock, Mythologie, 38 ff. u. A.
516 Schwäbische Chronik, Teil III., B. 12, S. 337.

Man unterschied im Norden männliche und weibliche Eschen. Die männliche, hieß es, trägt kleine Blüten in Büscheln, die feines Mehl enthalten, und die weibliche bringt Früchte in Gestalt von Vogelzungen hervor.[517]

Jene männliche Esche ist unsere Fraxinus excelsior L., mit ihren rispigen Blüten, und das erwähnte „Mehl" ist ihr Samenstaub. Die weibliche Esche hingegen ist Fraxinus ornus L., die Manna-Esche, deren Früchte geflügelt sind und die man daher mit Vogelzungen verglich. Sie kommt aber jetzt, ebenso wie der Wein, nicht mehr im Norden vor, und sie wächst auch bei uns nur in Krain, Görz und Südtirol. Im Angelsächsischen Alphabet heisst es von der Esche:

„Esche ist überhoch
den Menschen wert;
fest im Grund,
hält recht Stand,
wenn gleich sie anfallen viele Männer."

Besonders berühmt ist die Sankt-Patricks-Esche bei Ballmahon in Irland, die von jenem Heiligen selbst gepflanzt worden sein soll. Das darf man bezweifeln, da Eschen mit achtzig Jahren vollwüchsig sind und höchstens zwei Jahrhunderte überdauern. Bei Genkingen, auf der Schwäbischen Alb, steht eine alte, hohle Esche, deren Höhlung aber niemand zu betreten wagt, auch nicht bei Regen, weil ein Gespenst darin wohnt.

Die Esche mit herabhängenden Zweigen (Fraxinus pendula) ist ein Baum der Trauer. Ein Bauer in Thüringen wollte die Zinslein (Zwerge), die auf seinem Acker waren, nicht leiden, und er drohte, ihnen die Rute zu geben. Da wurden sie unwirsch und steckten ihm das Feld voll Ruten, damit er keinen Mangel daran habe. Der Bauer erhaschte schließlich doch eines dieser Männlein und erschlug es. Da wehklagten die Zwerge. Sie verließen die Gegend, und über Nacht wurden zum Zeichen der Trauer alle Ruten zu Eschen.

---

[517] Nork, I, 479.

In die Esche kann, ebenso wie in die Eiche, das Unglück gebannt werden, welches oft in Gestalt einer Maus erscheint. Solche Eschen werden dann „Maus-Eschen“ genannt. Sehr oft findet man die Furcht erwähnt, welche die Schlangen vor der Esche haben sollen. So heißt es beispielsweise im „*Froschmäusler*“:

„Ich bin von den Alten gelart,
Der Eschenbaum hab diese Art,
Dass keine Schlang unter ihm bleib,
Der Schatten auch hinweg sie treib,
Ja, die Schlang eher ins Feuer hinleufft,
Eh' sie durch seinen Schatten schleift.“[518]

Deshalb ist auch ein Haus, welches im Schatten von Eschen steht, vollkommen vor Schlangen geschützt. Findet man eine Natter, so braucht man nur mit einem Eschenstab einen Kreis um sie ziehen, und sie wagt sich nicht mehr daraus. Berührt man sie aber mit dem Stab, so bleibt sie wie tot liegen.

Ein Jäger aus Passau tötete eine große Natter durch einen einzigen schwachen Schlag mit einer Eschenrute. Diese Wirkung existiert, „weil die Esche unter dem Einfluss der Sonne und des Jupiter steht, die Schlange aber dem Merkur und dem Monde unterworfen ist.“[519]

Dieses Märlein stammt von Plinius, dem es, wie so vieles andere, im blinden Autoritätsglauben nachgeschrieben wurde. Er fügt noch hinzu: „Aus eigener Beobachtung (?) kann ich versichern, dass eine Schlange, welche man mit einem Kreis von Feuer und Eschenblättern umgibt, eher in das Feuer geht, als zu den Eschenblättern ihre Zuflucht nimmt. Es ist daher eine besonders wohltätige Einrichtung der Natur, dass die Esche früher blüht, als

---

[518] II., B., 4. Th., K. 4

[519] Arkanitäten wider Zauberer, 68.

dass die Schlangen hervorkommen, und nicht eher ihre Blätter verliert, als bis die Schlangen sich wieder verkrochen haben." (XVI. 24).

Eschenzweige werden von den Hexen zum „Brauen des Ungewitters" benutzt. Eine Dirne aus dem Alpachtal in Tirol fand auf ihrem Gang zur Alm einen Eschenzweig und hob ihn zufällig auf. Sie kam dann zu einer Grube voll Schneewasser, in welchem Froschbrut und Wegnarren (Erdsalamander) schwammen, und sie schlug, um diese Tiere zu erschrecken, mit dem Zweig ins Wasser. Da erhob sich plötzlich ein Unwetter, und es fiel furchtbarer Hagel. Der Eschenzweig war nämlich den Händen einer Hexe entfallen.[520]

Auch gespaltene junge Eschen benutzte man zum Durchziehen kranker Kinder. Eschenholz am Johannistag vor Sonnenaufgang geschnitten, stillt das Bluten, weil an diesem Tag „die Sonne still steht". Will man einen Verwundeten heilen, so muss man nur die Waffe, welche die Wunde verursacht hatte, durch jenes Stück Holz ziehen. Verbindet man eine weite Wunde mit Eschenbast, so zieht sie sich so eng zusammen, dass man sie nicht zu heften braucht.[521] Eschenholz, in der Herzgrube getragen, schützt vor Pestilenz. Ein Splitter davon heilt Zahnschmerzen, und wenn es gepulvert ist, heilt es alle offenen Schäden.

Die Birke bedeutet im Gotischen Alphabet das B (Berena), und im Angelsächsischen Alphabet wird von ihr gesagt:

„Beorc ist früchtelos,
trägt eben wohl
Zweige ohne Samen.
Ist in Ästen schön,
doch in der Spitze
rauscht sie, lieblich

520 Alpenburg, Alpensagen, 46.
521 Helwig, Zauberarzt, 310.

bewachsen mit Blättern,
von der Luft bewegt."

Dass aus Birken Maibäume hergestellt werden, wurde bereits erwähnt. Junge Birken, die in Ruinen wachsen, stehen zuweilen mit der Erlösung eines geistigen Wesens in Verbindung. Ein Mann suchte seine entlaufene Kuh noch um Mitternacht in der Ruine Kotzing (Niederbayern). Da erschien ihm eine weiße Frau und bat ihn, sie zu erlösen. „Denn erlösest du mich nicht," sagte sie, „so muss ich wandern, bis aus jenem Birkenzweig ein Baum wird, bis aus dem Baum Bretter geschnitten, aus den Brettern eine Wiege gemacht, in der Wiege ein Knabe gewiegt und dieser zwanzig Jahre alt ist."[522]

Zu Dondangen (Kurland) wuchs an der Stelle, wo der Burgherr in einem Zweikampf fiel, ein Birkenbäumchen, dessen Stamm nie dicker als einen Zoll wurde. Der jüngste Besitzer des Schlosses ließ die Wand aushöhlen und fruchtbare Erde herbeischaffen, aber das Bäumlein starb zum Bedauern aller ab, denn jetzt war die Strafzeit der grünen Jungfrau vorüber, welche zu Dondangen wandelte.[523]

Wenn die Esche den Schlangen feind ist, so lieben es diese Tiere, wie Olaus Magnus berichtet, unter Birken zu nisten.[524]

Das zarte Laub dieser Bäume lässt nämlich überall die Sonne durch, und Schlangen und Nattern lieben die Wärme. Man spaltete auch junge Birken, um bruchkranke Kinder durchzuziehen. Nur musste man hier als Opfer einen toten Sperling dazu legen. Birkenlaub hilft gegen die geknüpfte Nestel und gegen Gicht. Man legte Maienzweige auf den Flachs, damit er feiner röstet. War der Kohl voller Raupen, so nahm man einige Birkenzweige, umschritt den Kohlgarten dreimal und rief:

---

522 Friedrich Panzer, Bayerische Sagen und Bräuche, Beiträge, II., 200.
523 Zeitschrift für deutsche Mythologie, IV., 55.
524 XXI., 29.

„Raupen packt euch,
Der Mond geht weg.
Die Sonne kommt.“

Weil die Birken sehr samenreich sind, soll man die Fässer mit Zapfhähnen aus Birkenholz versehen, dann wird das Getränk schneller ausgeschenkt. Noch wirksamer werden aber diese Rohre, wenn sie von einer Birke stammen, die mitten in einem Ameisenhaufen wuchs.[525]

Wenn in Niederbayern die Kühe im Frühjahr zum ersten Mal ausgetrieben werden, bindet man Birkenzweige mit Eichenlaub und Holunder zu einem Busch, und treibt die Tiere damit an, weil die Birke Fruchtbarkeit und Gesundheit symbolisiert.

In Heiligenkreuz wird am Martinstag (11. November) das Vieh nicht mehr auf die Weide getrieben. Aber seine Hüter gehen an diesem Tag von Haus zu Haus und verteilen Birkenruten, mir denen die Kühe im nächsten Lenz wieder ausgetrieben werden sollen. Sie sagen dabei einen Spruch, welcher folgende Passage enthält:

„An dem heiligen Antlasstag (Gründonnerstag)
Kommt der Sankt Mirt (Martin) mit seiner Ruten.
So viel die Ruten Zweige hat,
So viel soll auch der Bauer Vieh haben.
Nehmt ihr die Ruten in die Hand,
Steckt ihr's wohl auf ober der Wand,
Wohl hinter das Dach.
Am Sankt Georgiustag (12. März)
Nehmt es mit Freuden herab,
Treibt das arme Vieh aus“ usw.[526]

---

525 Rockenphilosophie, 137.
526 Zeitschrift für deutsche Mythologie, IV., 26.

Weil von Birkenruten die Rede ist, dürfen wir eine ihrer verbreitetsten Verwendungen nicht übersehen, nämlich ihren Gebrauch bei der Kinderzüchtigung, bei welcher man sie einst für ganz unerlässlich hielt. In Gedichten des sechzehnten Jahrhunderts heißt es beispielsweise:

„Grüss dich du edles Reise,
Dein Frucht ist Goldes wert,
Der jungen Kinder Weise,
Du machst sie fromm und gelehrt."

In einem Lied von Alexander Held liest man:

„Ein Biedermann soll in sein' Haus
Des Brots viel lieber mangeln,
Denn dass die Ruth sei drauss."

Geiler von Kaisersberg bemerkt in seinem „*Christlichen Pilger*": „Wenn man ein Kind houwt, so muoss es dann die ruoten küssen und sprechen: ‚Liebe ruot, traute ruot, werest du nit, ich tet nimmer guot!' Sie küssen die ruot und springen, ja, sie hüpfen darüber." (Fol. 68. d).

Noch heute gibt es Lehrer, die sich ohne die Rute in all ihrem Tun wie gelähmt fühlen, noch immer gibt es Mütter, die ihr Haus nicht in Ordnung glauben, wenn die Rute nicht als warnendes Gespenst hinter dem Spiegel steckt. – Heiter ist das Gedicht eines Engländers, der im Frühling eine Birke anzapft:

„Oh Birke, grausam durstiger Baum,
Mein ist nun Recht und Rache,
Oft trankest du mein junges Blut,
Nun trink' ich deins und lache."

Übrigens sollen Kinder mit nichts anderem als mit Birkenruten geschlagen werden, sonst wachsen sie nicht, und wenn die Faschingskrapfen besonders schön geraten sollen, dürfen sie nur auf einem Feuer aus Birkenscheiten gebacken werden.[527]

In der *„Bedeutung der Blumen"* (Nr. 3) heißt es: „Wer ime selber einen meister welet und straffen von ime gern leiden will, der sal birken tragen ohne Laub."

Die Weide ist kein glücklicher Baum. Der germanische Todesgott Vidharr hielt sich in der Unterwelt in Weidengebüschen auf. Daher war die Weide auch das Sinnbild des Totenreichs und des Sterbens.[528]

Das Tragen von Weiden galt – wie auch das Tragen von Hunden – in den germanischen Gesetzen als eine entehrende Strafe. Unglücklich Liebende bekränzten sich zum Zeichen der Trauer mit Weidenzweigen. Ein trügerischer Weidenzweig brach, als ihn Ophelia mit Blumen schmücken wollte. Sie stürzte in den Bach und ertrank.[529] Auch Desdemona singt, ihren Tod ahnend, von der Weide.[530]

Weidenzweige wurden zum Liebesabschied dargereicht. Die Samländer brechen nach Pfingsten die Lindenlaube vor ihren Häusern ab und setzten ein Zelt aus Weidenruten an ihrer Stelle hin.

Der Freigraf der Feme schloss den Uneingeweihten bei der „weed und reype" (Weide und Strick) von den Sitzungen aus. Judas soll sich an einer Weide erhängt haben, weshalb noch heute alle Weiden hohl werden. Mit Weidenruten wurde der Heiland gegeißelt. Wenn sich die Weidenzweige stark röten, bedeutet das Krieg.

Wenn die Hexen den Morgentau mit roten Weidenruten abstreifen, entstehen verderbliche Reife und Nachtfröste, und wenn sie Knoten in die Weidenruten schlingen, können sie jemand dadurch töten. Die Königin der

---

527 Baumgarten, S.4, Anm. 5.
528 Schwenk, Sinnbilder, 508.
529 Hamlet, IV. Akt 7. Szene.
530 Othello, IV. Akt, 5. Szene.

Hexen hält eine Weidenrute als Zepter in der Hand, und wenn man in einem Stall, in welchem das Geflügel brütet, Weidenzweige dreht, so bekommen alle Jungen krumme Hälse.

Nur der Kuckuck liebt das Weidendach, bespuckt es aber dennoch, wenn er Abschied nimmt, damit es Mensch und Tier davor ekelt. Gespenster hausen oder verwandeln sich in alte Weiden, oder sie sind in ihnen eingekeilt und treiben bösen Spuk. Kurz, die Weide mit ihrem falben Laub und ihren grauen Strünken, die in der Dämmerung tatsächlich geisterhaft aussehen, konnte sich umso weniger die Gunst des Volkes erwerben, weil sie häufig in der Nähe trügerischer Sümpfe steht, die schon manchem Unglücklichen das Leben raubten. Es gibt daher auch wenig freundliche Sagen von der Weide.

Nur die Heilige Gudula erbat von Gott, dass aus einem Felber [Weidenbaum] eine Quelle entsprang. Dieses Wunder ist in der Kirche von Biberach abgebildet.[531]

Im Jahr 1112 soll ein Weidenstrunk dem Sachsenvolk, welches gegen Kaiser Heinrich zu Felde zog, das Wort „Jodute“ zugerufen haben, durch welches die Sachsen den Sieg errangen.[532]

Auch die Heilige Maria erschien nur selten auf einer Weide. Am Thunersee, auf jener Landspitze, welche „die Nase“ heißt, steht schon seit dem Jahr 1298 ein Weidenstrunk, den alle Schiffer kennen, weil er zwar alle Jahre grünt, aber niemals größer wird.[533]

Betrachtete man die Weide auch grundsätzlich mit keiner Vorliebe, so befasste sich doch der Aberglauben mit ihrer Heilkraft: Das erste Bad eines Kindes musste mit Weidenrinde gekocht werden, damit das Neugeborene vor dem Freisam [Epilepsie oder Kindergicht] geschützt war. Man konnte das Fieber in Weidenstämme verkeilen oder in Weidenzweige verknoten.

---

[531] Friedrich Panzer, Bayerische Sagen und Bräuche, II., 47.
[532] Bechstein, Thüringer Sagen, 84.
[533] Rochholz, Aargauer Sagen, 60.

Wollte man Gicht und rheumatische Krankheiten heilen, so stellte man einen Weidenzweig in jenes Blut, welches der Leidende beim Schröpfen verlor. Dann setzte man ihn nach drei Tagen in die Erde und begoss ihn mit dem Blut. Brüche heilte man ebenfalls teils durch Verkeilung, teils durch Späne oder durch Einbringen von Haaren usw.

Auch die ersten Spuren der heute in der Heilkunst so verbreiteten Plessimetrie[534] tauchen bei der Weide auf, denn Hellwig schreibt: „So du wissen willst, ob einem die Hirnschale entzwei geschlagen ist: nimm ein leichtes Stückchen Weidenholz, schlage damit an die Hirnschal und horche oben (an dem Stäbchen) darauf, tönt es hell, so ist sie ganz, lautet sie aber dünn, wie eine zerbrochene Glocke, so ist sie entzwey."[535]

Die Erle ist ebenfalls ein Gespensterbaum. Erlkönig und seine Töchter wohnen in ihren Zweigen, und weiße und dunkle Geister und den Schwarzen Jäger sah man auf Erlenblöcken lauern. Die Erlenjungfrau von Tegernfelden kämmt im Mondlicht ihr Haar und streift dabei Honig von den Erlenblättern, mit welchem sie sich den Scheitel salbt.

In der nordischen Mythologie fanden Odin, Honir und Balder am Meeresstrand zwei Bäume und hauchten ihnen Leben ein. Da wurde aus der Esche der Mann und aus der Erle das Weib. Die Kronen mancher von ihnen sah man zuweilen von nächtlichen Flammen erleuchtet, und der Irrwisch hält sich bei den Erlen auf.

Das Volk ist ihnen nicht sehr hold, denn es sagt: „Erlenholz und rotes Haar sind auf gutem Grunde rar." Auch die Heilkraft der Erle stand nie in besonderem Ruf.

534 Noch heute gebräuchliche Diagnosetechnik mit Hilfe von Klopfschall (F.-D. S.).
535 Zauberarzt, 316.

Der Ahorn hingegen scheint sehr geachtet gewesen zu sein, denn Konrad von Meydenberg sagt: „Die ahornböm helt man hievor gar wert, daz man sie zohe in der Künig höf und win zu in goss." (Fol. 139).

Das Volk beschäftigte sich allerdings sehr wenig mit dem Ahorn, und ich fand nur eine einzige bemerkenswerte Sage von einem solchen Baum: Er stand in der Ruine von Altenburg am Fremersberg. Als ein Bauer ihn fällen wollte, erschien ihm eine Jungfrau. Sie fragte ihn, was er aus dem Holz des Baumes fertigen wolle. „Tische und Stühle", antwortete dieser, „denn ich will zu Martini heiraten." „Dieser Ahorn", entgegnete die Jungfrau, „widersteht jedem Axthieb, solange ihn meine Hand nicht berührt. Zimmerst du aber eine Wiege für deinen Erstgeborenen, so berühre ich den Baum." Der Mann bejahte, zimmerte eine Wiege, und als das Knäblein geboren war, brachte sie diesem einen Zweig, durch welchen der Knabe glücklich und sie selbst erlöst wurde.[536]

Eine der größten Buchen stand in den plönischen Landen in Schleswig-Holstein. Sie hieß die *„Arns-böch"* oder „Adlerbuche", weil ein Aar auf ihr horstete. Einst schwebte das Bild der Heiligen Maria in vollem Glanz über dem Baum, so dass die Leute zu ihm wallfahrteten, und der Ort Arnsböch entstand.

Der Geist des Zago, welcher die Dienstleute so gequält hatte, ging auf Satrupholm um, bis er von einem Studenten in eine hohle Buche gebannt wurde. Später wollte man sie fällen, aber die Äxte verfingen nicht eher, bis sie der Schmied von Ausacker schärfte. Als die Buche schließlich fiel, flog eine ungeheure Schar von Eulen aus ihr hervor, welche die Luft mit einem entsetzlichen Geheul erfüllten.[537]

Ein Buchenblatt, auf dem durch eine Laune der Natur ein T, das alte Zeichen Thors, sichtbar ist, schützt Mensch und Tier vor Schäden und Bezau-

---

536 Schreiber, Sagen aus dem Rheingau, 188.

537 Müllenhoff, Sagen, Märchen und Lieder der Herzogthümer Schleswig-Holstein und Lauenburg, 111.

berung. Runenstäbe und Loszeichen wurden aus Buchenholz geschnitten, und im Oberbergischen pflegt man bei der Buche zu schwören.[538]

Die Blutbuche auf dem Irchel im Kanton Zürich ist ein Bannbaum. Wegen ihm wurde die Kirche von Embach erbaut. Ein Mann aus Schloßau im Badischen ging um ein Uhr nachts in den Wald von Rotenberg, um von einer Buche Holz für Fackeln zu holen. Gleich beim ersten Axthieb entstand ein fürchterliches Jagdgetöse (Hackelnberg), welches sich nach den folgenden Schlägen so heftig wiederholte, dass der Mann erkannte, dass jene Buche ein gefeiter Baum war. Er ließ daher von seinem Vorhaben ab.[539]

Dort, wo Luther ergriffen wurde, um zur Wartburg gebracht zu werden, stand an einer Quelle die Lutherbuche. Jetzt sieht man nur noch ihren Strunk, denn der Baum wurde durch den Sturm des 18. Juli 1841 gestürzt. Bei Kopenhagen wurden die Buchen, unter denen Klopstock wandelte – wenigstens noch zur Zeit Matthiosus, – als heiliges Andenken betrachtet.

Eine Hainbuche (Carpinus) von zwölf Fuß Umfang stand an der Blutkapelle beim Kloster Germersheim. Man schätzte ihr Alter auf sechshundert Jahre, und sie sollte in manchen Nächten beleuchtet erscheinen. In der Mainacht sah man Feuer unter ihr, und wer eine Kohle daraus nahm, hatte am Morgen einen Goldklumpen. Zu manchen Zeiten lag aber ein Tier mit tellergroßen Augen bei dem Baum und erschreckte die Wanderer.[540]

Bei Schützenfesten war es häufig Brauch, den Vogel auf eine Ulme zu stellen. Dieser Baum war das Wahrzeichen des Heiligen Zenobius, weil eine dürre Ulme plötzlich ergrünte, als sein Sarg vorbeigetragen wurde, und ein Zweig, den man zur Erinnerung an dieses Wunder in seinen Sarg legte, zeigte sich noch nach einem Jahrtausend frisch.

---

538 Montanus, 155, b.
539 Baader, Neue Volkssagen, Nr. 109
540 Montanus, 155, a.

Man kennt zwei Luther-Ulmen: Die eine steht zu Pfifflingheim bei Worms. Sie entstand, als eine alte Frau ihren Stab mit der Absicht in die Erde steckte, die neue evangelische Lehre so lange zu bezweifeln, bis der Stab grünen würde, der dann auch nicht säumte, sogleich Wurzeln zu schlagen.

Die andere Luther-Ulme steht bei Pfedersheim. Als Luther in seinem Wagen von Ebernburg nach Worms fuhr, kam ihm gemeinsam mit anderen Edelleuten auch Freundsberg entgegen, und der fragte ihn, ob er seine Lehre verteidigen würde, und ob er vor dem Reichstag keine Angst habe. Daraufhin entgegnete ihm Luther: „Wenn so viele Teufel in Worms wären wie Ziegel auf den Dächern, so wollte ich doch hinein, so wahr aus diesem Zweiglein“ – er wies auf einen Ulmenzweig – „ein Baum wird!“ – Der Schößling wurde tatsächlich zu einem mächtigen Baum, der erst vor dreißig Jahren einem Sturm erlag.[541] – Wir finden also auch hier die alten Sagen vom Ergrünen der Bäume.

Von der Pappel gibt es eine hübsche schleswigsche Sage: Ein König ging alle Tage in seinem Garten spazieren. Da hatte er einen Pappelbaum, den hatte er so lieb, dass er alle Tage nachsah. Aber der Pappelbaum wollte nicht wachsen und setzte keine Blätter an, und es war doch Sommer. Darüber wurde der König ganz betrübt. Einmal ging nun Hanns mit ihm im Garten spazieren, und als sie an den Pappelbaum kamen, stand der König still und weinte. Da sagte Hanns: „Herr König, ich will Ihm den Baum wachsen machen, wenn Er mir alles geben will, was ich bei dem Baum in der Erde finde.“ Da sagte der König: „Ja, du sollst alles haben, und sollst mir fortan der Liebste auf Erden sein.“ Nun riss Hanns den Baum aus der Erde, und da lagen tatsächlich zwischen den Wurzeln zwei große Edelsteine und ein goldenes Buch. Hanns pflanzte den Baum wieder ein, und der fing an zu treiben, dass es eine Lust war. Die Steine aber steckte Hanns in seine Tasche, und von Stund an wurde er so klug und weise, als noch kein Mensch auf Erden war, und er konnte all die geheime Schrift lesen, die in dem Buch stand. Er heilte die blinde Tochter des Königs mit den Pappel-

541 Masius, Studien, I., 37.

blättern, bekam sie zur Frau und bestieg, obgleich anfangs nur ein Bauer, zuletzt sogar den Thron.[542]

Pappelknospen lassen die Haare lang wachsen, daher pflegen die Mädchen ein Loch in eine Pappel zu bohren, einige ihrer Haare hineinzustecken und diese dann mit einem Keil zu verspunden. Sie glauben nämlich, dass, weil der Baum schnell wächst, auch ihr Haar schneller wüchse.[543]

Auch eine Pappel ergrünte, als man die Leiche der Heiligen Gudula vorbeitrug, und sie wanderte sogar mit bis zum Grab dieser Heiligen.[544]
Die Zitterpappel oder Espe zittert, weil beim Tod des Heilands alle Bäume bebten, und nur sie teilnahmslos blieb.

Der Weißdorn (Crataegus) soll meist nur dort wachsen, wo ein Schatz liegt, der aber sehr schwierig zu heben ist. Herzog Eberhard II. von Württemberg soll im Jahr 1468 einen Weißdornzweig vom Heiligen Grab mitgebracht und in den Klostergarten zu Einsiedl gepflanzt haben, der sich in kurzer Zeit so weit ausdehnte, dass seine Äste mit vierundzwanzig Steinsäulen gestützt werden mussten.[545]

Da aber der Weißdorn selten zu einem Baum wird, dürfte es ein Spierbaum (Sorbus) gewesen sein, der früher oft mit Crataegus verwechselt wurde und nicht selten eine beträchtliche Größe erreicht.

Der Spierbaum war schon in den alten Mythen bekannt und dem Thor geheiligt, der sich einst dadurch vor dem Ertrinken rettete, dass er die Zweige eines Spierbaumes ergriff. Der Baum hieß deshalb „Thorsbjorg“, und mit seinen Blättern wurde der Bock des Donnergottes geheilt, wenn er verwundet war. Man benutzte das Holz des Spierbaums für bestimmte Teile der Schiffe, besonders für den Bug, denn es besitzt die Kraft, den Wellen-

542 Müllenhoff, Sagen, Märchen und Lieder der Herzogthümer Schleswig-Holstein und Lauenburg, 427.
543 Popp, Handbüchlein vieler Arznei, 137.
544 Wolf, Mythologie, 372.
545 Meier, Volkssagen, II., 348.

zauber zu brechen und die Stürme zu mildern, die von den Meeresfeen erzeugt werden. Spierzweige, auf das Dach oder in die Stube gesteckt, schützen vor dem Blitz und verscheuchen Geister und Drachen.

Auch vor dem Kreuzdorn (Rhamnus) schwindet jeder Spuk, denn das Kreuz des Heilands war aus seinem Holz gezimmert, weshalb man auch an manchen Orten die Milchlöffel, Butterstiele usw. aus Kreuzdornholz schnitzt, damit die Hexen weder der Milch noch Butter etwas anhaben können.

In der Stadt Grimmen wurden einst zwei Hexen verbrannt. Die eine starb sogleich, aber von der zweiten, welche Maria Krüger hieß und die eine schwarze Mütze auf dem Kopf trug, bogen die Flammen ab, bis ihr schließlich ein Mann mit einem Stab von Kreuzdorn die Mütze herabstieß, woraufhin sie augenblicklich von der Lohe verzehrt wurde.[546]

B. Die Obstbäume

Die Obstbäume verhalten sich zu den Waldbäumen im Hinblick auf die Sage auf ähnliche Weise wie die Kulturpflanzen zu den wildwachsenden Pflanzen. Das Dichterische wird nämlich vom Landwirtschaftlichen überwogen, und zudem sind die meisten Obstbäume eingewandert. So dürften vom Kernobst nur die Waldbirnen und der Holzapfel, vom Steinobst nur die Schlehe und der Elsenbusch und von den Nussfrüchten vielleicht nur die Hasel wirklich einheimisch sein.

Der Pfirsich und der Walnussbaum stammen aus Persien, die Aprikose kommt aus Armenien, die Mandel aus Griechenland, der Maulbeerbaum aus China, die Zwetschge von Sebastea, die Mispel aus Italien, und die Quitte aus der Stadt Kydon auf Kreta.

---

546 Temme, Die Sagen und Märchen von Pommern und Rügen, 293.

Die verschiedenen Apfelsorten, welche Karl der Große in seinem *„Capitulare de villis"* zum Anbau empfiehlt wie beispielsweise Geroldinga, Gormaringa, Creveldella usw. waren ursprünglich ebenfalls aus dem Süden importiert, und für gewisse Obstarten, z. B. die Amarelle, die Reineclaude, die Mirabelle etc. besitzen wir nicht einmal eingedeutschte Namen.

Man soll das Obst am Baum nie zu sehr loben, denn sonst welkt es und fällt vor seiner Reife ab. Die Erstlingsfrüchte eines jungen Baumes soll man nur von einem Kind unter sieben Jahren pflücken lassen, denn nur dann, wenn der junge Baum zuerst von der Hand der Unschuld berührt wird, bringt er immer reichliche Früchte. Auch ist es besser, dieses Erstlingsobst von Knaben als von Mädchen pflücken zu lassen, weil sich durch letztere das Obst leicht spaltet. Nur schwangere Frauen dürfen auch solche Erstlingsfrüchte vom Baum nehmen, weil sie ihm dadurch Fruchtbarkeit bringen. Beim Pfropfen der Bäume darf kein Impfzweig zu Boden fallen, sonst fällt auch das Obst vor der Reife ab.[547]

Um das Obst zu vermehren, schlägt man einen Pfennig in den Baum oder kippt zu Weihnachten die Fischgräten an den Fuß des Baumes. Vom Nussbaum sollen jedoch die Früchte nicht gepflückt, sondern herabgeschlagen oder gebasst (von „bozzan" = „schlagen", woher auch das Wort „Amboss" abgeleitet ist) werden, damit der Baum im folgenden Jahr reichlicher trägt. In Schwaben ist es sogar Sitte, Nussbäume, die nichts trugen, zur Zeit der Nussreife tüchtig zu bassen.

Der Kern der Nuss ist gut geschützt. Nach außen liegen die grünen Schelfen, dann folgt die holzige Schale, und der Fruchtkern selbst ist noch von zwei Häutchen überzogen. Deshalb galt die Nuss als Sinnbild des Lebens, der Fortpflanzung und der Unsterblichkeit. Man assoziierte sie mit den germanischen Göttern Frô und Donar, besonders, weil man in Heidengräbern Nüsse fand, und man erkennt darin, dass zur Zeit der Wintersonnenwende der Heilige Nikolaus Nüsse verschenkt, die Überbleibsel eines dem Donar geweihten Opferfestes.

---

[547] Rockenphilosophie, 211, 769.

Iduna wurde, nachdem der Riese Thiassi sie geraubt hatte, in Gestalt einer Nuss – dem Zeichen der Wiederbelebung – von Loki nach Asgard zurückgebracht. Der Aberglaube lässt den Nussbaum von Dämonen bewohnt sein, wodurch man auch den Widerwillen der Eiche gegen den Nussbaum erklärt.

In Oberösterreich werfen die Mägde Stäbe auf einen Nussbaum, um zu sehen, ob sie bald einen Mann bekommen, denn jene, deren Stock beim ersten Wurf im Geäst hängenbleibt, soll noch im laufenden Jahr heiraten.[548]

In anderen Gegenden werfen die Brautleute am Heiligen Abend Nüsse ins Feuer. Brennen diese still, so gibt es eine gute Ehe, krachen sie aber, so bedeutet es Zank.

In der Altmark werden bei Hochzeiten Nüsse und Äpfel als Zeichen der Fruchtbarkeit umhergeworfen. Viele Nüsse zu essen gibt jugendliche Kräfte. Daher sagt man auch im Elsass: „Wo's Nusse git, git's au Bengel", bzw. uneheliche Kinder.

Nach Tisch soll man zwei oder drei Nüsse essen, weil sie die Verdauung befördern. Eine Nuss mit drei Nähten hilft gegen Seitenstechen. Nüsse schützen vor Vergiftung, und König Mithridates soll sein berühmtes Gegengift aus zwei Nüssen, zwei Feigen, zwanzig Rautenblättern und etwas Salz zubereitet haben.[549]

Wenn es am Johannistag und am Margarethentag (13. Juli) nicht regnet, so gedeihen die Nüsse. Ein Kind, das während des Karfreitagsläutens unter einem Nussbaum zum letzten Mal die Mutterbrust bekommt, leidet nie an Zahnschmerzen. Doch soll man sich bei einem Gewitter fern vom Nussbaum halten, da ihn der Blitz gerne aufsucht. Will man wissen, ob ein Schwerkranker stirbt, so verschließt man eine Spinne in eine ausgeleerte

---

548 Baumgarten, 6.

549 Plinius, XXIII., 77.

Nuss und hängt diese um seinen Hals. Lebt die Spinne noch nach acht (!) Tagen, so wird er genesen.

Der Alchemist und Arzt Christian Hellwig schreibt: „Welsche Nüsse [Walnüsse] haben die Signatur des Hauptes, die grasgrüne Schale hat die des Hirnhäutleins, deshalb auch das Salz aus der Schale zu den Wunden des Hirnhäutleins ein sonderbares Mittel ist. Die holzige Schale dient für die harte und weiche Hirnhaut, der Kern aber, weil er selbst die Gestalt des Gehirns hat, ist diesem dienlich.“[550]

– Auch hier wird also wieder von der äußeren Form auf das innere Wesen bzw. die Wirkung geschlossen! Nussblätter werden in die Fronleichnamskränze gewunden, weil ein Nussbaum die Heilige Maria auf dem Weg nach Bethlehem vor Regen schützte.

Auf der Burg bei Königsbach in Baden liegt unter einem großen Nussbaum, bei welchem oft zwei weiße Fräulein wandeln, ein Schatz in einem tiefen Brunnen.

In Stettin stand beim Tempel des Gottes Triglaff ein alter Nussbaum, in welchem dieser Gott wohnte. Bischof Otto ergriff einst eine Axt, um den Baum zu fällen. Der Eigentümer des Grundes erfasste ebenfalls eine Axt, und zwar, um dem Bischof den Kopf zu spalten. Aber er hieb daneben, und die Art fuhr so heftig in den Baum, dass man sie nicht wieder herausziehen konnte. Da schworen die Leute ernstlich den alten Heidenglauben ab.[551]

Der älteste Nussbaum Deutschlands soll sich im Speyerischen befinden. Einer der merkwürdigsten Nussbäume bleibt doch jener von Campolongo (bei Görz), welcher wegen der Einführung des neuen Kalenders sogar seine Blütezeit änderte. Über ihn steht in dem „*Bericht warumb das alte Röm. Calender dieser Zeit notwhendig durchgesehen und gebessert worden*“ (München, 1584, 4°)

[550] Zauberarzt, 42.
[551] Temme, 46.

eine Mitteilung, die 1583 an den Pfarrer zu Nikolsburg in Mähren geschrieben wurde. Das Buch ist so selten geworden, dass wir die betreffende Stelle hier erwähnen: „Daneben vermeldet, in Friaul, nit weit von Görtz ein Nussbaum seyn sol, welcher dieser Art, dass er allerdings dürr bleibe bis in die Nacht nativitatis Johannis Baptistae; in derselben Nacht aber fahe er erst an zu grünen, Blätter und Blüe zu geben und klaine Nuss herfür zu bringen, welche nachmals mit den anderen Nüssen reiff oder zeitig werden. Und dass derselbe Baum andere Jar und sonderlich das vergangene 82. jar allweg nach dem alten Calender sich gerichtet und nechst Johannisnacht gegrünet. All die es hören, halten es für ein gross Wunder, dass auch der Baum sich nach dem Bapst und catholischen Kirche richtet."

Viele vornehme Herren besuchten diesen wundersamen Nussbaum. Er war mannsdick, stand in eines armen Bauers Garten und hatte vier Pfirsichbäumlein neben sich. In des Nachbars Garten standen vier Nussbäume von gleicher Größe, die aber alle nur nach dem alten Kalender ergrünten.

Man leitet das Wort Mandel vom Sanskritwort „Mani" = „Stein" ab, und der Mandelbaum ist wegen seines frühen Blühens das Symbol der sich verjüngenden Natur. Aarons blühender Stab trug Mandeln. Die Form der geöffneten Mandel wurde von mittelalterlichen Künstlern als geheimnisvolle Einfassung für die Gestalten des Heilands und der Heiligen Maria benutzt. Diese „Mandorla" erscheint mal als Goldzierat, mal als strahlender Lichtschein und mal wie aus zwei Regenbögen gebildet. Conrad von Würzburg schreibt in seiner *„Goldenen Schmiede"* (432): „Christus wurde gezeugt in Marien, wie der Mandelkern sich in der unverletzt bleibenden Mandel bildet." Man sah also in der Mandel die von der Natur dargebotene Bestätigung der unbefleckten Empfängnis.

Die „*Bedeutung der Blumen*" (Nr. 14) berichtet vom Mandelbaum: „Wessen Herz bekümmert ist und entzündet in brennender Liebe, der aber doch Hoffnung zur Freude hat und das nicht verschweigen kann, der soll Mandelblüte tragen ohne Laub." Der Mandelbaum blüht nämlich früher, als dass er Blätter treibt, und verrät dadurch seine Eile, Früchte zu tragen. Es heißt dann weiter: „Wer sich verwegen will, Härte zu leiden und dabei doch alle Zeit fröhlich zu scheinen und damit zu verstehen geben will, dass er sein Lieb' in Ehren hält, der soll Mandelblüte, -laub und -früchte tragen. So kann er beide Emotionen nämlich gleichzeitig haben, da der Mandelbaum im April blüht, und im September seine Früchte reifen.

Der Pfirsich gilt als Zeichen der Verschwiegenheit, denn schon bei den Griechen wurden dem Gott Harpokrates Pfirsiche geopfert. Im zehnten Jahrhundert sammelte man, um die Epilepsie zu heilen, im ersten Mondesviertel des Aprils Pfirsichblüten in ein Glasgefäß und vergrub es unter den Wurzeln eines Baumes. Nach einiger Zeit bildete sich ein Öl, und nun legte man das Gefäß – wie auch schon bei anderen Zeremonien erwähnt – heimlich unter das Altartuch, so dass der Priester, ohne es zu wissen, neun Messen darüber las. Dann gab man dem Leidenden dieses Öl als Heilmittel.[552]

Lukullus soll nach seinem Sieg über König Mithridates der Erste gewesen sein, welcher den Kirschbaum in Italien anpflanzte. Karl der Große empfahl mehrere Kirschsorten zum Anbau, und die Heilige Hildegard schreibt im dritten Buch ihrer *„Physica"* vom Kirschbaum. Im zwölften Jahrhundert war die Kirsche schon in Schlesien eingebürgert, und im vierzehnten Jahrhundert existierten bereits reine Kirschbaumgärten.

Dass Kirschbäume in der Christnacht erblühen sollen, haben wir bereits im Kapitel *„Jahreskreis"* gesehen. Auch in den Tagen der Heiligen Hildegard blühte ein solcher Baum in der Weihnacht, und weil die meisten Blüten am unteren Teil des Baumes waren, starben in jenem Jahr (1190?) so viele arme Leute. Wenn der Kirschbaum zweimal im Jahr blüht, so bedeutet es Krieg.

In manchen Orten stecken die Burschen beim Maifest jenen Mädchen, deren Lebenswandel eher zweifelhaft ist, Kirschbaumzweige ans Fenster, wodurch ihnen angezeigt wird, dass sie vom Fest ausgeschlossen sind. Kirschkerne verwandeln sich zuweilen in Gold, und besonders in der Ge-

---

552 Grimm, Deutsche Mythologie, 1121.

gend von Magdeburg wurden kranke Kinder durch gespaltete Kirschbäume gezogen.

Auch die Quitte galt als Sinnbild der Fruchtbarkeit und eines glücklichen Ehestandes, weshalb man sie den Brautleuten vorsetzte. Mütter sollen von Zeit zu Zeit Quitten essen, weil sie dadurch kluge Kinder bekommen. Der Quittenbaum war der Minerva geheiligt, welcher daher auch „Cydonia“ hieß, der Birnbaum hingegen war der Juno gewidmet.

Die Waldbirnbäume besaßen im germanischen Altertum gewiss eine besondere Bedeutung, weil so viele davon von den Verbreitern des Christentums zerstört wurden. Noch im fünften Jahrhundert stand in Auxerre ein geheiligter Birnbaum. Der Birnbaum auf der Walserheide wurde bereits erwähnt. Unter dem Birnbaum bei Schwochow in Pommern liegt ein vom Teufel bewachter Schatz begraben, neben dem ein feuriger Stiefel steht. Wer den Mut hat, diesen anzuziehen, dem muss der Teufel den Schatz übergeben.[553]

Bei dem Holzbirnbaum in Lopfing wohnte der böse Jäger Hoperli, der sich an diesem Baum erhängte. Danach ging es dort um: Man sah dreibeinige Hasen, die Leute verirrten sich, und man beschloss, den Baum zu fällen. Aber Axt und Säge wurden stumpf, aus den angehackten Stellen floss Blut, und nur mit Hilfe eines Kapuziners war man imstande, den Baum zu zerstören.[554]

Aus den alten, wilden Birnbäumen, die vor Saalfeld standen, floss im Jahre 1665, gleich als sie geblüht hatten, an drei Tagen so viel Honig, dass sich ganze Pfützen bildeten, welche die Leute aufsammelten.[555]

Die Melanchtonbirnen erhielten ihren Namen auf folgende Weise: Melanchton reiste einst zu Kurfürst August von Sachsen und war in Zöschen

---

553 Temme, 236.
554 Rochholz, Aargauer Sagen, 69.
555 Praetoris Anthropodemus Plutonicus, I., 170.

Gast beim Pfarrer Göch, der die schönsten Birnen aus seinem Garten bringen ließ. Diese behagten Melanchton so sehr, dass er sich mehrere für den Kurfürsten ausbat. Als er diese Birnen überbrachte, legte er zugleich ein günstiges Wort für den Pfarrer ein. Dieser wurde bald darauf Superintendent, und er schätzte jene Birnen, denen er sein Glück verdankte, so hoch, dass er sie „Melanchtonbirnen“ nannte. Unter diesem Namen sollen sie noch heute bekannt sein.[556]

Bei Kahla in Thüringen wuchsen im Jahr 1559 Birnen, die wie ein Türkenbund geformt waren. Manche von ihnen waren unten von einer Art Wolle umgeben und zeigten beinahe menschliche Angesichter.[557]

Die Hexen vermochten jenen, die von ihnen gehasst oder gefürchtet waren, durch Birnenkerne und Birnenbaumrinde Krankheiten anzuzaubern. Ihren allerersten zauberischen Akt mussten sie dadurch begehen, dass sie Birnen in Mäuse verwandelten.

Durch Birnenbaumwurzeln werden Frauen unfruchtbar, oder sie erleiden schwere Kindesnöte. Legt man einen Zwergen- bzw. Zaubergürtel um einen Birnenbaum, so zerplatzt der Stamm. Deswegen soll man jeden Gürtel, bevor man ihn trägt, an einen Birnbaum legen, um zu sehen, ob er verzaubert ist. Nur zuweilen fand man Marienbilder auf alten Birnenbäumen. Wenn es am Sankt-Ulrichs-Tag (4. Juli) regnet, so werden alle Birnen wurmstichig.

Die sogenannte Kardinalsbirne erhielt ihren Namen durch Johann Capristran, welcher im Jahr 1453 von Erzbischof Friederlieb nach Magdeburg gebracht wurde, damit er auch dort seine Predigerfähigkeiten beweisen sollte. Beim Mahl aß er aber am liebsten eine gewisse Birnensorte, denen er seinen besonderen Segen erteilte, und die von da an „Kardinalsbirnen“ genannt wurden.[558]

---

556 Graesse, Sächsische Sagen, 308.
557 Praetorius, a. a. O., 158.
558 Temme, Sagen der Altmark, 136.

Von allem Kernobst hatte der Apfel bei weitem die wichtigste Bedeutung. Ich übergehe die Äpfel der Hesperiden und der Atalanta, den Apfel der Eris und der Maja usw., weil sie nicht dem deutschsprachigen Mythenkreis angehören. Die runde, kugelähnliche Form des Apfels machte ihn zum Sinnbild der Vollkommenheit und zum Symbol der Welt. Er galt in der Gestalt des Reichsapfels als das Zeichen der Herrschaft. Wegen der zahlreichen Kerne, die er in seinem Gehäuse verschließt, gilt er als das Abbild weiblicher Fruchtbarkeit, und infolgedessen auch als Wahrzeichen der Liebe.

Deshalb trug auch das Bild der Freya, welches Karl der Große in Magdeburg zerstörte, drei goldene Äpfel in der Linken. Iduna besaß Äpfel, durch welche die Götter ihre ewige Jugend erhielten, und diese Äpfel wurden von Fylla, einer Dienerin Idunas, in dem Schrein Esk herumgetragen und den Helden bei ihrem Eintritt in Walhalla dargereicht.

Freir sendet den Skirnir zu Gymers Tochter, der schönen Gerda, um für ihn zu werben. Da spricht Skirnir:

„Der Äpfel elf
hab' ich, allgolden,
die will ich, Gerda, dir geben,
deine Liebe zu kaufen,
dass du Freir'n bekennst,
dass dir kein Lieberer lebe.“[559]

Aber Gerda weist diese Liebeszeichen zurück.

Das Paradies der keltischen Völker hieß Avalon, „das Apfel-Eiland“, und noch im Mittelalter stellte man sich das Paradies als einen großen Garten mit Apfelbäumen vor, aus denen lieblicher Gesang ertönte. Der Heilige Ingenuin legte in der Nähe von Brixen einen Garten an, der das Paradies darstellen sollte. Er war aber für niemand sichtbar, bis der Heilige Albuin kam,

[559] Skirnisfor, Simrock, 29.

der einige Äpfel (Goldpipine) herausholte, die noch heute „Sankt-Albuins-Äpfel“ heißen.[560]

Auf mittelalterlichen Miniaturen sieht man auch den Heiland mit einem Apfelzweig abgebildet. In der Sage von Merlin und Fortunat spielt der Apfel eine bedeutende Rolle, und die Sage von Tells Schuss durch einen Apfel hat ihren Ursprung durchaus nicht in der Schweiz. In der *„Sarmundur Edda“* (133) war nämlich der zweite Bruder des Völundr ein ausgezeichneter Bogenschütze, der auf das Gebot König Nidungs seinem eigenen Knaben einen Apfel vom Haupt schießen musste. Er legte dabei aber nach und nach drei Pfeile auf. Nachdem er sein Ziel beim ersten Schuss getroffen hatte, fragte der König: „Was bedeuteten die beiden anderen Pfeile?“ Er antwortete: „Damit hätte ich dich durchschossen, wenn ich den Kopf des lieben Kindes getroffen hätte!“

Saxo Grammattikus erzählt, dass auch Harald Garenssohn, König von Dänemark, dem Tocko befahl, einen Apfel von seines Kindes Haupt zu schießen, und er erwähnt überdies, dass sich dieser Tocko – wie auch Wilhelm Tell –, einst bei einem Seesturm als heldenmütig erwies. In der isländischen *„Jamsvikinga-Saga“* schießt aber der erzürnte Tockis dem König Harald wirklich den zweiten Pfeil nach, so dass dieser stirbt.[561]

Dem westgotischen Recht zufolge prüfte man die Zurechnungsfähigkeit eines Knaben unter sieben Jahren dadurch, dass man ihm einen Apfel und ein Goldstück vorhielt. Griff er nach dem Geld, so wurde er den Männern zur Erziehung übergeben, nahm er aber den Apfel, so zeigte er dadurch an, dass er sich noch wenig Weltkenntnis erworben hatte.

Den ersten Reichsapfel ließ der Sage nach Alexander der Große verfertigen, und zwar aus all dem Gold, das er in den eroberten Ländern gefunden hatte. Dieser Apfel gelangte dann an die Könige von Arabien, und einer von ihnen, welcher Melchior hieß, zog mit zwei anderen Königen, Kaspar und

---

560 Zingerle, 355.

561 Grimm, Deutsche Mythologie, 354.

Balthasar, zum neugeborenen Heiland und reichte ihm den goldenen Apfel dar. Kaum hatte ihn aber das Christuskind berührt, so zerfiel er, denn von nun an musste das irdische Reich dem unvergänglichen, himmlischen weichen.

Als Adam und Eva verstoßen waren, verbannte Gott auch den Apfelbaum aus dem Paradies, und er wurde erst wieder von Abraham aufgefunden. Eine seiner Töchter aß die Früchte davon und wurde Mutter, weshalb sie, da sie unverheiratet war, verbrannt werden sollte. Sie blieb jedoch von den Flammen unberührt und gebar schließlich einen Sohn, welcher Phanuel hieß und von dem die Heilige Anna abstammte.

In den Heiligenlegenden findet man die Äpfel, deren Schutzfrau die Heilige Martha ist, häufig erwähnt. Das Christuskind spielte mit Äpfeln, welche ihm die Engel gepflückt hatten, und der Heilige Nikolaus trägt als Wahrzeichen drei goldene Äpfel, weil er sie einst drei armen Mädchen ins Haus warf. Der Heilige Sabas wird mit einem Apfel abgebildet, weil er einst, obschon er sehr hungrig war, dieses Zeichen der Erbsünde von sich warf usw.

Das Teilen eines Apfels gilt seit dem Paradies noch immer als Zeichen der Liebe. Am Andreastag, dem großen Orakeltag für Unverheiratete, erbittet sich ein Mädchen von einer Witwe einen Apfel. Sie teilt ihn schweigend in zwei Hälften, isst die eine davon und legt die andere unter das Kopfkissen, um ihren Zukünftigen im Traum zu sehen.[562]

Andere schälen in dieser Nacht einen Apfel, ohne die Schale zu zerbrechen, und werfen diese dann über die Schulter. Am dem Boden angekommen, bildet sie den Anfangsbuchstaben des Namens dessen, der als Bräutigam kommen wird.

In Oberösterreich steckt man sich am Thomas-Abend einen Apfel unter die Achsel, trägt ihn bis zur Christnacht und geht dann beim Ave-Läuten vors Haus und beginnt nun, den Apfel zu essen. Der ersten Person jedoch,

[562] Meier, Volkssagen, 454.

die vorübergeht, gibt man eine Spalte des Apfels, denn jenes Subjekt hat großen Einfluss auf das Schicksal des Essenden, und großes Unglück würde diesen bedrohen, wenn er dem Kommenden nichts darböte.[563]

Am Neujahrstag soll man keine Äpfel essen, denn sonst bekommt man ebenso viele Geschwüre, wie man Äpfel aß. Wer den Apfelbaum der Sarmensdorfer Einsiedelei fällt, wird von einer Augenkrankheit heimgesucht.[564]

Das Gestell der Säge, mit welcher das Holz für das Nodfür bzw. das Johannisfeuer geschnitten wird, soll aus einem Apfelbaum gezimmert sein, in welchen der Blitz einschlug.

Wie der Birnbaum, so zerbirst auch der Apfelbaum, wenn man ihm einen Zaubergürtel umbindet. Borstorferäpfel verhindern die Geburt. Die gespenstischen Waldleute necken die Vorübergehenden, indem sie dieselben unsichtbar mit Holzäpfeln bewerfen. In den zwölf Rauhnächten soll man kein Flachs brechen, sonst verderben alle Äpfel und Birnen, und wenn man Äpfel findet, die beim Nachhausegehen zu Gold werden, so muss man darüber schweigen, sonst werden sie augenblicklich faul:

Einst war der Musikus Johannes Meier bei einer Kindtaufe in der „*Mordmühle*“ bei Hildesheim. Er ging spät in der Nacht zurück und kam am Zwergenloch vorüber, wo diese Erdgeister soeben ein Gastmahl hielten, bei welchem alles klein war, außer den Weinflaschen und dem Obst, denn Wein und Früchte besitzen die Zwerge nicht, und sie müssen sie daher den Menschen stehlen. Die Gesellschaft war sehr freundlich gegen den Musikus. Sie beschenkte ihn mit Äpfeln und Birnen, gebot ihm aber, streng zu schweigen. Nach dem Fest schlief er ein, und als er erwachte, war sein Rock so schwer, dass er sich kaum erheben konnte, denn die Äpfel und Birnen hatten sich in Gold verwandelt. Das machte ihn nun sehr fröhlich, und als er nach Hildesheim kam, fragte er den Torschreiber: „Was kostet die halbe Stadt? Die Zwerge haben mir dazu Gold genug geschenkt!“ Da wurden sei-

563 Baumgarten, 6.
564 Rochholz, Aargauer Sagen, 82.

ne Säcke plötzlich leicht und feucht, und statt goldener Äpfel zog er verfaulte hervor:

„Das Wort ist Knecht, der Gedanke frei,
Darum Schweigen dir geraten sei."

Wie bereits erwähnt, fehlt es den Sagen über die Obstbäume nicht nur an Fülle, sondern auch an einer gewissen Tiefe, weil hier fast durchgängig, wenn auch verschleiert, das Sinnliche zugrunde liegt, welches schon beim Sündenfall der ersten Eltern den Sieg über das Geistige davontrug. Wir haben nun noch die letzte Gruppe der Bäume, nämlich die Nadelhölzer, zu betrachten.

C. Die Nadelbäume

Wir zählen in Deutschland nicht mehr als elf Hauptarten von Nadelbäumen, nämlich:

- die Föhre oder Kiefer (Kienföhre, Pinus sylvestris),
- die auf den Alpen an der Baumgrenze wohnende Legföhre (P. pumilio),
- die auf den Felsen Niederösterreichs vorkommende Österreichische Föhre (P. pinaster),
- die Weymouthskiefer (P. strobus), die aus Amerika stammt und im westlichen Deutschland forstmäßig angebaut wird,
- die Zirbelkiefer (P. cembra) der Hochalpen,
- die Lärche (P. larix),
- die Tanne (P. abies),
- die Fichte (P. picea),
- den Wacholder (Juniperus)
- und die Eibe (Taxus).

Wie alle anderen Gewächse sind auch die verschiedenen Nadelbäume von der Sagenwelt mal mehr, mal weniger bedacht.

Die Lärche ist die einzige unter den Nadelhölzern, die im Herbst ihre Blätter abwirft. Sie kommt besonders in Tirol in großen Beständen vor, weshalb dieses Land gewissermaßen als der Sitz der Sagen dieses Baumes zu betrachten ist.

So stand in der Nähe von Naunders eine uralte, zwieselige Lärche mit schöner, runder Krone, unter welcher einst zu den Göttern gebetet und von den Priestern Gericht gehalten wurde. Deshalb nannte man sie „den heiligen Baum". Man ließ die Kinder, besonders die Knaben, nicht in ihre Nähe. Niemand nahm Holz aus dem Umfeld dieser Lärche, selbst, wenn er es geschenkt bekam, und man achtete auf ernstes Schweigen in ihrem Umkreis. Lärmen und Schreien galten dort als Unfug, Fluchen und Zanken waren Frevel. Wurde der Baum verletzt, so floss Blut daraus. Wer ihn zu beschädigen versuchte, verletzte sich selbst, und er wurde nicht eher gesund, bis die Wunde der Lärche vernarbt war. Nahe bei ihm befanden sich die Ruinen des Heiligen Baumschlosses, das in Folge einer Verwünschung mitsamt all seinen Schätzen zugrunde ging. Trotz ihrer einstigen Heiligkeit und trotz der Scheu, welche man vor dieser Lärche ererbt hatte, fand sie doch einen Widersacher, nämlich in Alois Prantner, der sie im Jahr 1855 fällte.[565]

Auch im Walsertal stand eine geheiligte Lärche, zu welcher man bis zum Jahr 1658 Wallfahrten unternahm. Im Jahr 1392 schickte die große Frau im Himmel, die Mihila, einen Engel auf die Erde, der an jener Stelle niedersank, die nun „Waldrast" heißt. Er sprach zu einem hohlen Lärchenstock: „Du Stock, du sollst der Frauen ein Bild fruchten, denn bald wird da ein Kirchfahrt ankommen." Und tatsächlich wuchs in dem Strunk ein Marienbild, welches am Ostersonnabend 1407 von den Hirtenknaben Hanns und Peter von Würzers entdeckt wurde. Sie sägten es heraus und brachten es nach Matrei.

Zwischen Absam und Vamp, am linken Ufer des Inn, wuchs ebenfalls ein Marienbild in einer Lärche. Der Baum besaß einen eigenen Zauber, denn er

---

565 Zingerle, 109 sowie Alpenburg, 255.

säuselte wunderbar und zog die Vorübergehenden so an, dass sie sich nur mit Widerstreben von ihm trennten. Im Schloss zu Kienburg wandelt ein Geist, der wie die bereits erwähnte Birkenjungfrau nur dann erlöst werden kann, wenn aus der jüngeren Lärche, die auf der Ruine steht, eine Wiege für einen Knaben gezimmert werden kann.[566]

Die große Fichte bei Landeck in Tirol hieß ebenfalls „der heilige Baum", und sie soll schon zu jener Zeit dort gestanden haben, als noch alles Urwald war. Auch sie trug ein Marienbild, und in ihrer Nähe war ein einzelnes Haus, das wegen seiner Abgelegenheit „der Einödhof" genannt wurde. Einst, im Jahre 1265, kehrten die Eheleute dieses Hauses wie gewöhnlich nach der Arbeit zu ihrer Hütte zurück. Da lief ihnen die Magd voll Entsetzen entgegen und rief, dass ihre beiden Kinder von einem Wolf und einem Bären geraubt waren. In namenloser Angst eilten die Eltern zur Fichte, und sie flehten so innig zur Heiligen Mutter, dass sich diese erbarmte und die reißenden Tiere zurückzwang, welche die Kleinen unversehrt vor die Füße der glücklichen Eltern legten. Diese bauten nun zum Dank eine Kirche, welche im Jahr 1270 vollendet wurde.[567]

Als Christus mit seinen Jüngern auf Erden wandelte, kam er auch ins Vogtland. Es regnete, und alle wurden arg durchnässt. Da gewahrte ein Jünger eine sehr große Fichte und rief: „Komm doch, Herr, unter diesen breiten Baum!" Aber der Herr entgegnete: „Wer den Regen schickte, wird auch Sonnenschein senden", und er blieb an seiner Stelle. Da wollte der Jünger doch etwas Klügeres tun, als von der Hoffnung leben, und er begab sich unter den Baum. Dieser aber schlug mit seinen Ästen wie der Haushahn mit den Flügeln und machte ihn nass bis auf die Haut. Auf das Feld jedoch schien die Sonne. Zur Erinnerung an diesen Vorfall lässt die Fichte bis heute ihre Äste niederhängen.[568] (Eigentlich ist es die Tanne, welche ihre Äste herabhängen lässt …)

---

566 Zingerle 111, 113, 222.
567 Alpenburg, 183.
568 Graesse, 432.

Drei Handwerksburschen betrachteten einst die Trümmer der Neuenburg in Unterfranken. Plötzlich trat eine schöne Frau zu ihnen, vor welcher sie sogleich ihre Hüte zogen und den Stromerspruch aufsagten:

„Wir sind unserer zwanzig,
Reisen von Mainz nach Danzig;
Ach seid doch so gut
Und werft uns etwas in den Hut.“

Da legte die schöne Frau jedem einen Fichtenzweig in den Hut, sagte ihnen, dass es Glückszweige seien, und verschwand. Zwei der Burschen warfen die Zweige verächtlich fort, nur der Dritte behielt ihn, und diese Gerte wurde zu Gold.[569]

Zu Annaberg in Sachsen starb einem armen Mann namens Georg sein Sohn. Da er die Begräbniskosten nicht bezahlen konnte, steckte er den Leichnam in einen Sack und begrub ihn hinter dem Kirchhof, wo nun aus dem Grab des Armen eine herrliche Fichte emporwuchs.[570]

Unter einer breiten Föhre bei Schneisingen hauste die Etelmutter (Ältermutter, abgeleitet von Atta = Vater), und der Platz rund um den Baum war stets so sauber gekehrt, dass sich kein Steinchen und keine Waldnadel (Föhrenblatt) dort fanden.

Auf dem Anninger bei Wien steht eine große Föhre, allgemein bekannt unter dem Namen der „Breiten Föhre“, weil sie ganz schirmförmig gewachsen ist. Sie wurde einst von einer Fee bewohnt, welche die Guten belohnte, die Bösen neckte und einige Zwerge als Diener hatte. Zwischen Wittnau und Wegstetten in der Schweiz, stand eine Föhre mit einem Marienbild. Ein Kind ging oft daran vorüber, ohne zu beten, und es fand am Stamm immer einige Silbermünzen. Als es älter wurde, stiegen die Münzen im Wert, und einmal stand eine fremde Frau dort mit weißer Haube, roten Heidenschop-

---

569 Wolf, Zeitschrift für deutsche Mythologie und Sittenkunde, I. 298.
570 Graesse, 336.

pen (= Mantel/Schaube), rotem Rock und Strümpfen. Sie hielt ein rotes, mit Troddeln besetztes Säckchen in der Hand und schenkte dieses dem Kind. Die Tasche war schwer, das Kind glaubte, dass sie mit Geld gefüllt war, und eilte damit fort. Nach einer kurzen Strecke sah es sich um. Aber da war die Frau plötzlich so gealtert, dass es erschrak, die Tasche fallen ließ und fortlief. Man sah die Frau dann nie mehr. Das Kind fand auch keine Münzen mehr, und der Baum wurde schließlich gefällt, und das geschah alles, weil es dem Kind niemals einfiel, zu beten.[571]

Die Tanne nimmt unter den Nadelbäumen beinahe dieselbe Stellung ein wie die Eiche unter den Laubbäumen. Sie strahlt großen Ernst und eine gewissen Würde aus, und ihre breiten, tiefgesenkten Äste erinnern an die Schwingen eines Adlers. Auch besitzt ein Wald aus Hochtannen insofern Ähnlichkeit mit Eichenwäldern, als auch hier sich jeder einzelne Baum in alle Richtungen entwickelt und einen gewissen Lichtraum um sich hat. Wo es daher keine Eichen gab, ist es nachvollziehbar, dass man Tannen zum Wohnsitz der Götter erklärte, und diese Bäume waren dann ebenso wie die heilige Eichen gefeit und gebannt, und sie verströmten Blut, sobald sie verletzt wurden. Walter Tell sagt zu seinem Vater (Akt. III, Sz. 3):

„Vater, ist's wahr, dass auf dem Berge dort
Die Bäume bluten, wenn man einen Streich
Drauf führte mit der Axt?"
Tell: *„Wer sagt das, Knabe?"*
Walter: *„Der Meister Hirt erzählt's. Die Bäume seien*
gebannt, sagt er, und wer sie schädige,
Dem wachse seine Hand heraus zum Grabe."

Tacitus (I. 51) berichtet vom Fest der Tanfana, bei welchem Tannenzweige in der Hand getragen wurden, und von dieser Feier leitet man auch unseren Weihnachtsbaum ab.

---

571 Rochholz, Aargauer Sagen, S. 85.

Eine der berühmtesten Tannen findet man beim Wallfahrtsort Tann im Elsass. Der Heilige Maternus trug im Knauf seines Pilgerstabes einen Finger sowie den Ring des Bischofs Theobald. Er kam einst auf seiner Wanderung abends zu dieser Tanne, stieg hinauf, um darauf zu schlafen, und lehnte seinen Stab an ihren Stamm. Als er am Morgen erwachte, war der Stab mit der Tanne verwachsen, und dieses Wunder war der Grund für die Errichtung eines Wallfahrtsortes. Am ersten Juli werden dort noch drei hohle, mit Spänen gefüllte Tannen verbrannt.

In Ettenheimsmünster stand eine uralte Tanne, welche der Heilige Landolin fällte und aus deren Holz er ein Kreuz zimmerte. Er wurde dafür aber von den Heiden erschlagen.[572]

Als der Heilige Martin in Schweden das Christentum predigte und einen Götzentempel niederreißen ließ, protestierte niemand. Als er aber die danebenstehende Tanne fällen wollte, widersetzte sich das Volk, denn es war nicht vom Glauben abzubringen, dass dieser Baum von einem übernatürlichen Wesen bewohnt war.[573]

Man glaubt noch an vielen Orten, dass in alten Tannen geisterhafte Wesen hausen. So stand am badischen Oberrhein bei Schloss Wirlingen eine Tanne, an welche das Schicksal einer spukenden weißen Jungfrau geknüpft war. Man zimmerte aus dieser Tanne eine Wiege, und das Kind, für welches sie bestimmt war, schlief darin, bis es laufen konnte. Dann aber ertrank es im Bach. Es war der Erlöser dieser Jungfrau, und es sollte auf diese Weise, ohne die Leiden des Lebens zuvor durchzumachen, den Lohn der Seligkeit so früh erhalten.[574]

Auf einem großen Tannenbaum bei Gmünd saß die Hexe Dull und wollte Hagel über die Gegend ausschütten. Sie wurde aber durch das Läuten der Glocken daran gehindert.[575]

---

572 Menzel, Christliche Symbolik, II., 433.
573 Afzelius, II., 309.
574 Rochholz, Aargauer Sagen, 90.
575 Friedrich Panzer, Bayerische Sagen und Bräuche, I., 20.

Als die Herren von Bernau im Fricktal ihr Schloss bauten, nahmen sie das Holz aus dem Tannenwald „Grünschholz". Der gehörte aber der Gemeinde Galten, die deswegen einen Rechtsstreit eröffnete, den sie aber den Herren gegenüber verlor. Da zeigte sich der Tannhuper mit seinen feurigen Augen, mal als Vogel in Gestalt eines Uhus, mal als kleines Männchen oder auch als Waldesel. Er schrie immer: „Hup! hup!", und er wollte nachts niemand durch den Tannenwald lassen. Schließlich kamen aber Fremde, die den Spuk nicht fürchteten.Sie holzten den Wald ab, und der Tannhuper starb aus Gram darüber.

Als einige Nachtbuben auf einer Tanne im Schwederloch saßen und gestohlene Trauben verzehrten, war es, als ob jemand in Holzschuhen daherklapperte. Sie erschraken und entflohen, wurden aber von einem Tannenbusch bis an den Wagenschoppen verfolgt.[576]

Als Paracelsus in Appenzell war, kam er zu einer Tanne, in welche der Teufel durch ein Zäpfchen verkeilt war. Der Gelehrte versprach dem Teufel, ihn zu befreien, wenn ihm dieser die Goldtinktur verschaffe. Als aber der Böse frei war und Paracelsus die Tinktur in den Händen hatte, machte es dieser wie der Fischer mit dem Riesengeist: Er gab sich äußerst verwundert darüber, dass eine so große Gestalt in der kleinen Öffnung der Tanne Platz haben konnte, und er wusste den Teufel so geschickt zu beschwatzen, dass dieser wirklich sein Kunststückchen zeigte. Der Böse verwandelte sich in eine Spinne und kroch in die Öffnung, welche der schlaue Paracelsus sogleich wieder verspundete. Der Teufel steckt aber noch immer in jener Tanne, und an dieser Stelle darf wegen der Lawinen kein Baum gefällt werden.[577]

Wie auf allen großen Bäumen finden sich auch auf Tannen Marienbilder. Auf dem Bichelberg in der Oberpfalz steht die Kapelle der *„Mutter Gottes am schönen Tannerl"*. Vor mehr als dreihundert Jahren musste ein Ritter Hans zu

---

576 Birrcher, 20, 33.
577 Rochholz, a. a. O., 64.

seinem Freund, dem Pfarrer zu Rickenbach im Schwarzwald, flüchten. Als er einst in diesem Wald jagte, hörte er einen Gesang, der aus einer Tanne kam. Der Baum war hohl, aber innen auf dem Wurzelstock stand ein Marienbild, über welches dann eine Kapelle gebaut wurde.[578]

Vermutlich als Überrest altheidnischer Bräuche wurde in Schlesien, beim sogenannten „Tod-Austragen“, ein mit Strohketten gefesselter Tannenbaum umhergeschleppt.[579]

Denselben Ursprung mag auch die Sitte an der Südseite des Drömlings (in der Mark) haben. Dort müssen die Jungen, welche zum ersten Mal das Vieh hüten, eine Tanne mit Tierknochen verzieren und an den Gipfel einen Pferdeschädel binden.[580]

An manchen Orten setzt man am Christabend Tannenzweige vor die Haustüren und Viehställe, um Krankheiten und Seuchen abzuwenden. Die Dienstleute dürfen jedoch für das Holen dieser Zweige nicht bezahlt werden, und sie bekommen daher Kuchen und Kleider als Geschenke.

Am Kocher und an der Rems wurden am Morgen des Pfingstsonntags so viele junge Tannenbäume, wie Pferde im Gehöft lebten, auf den Dünger gesteckt. Diese Tannen waren schraubenförmig abgeschält. Sie durften von niemandem berührt werden und wurden – wenn sie verdorrt waren – mit einer gewissen Achtung beiseitegelegt.

Tannenzweige verwendet man auch als Wetteranzeiger, indem man sie waagerecht in eine Mauer steckt, wo dann ihre Spitze, je nachdem, ob das Wetter gut oder schlecht wird, sich um einen Zoll hebt oder senkt.

Im Jahr 1618 kam ein von Jägern verfolgter Hirsch in die Gärten von Stendal, und er war so verwirrt, dass er in den offenen Brunnen eines

---

578 Birrcher, 5, 51.

579 Grimm, Deutsche Mythologie, 728.

580 Kuhn, 323.

Tuchmachers stürzte, der ihn mit Hilfe seiner Gesellen herauszog. Der Hirsch war nun nicht mehr scheu, sondern besichtigte die Stadt. Er besuchte den Dom, schaute dort wie dankend zum Altar empor, und die Leute gaben ihm das Stadtwäldchen als Aufenthaltsort. Da zeigte Gott, wie angenehm es ihm ist, wenn die Menschen Mitleid mit den Tieren haben, und er ließ auf dem Gemäuer der Kapelle junge Tannen wachsen, die denen im Stadtwald vollkommen ähnlich waren. Wenn man sie später den Besuchern der Stadt zeigte, wurde auch die Geschichte vom Hirsch erzählt. Im Jahr 1637 stürzte diese Kapelle ein, aber die Tannen blieben unversehrt, und sie wurden erst am Ende des Dreißigjährigen Kriegs von rohen Soldaten zerstört.[581]

Als im Dorf Auenstein an der Aar soeben eine Bäuerin ein Mädchen geboren hatte, trat eine fremde Frau herein und bat um Nachtherberge. Am nächsten Morgen brach sie auf und bedankte sich, und sie wünschte der Neugeborenen viel Glück. Sie sagte jedoch, dass man das Kind wohl behüten müsse, weil sie im Traum eine Tanne gesehen hatte. Dies bedeutete, dass sich das Kind an seinem zwanzigsten Geburtstag erhängen würde, und diesem Unglück könne man nur dadurch vorbeugen, wenn man das Kind sogleich daran gewöhne, alles im Namen Gottes zu tun. Dieser Rat wurde befolgt, und man ließ die Tochter nie allein. Als nun der zwanzigste Geburtstag kam, weckte sie der Vater im Morgengrauen, denn er wollte diesen bedenklichen Tag fern von den Menschen zubringen, und er ging mit ihr auf einen einsamen Berg. Bei einer herrlichen Tanne blieb sie aber stehen und rief: „Was ist das für ein schöner Baum, auf den möchte ich steigen!“ – Dem Vater fuhr bei diesem Ausruf ein Stich durchs Herz, aber er fasste sich und sagte: „So steige denn in Gottes Namen hinauf!“ Aber als das Mädchen hinanwollte, hielt es plötzlich inne, wandte sich verwundert zu ihrem Vater um und sprach: „Vater, Vater! Ich kann nicht!“ – Der Vater dankte Gott im Stillen, der Tag verging ohne jeden Unfall, und das Leben der Tochter war gerettet.[582]

---

581 Weihe, Sagen von Stendal, 66.

582 Rochholz, Aargauer Sagen, 88.

Die „*Bedeutung der Blumen*“ (Nr. 6) schreibt über die Tanne: „Weme sine (liebe) anfangk freundlich ist, und in dem mytten ein wenig freude (biethet) und gar lustlich endet, der salt thannen tragen, wan die thanne ist von erst groener dann ander laub, und fecht dann ane zu falwen, und wenne is zu holze kommt, soe ist is lichter dan ander holze.“

Über die Eibe berichtet Julius Caesar, dass sie sowohl in Gallien als auch in Germanien in großer Menge wächst und dass sich Kativolk, ein Anführer der Eburaner, mit dem Saft der Eibe vergiftet hat, um den Römern nicht lebend in die Hände zu fallen.[583]

Es heißt, dass das Schlafen im Schatten einer Eibe schädlich ist, und Plinius will sogar wissen, dass ihre Ausdünstung zur Zeit der Blüte ringsum den Tod verbreitet. Nun ist zwar der Geruch der Eibe, besonders abends nach heißen Sommertagen, wirklich unangenehm. Indessen scheint dieser Baum doch viel von seinem einstigen Gift verloren zu haben, und Kinder, „die den Eibenbaum stundenlang anstarren, ohne sich daran sättigen zu können“[584], essen die Eibenbeeren ohne Schaden.

In der Grafschaft Bentheim steht bei der Stiftskirche zu Dietmarschen eine Eibe von mehr als zehn Fuß Umfang. Als die Kirche im Jahr 1152 erbaut wurde, stand sie dem Stiftungsbrief der Kirche zufolge bereits dort, und sie müsste nun siebenhundert Jahre alt sein.

Ein Stück Eibenholz bei sich getragen, vertreibt allen Zauber, daher sagt man im Spessart: „Vor der Euwe ka Zauber ko bleibe.“

Auch der Sevenbaum (Sadebaum), der seinen Namen von den Früchten (Seven oder Sifen) haben soll, stinkt, und er ist daher für die Hexen so unausstehlich, dass man sie mit einem einzigen Zweig desselben verjagen kann. Leider scheint er nicht dieselbe Kraft auf gewisse alte Weiber auszuüben, die seine Blätter benutzen, um bei jungen Sünderinnen Abtreibungen

---

583 De bello gallico, L., VI., c. 31.

584 Rochholz, Kinderlieder, 318.

vorzunehmen, weshalb ihn auch der Volksmund „Jungfernrosmarin“ nennt. Da der Sevenbaum starr und unbeweglich ist und ein düsteres Ansehen hat, pflegt man ihn auf Friedhöfe zu pflanzen.

Wir wollen den langen Weg, den der freundliche Leser mitwandelte, bei der Frau Kranewitt oder Machandel, nämlich beim Wacholder, beschließen, den man fast in keinem Haus entbehren kann. Durch nichts wird die Stubenluft so gut geräuchert wie durch das Verbrennen von Wacholderholz. Kennt der Bewohner der rauesten Gebirge oder des nördlichen Heidelandes etwas Besseres als seinen Wacholderbranntwein, der ihn nährt, ihm den Magen stärkt und erwärmt und auch sein Blut kräftiger zirkulieren lässt? Kann man gutes Wildbret ohne Wacholderbeeren zubereiten, die in Westfalen noch immer „heilige Beeren“ und „Weih-Eicheln“ genannt werden? Was täte die arme Älplerin, wenn sie ihren Kleinen an Festtagen nicht einmal Brot mit etwas Zucker und Machandelbeeren backen könnte? Woher nähme sie, wenn eines der Kinder erkrankt, ihren „Tee“, und aus was sollte der Landbader seinen Theriak bereiten, den er gegen jede Krankheit verwendet, wenn es keinen Kranewitt gäbe?

Frau Kranewitt sticht zwar mit ihren Nadeln, aber dafür sorgt sie auch für die Menschen, für die Krammetsvögel, für die Auerhähne usw., und sie trägt neben ihren reifen Beeren stets auch grüne, damit der Vorrat nicht ausgeht.

Es gibt auch kein Gewächs, von welchem man, sowohl in alten Kräuterbüchern als auch beim Landvolk, mehr Rezepte findet als von der Frau Karwendel: Sie hilft gegen Seitenstechen, gegen das Zipperlein, gegen Gift und Blähungen, gegen Husten und Keuchen, gegen Magenweh und Harnleiden, gegen Rheuma und Asthma, gegen Freisam und Brustschmerz, gegen Flechten und Schlafsucht, gegen Schwermut und selbst gegen Aberwitzigkeit, „die von übrigem Schleim“ herrührt. Sie wird in den unterschiedlichsten Formen verwendet, mal als Rauch, mal als Absud, mal als Öl, mal als alkoholisches Destillat. Ja, sogar ihre Asche dient besser als jede andere zu Fußbädern! Wenn jemand an den Pocken leidet, so braucht man nur einen Saphir nehmen, ihn in Wacholderöl tunken und damit einen Kreis um die Pocke herum ziehen, so wird das Pockengift nie über diesen Zirkel hinausgehen und muss „aufbrechen und ausfahren“. Die gute Frau Kranewitt gibt sich in ihrer Bescheidenheit sogar auch dazu her, Leichdorne [Hühneraugen] und Warzen zu vertreiben. Um die letzteren loszuwerden, geht man mittags zu einem Kranewittstrauch und schneidet drei Ästchen ab. Dann legt man sie sorgfältig auf die Erde und belastet jedes mit drei Kieseln. Mit dem Verdorren der Zweige verschwinden auch die Warzen. Mit den Leichdornen hat man es noch bequemer: Man bricht an der Wacholderstaude nur so viele Wipfel ab wie man Hühneraugen hat, aber so, dass diese Spitzen am Strauch hängenbleiben. Wie sie vertrocknen, so verlieren sich auch jene unschönen Hautveränderungen.

Es versteht sich von selbst, dass ein so vortreffliches Wesen wie Frau Kaddig – denn sie führt zahlreiche Namen – auch gegen alle bösen Geister, Hexen, Kobolde, Druden und selbst gegen den Teufel schützt. Daher schnitzt sich der Kutscher seinen Peitschenstock aus Kranewittholz, damit ihm niemand seine Pferde festbannen kann. Die Bäuerin wählt einen Wacholderstab zum Buttern, der Böttcher bindet sich aus Wachholderholz ein handliches Krüglein, damit ihm sein Trunk nicht verzaubert wird. Der Drechsler drechselt aus einem Wacholderstrunk einen Becher, an welchem man erkennt, ob ein Getränk gesund oder vergiftet ist, und der Bauer schnitzt sich sein Pfeifchen aus Kranewittholz, weil daraus doch am allergesündesten zu rauchen ist. Wer auf einer Wanderung ungewöhnlich müde wird, braucht nur kurze Zeit unter einem Wacholderstrauch schlafen, um sich wieder völlig gestärkt zu fühlen.

Der gelbe Samenstaub des Wacholders, der bei windstillem Wetter häufig am Boden zu sehen ist, soll zum Wuchs der jungen Waldbäume unentbehrlich sein, und er soll das Erdreich ungewöhnlich fruchtbar machen. Der Jäger legt ihn in die Schlinge oder in die Falle, der Fischer ihn mit Brot vermengt als Angelköder, und die Landleute nennen ihn „Blütenrauch“, „Heidesegen“, „Waldsegen“ und „Gnadenregen“, weil sie von seinen Wohltaten so fest überzeugt sind.

Unter Kaddigsträuchern wohnen auch Geister. Bei Gutwendel, nahe Osterhamingen, steht ein schöner Wacholder, den einst ein Knecht fällen wollte, aus welchem aber eine ernste Stimme rief: „Ich sage dir, haue den Baum nicht um!" Darüber erschrak der Knecht und entfloh.[585]

Am Niederrhein geißelt die Spinntrude die trägen Dirnen mit einem Wacholderzweig aus den Betten heraus und zum Spinnrad. Mit Hilfe der Frau Kranewitt kann man Diebe zwingen, das Gestohlene zurückzubringen. Man geht zu diesem Zweck vor Sonnenaufgang zum Wacholderbusch, beugt einen Zweig mit der Linken nach Osten bis auf die Erde herab, und legt einen Stein darauf, damit er nicht emporschnellen kann. Dabei spricht man: „Wacholderstrauch, ich tue dich bücken und drücken, bis der Dieb dem N. N. sein gestohlen Gut hat wiedergebracht." Der Dieb wird nun kommen. Sobald er aber das Gestohlene gebracht hat, muss man den Zweig lösen und den Stein exakt an seine frühere Stelle legen.[586]

Wer es versteht, sich unsichtbar zu machen, der verwandelt sich in einen Wacholderstrauch, den dann niemand berühren darf. Nur Hunde können nicht getäuscht werden, da sie den Verwandelten wittern. Sie können ihm aber durch Beißen nichts anhaben.

Die Karwendel ist übrigens auch ein Muttergotteskraut, denn die Heilige Maria trug einst einen Kranz von Kranewitt, der wegen seines anhaltenden Grüns die Ewigkeit symbolisiert. In der Kapelle *„Maria Ort"* an der Naab steht ein Steinbild der Heiligen Maria, das ganz von Wacholder umgeben ist. Es scheint von sehr alter Arbeit zu sein, denn die Heilige Maria hält in der Linken eine morgenländische Blume (Lotos?), und das Christuskind trägt mit beiden Händen ein Wiesel. Dieses merkwürdige Steinbild schwamm, ganz von den Zweigen eines Wacholderstrauchs eingehüllt, die Donau hinauf. Es gelangte dann in die Naab und landete bei Ort, wo sodann die besagte Kapelle erbaut wurde.[587]

---

[585] Tettau-Temme, Ostpreußische Sagen, 259.

[586] Wolf, Sagen, Nr. 22.

[587] Friedrich Panzer, Bayerische Sagen und Bräuche, II., 348.

Wacholderholzkohlen wurden häufig auf den Begräbnisplätzen der Germanen gefunden, denn es gehörte zu jenen geheiligten Hölzern, mit denen sie ihre Toten verbrannten. Noch heute streut man in manchen Gegenden an Festtagen Wacholderreiser in die Zimmer und Ställe, um sie zu weihen, so wie man auch in die Palmbüsche Kranewittzweige steckt. Schließlich gibt es noch heute Waldungen, in denen Frau Kaddig nicht gefällt werden darf, zu welcher die Hainbuche eine so große Zueigung hat, dass sie absterben würde, wenn man ihr die freundliche Nachbarin raubte.

Ausklang

Viele Monate sind seit jenem Weihnachtsabend vergangen, an welchem ich diese Blätter zu schreiben begann, und manches ist seitdem eilend vorübergezogen. Überall treten Veränderungen ein, überall weicht die frühere Zeit einem neuen Streben und Treiben. Und selbst die Pflanzen ziehen sich allmählich vor dieser neuzeitlichen Kultur zurück und suchen die Einsamkeit und Ungestörtheit.

Wie entzückte einst der weltberühmte Prater in Wien mich und meine Jugendgenossen! Da war, dicht neben dem Treiben der großen Menge, alles noch so frisch und grün. Da standen uralte Ulmen und mächtige Weiden und Erlen, an denen der wilde Hopfen in klafterlangen Ranken emporstieg. Da blühten mannshohe Königskerzen und der stattliche Weiderich, von zahllosen Schmetterlingen der schönsten Arten umflattert. Da war die schaurige Aue, die wir abends nicht zu betreten wagten, weil dort der eifersüchtige Soldat seine Liebste erschoss. Da waren die schäumenden Wirbel der Donau, welche unseren Liebling, den schönen Maler Haunold, in die Tiefe hinabzogen, und die wir seitdem mit größter Scheu betrachteten. Da schlug in Mainächten der Sprosser, dem wir stundenlang zuhörten. Jetzt ist dort alles der Macht der Eisenbahn gewichen. Die grünen Wege wurden zu staubigen Straßen, die Blumen und Schmetterlinge sind verschwunden, und anstatt der Nachtigall hört man nur das schrille, schneidende Pfeifen des Dampfwagens.

So verhallt die Sage, und so wird das einst Wahre zur Sage. Daher ist es auch so notwendig, so dringlich, alles Poetische aus früheren Tagen festzuhalten, und zwar nicht für unsere nächste Nachwelt, die sich das Merkantile als höchstes Ziel erwählt hat, sondern für eine spätere, die wieder gezwungen sein wird, sich der Natur zuzuwenden. Für sie wird aber, wenn das Ausrotten der Wälder noch weiter fortschreitet, eine Erzählung von einer unserer Jugendwanderungen durch einen heimischen Urwald nicht viel fremdartiger klingen als ein Märchen aus „*Tausendundeiner Nacht*“.

Nachwort

Frank-Daniel Schulten

Unter den Wiener Künstlern des 19. Jahrhunderts nimmt Anton Franz Ritter von Perger (1809-1876) eine Sonderstellung ein. In seiner Jugend lernte er bei seinem Vater, dem Maler und Kustos der *„k. k. Gemäldegalerie Belvedere"*, Sigmund Ferdinand Ritter von Perger (1778-1841), die Grundlagen der Bildkunst, der Radierung und des Kupferstechens. In all diesen Feldern war Perger jr. zeit seines Lebens tätig, und auf Auktionen erzielen seine Werke auch heute noch respektable Preise.

Daneben galt sein Interesse besonders den Naturwissenschaften, insbesondere der Anatomie und der Botanik, was zu dieser Zeit eher ungewöhnlich war. Wissenschaft und Kunst betrachtete man allgemein als Antipoden, keinesfalls aber – wie noch bei Goethe – als Geschwister. Diese beiden Pole seines Schaffens konnte Perger verknüpfen, indem er, beginnend mit dem Jahr 1845, die Professur für Anatomie an der *„Akademie der bildenden Künste Wien"* bekleidete, eine Stellung, die er fast 30 Jahre lang innehatte, bis er 1874 demissionierte.

Darüber hinaus widmete er sich volkskundlichen und kunsthistorischen Forschungen, die er in zahlreichen Büchern und Artikeln dokumentierte. Viele davon besitzen zeitlose Gültigkeit. Das gilt insbesondere für das vorliegende Werk, das seit seinem Ersterscheinen im Jahr 1864 immer wieder als Faksimile neu aufgelegt wurde.

Es ist nicht nur die beeindruckende Detailfülle an Überlieferungen aus heidnischer und christlicher Zeit, welche die generationenübergreifende Popularität von Pergers Grundlagenwerk begründete. Zu seinem Erfolg trug auch die Einheit von Form und Inhalt bei: Wie in einem wilden Garten reiht Perger darin teilweise assoziativ und mäandernd die unterschiedlichsten Textzeugnisse aneinander, wobei sein wissenschaftlicher Hintergrund als Botaniker die übergeordnete Einhegung bildet.

Da heutzutage die Lektüre eines Buches in Frakturschrift vielen Lesern Schwierigkeiten bereitet, war eine überarbeitete Neuausgabe längst überfällig. Mit ihr wird nicht nur eine der schönsten deutschsprachigen Sagensammlungen wieder greifbar, sondern zugleich auch ein frühes Zeugnis ökologischer Rückbesinnung, geschrieben zur Hochzeit der Industrialisierung. Für Perger war jede Pflanze eine lebendige Entität voller Schönheit, Poesie und Geheimnisse, und diese tiefe Naturverbundenheit atmet jede Zeile seines Werkes.

Zu dieser Ausgabe:

Diese Neuausgabe wurde von der Frakturschrift des Originals in eine moderne Schrifttype übertragen. Abkürzungen wurden weitgehend aufgelöst, insbesondere innerhalb der Fußnoten. Die Orthographie, Interpunktion und Grammatik wurden behutsam überarbeitet und den heutigen Gepflogenheiten angepasst. So wurden beispielsweise Wörter, die Perger noch mit „th“ geschrieben hat (Thür), ohne ein solches gesetzt (Tür); „Uebergang“ wurde zu „Übergang“; „ward“ zu „wurde“ etc. Wenn es zu einem besseren Verständnis beiträgt, wurden an manchen Stellen antiquierte Ausdrücke und Formulierungen durch heute geläufigere ersetzt, ohne dass dies im Einzelnen kenntlich gemacht ist. Dabei wurde stets darauf geachtet, den sprachlichen Charakter des Originals zu erhalten. Anmerkungen in eckigen Klammern stammen vom gegenwärtigen Überarbeiter. Zusätzliche Fußnoten sind mit dem Kürzel „F.-D. S.“ gekennzeichnet.

Nicht alle Begriffe im Text entsprechen der heute gebräuchlichen botanischen Fachterminologie. Da sie in dieser Form jedoch auch ein zeitgeschichtliches Dokument darstellen, wurden sie überwiegend wie im Urtext belassen. Lediglich einige wenige Bezeichnungen, die eventuell beim heutigen Leser für Verwirrung sorgen könnten, haben wir durch andere ersetzt, etwa „Tangeln“ durch „Nadelbäume“ oder „Baukräuter“ durch „Kulturpflanzen“.

Michael Blumert & Dr. Jialiu Liu

Jiaogulan
Chinas „Pflanze der Unsterblichkeit“

„Wie Ginseng. – Nur viel, viel besser!“

In abgelegenen Regionen Chinas gibt es Gegenden, in denen die Bewohner außergewöhnlich alt werden. Dabei erfreuen sie sich stets bester Gesundheit. Krebs, Herz-Kreislaufprobleme und viele andere Krankheiten sind dort kaum bekannt. Man führt diesen Effekt darauf zurück, daß die Einheimischen täglich eine bestimmte dunkelgrüne Wildpflanze zu sich nehmen. Ihr Name lautet Jiaogulan.

Zahlreiche wissenschaftliche Forschungen bestätigen: Dieses unscheinbare Kraut besitzt außerordentliche vorbeugende, verjüngende und heilende Eigenschaften. Jiaogulan ist unter anderem besonders reich an Saponinen. Diese Substanzen sind auch die Hauptwirkstoffe des Ginsengs. Während im Ginseng jedoch lediglich 28 verschiedene Saponine nachgewiesen sind, verfügt Jiaogulan über die beeindruckende Menge von 82 dieser wertvollen Inhaltsstoffe! – Einige davon sind sogar völlig identisch mit denen des Ginsengs!

Dieses Buch beschreibt die Geschichte und Anwendung dieser kostbaren Pflanze. Besonderer Wert wird auf die ausführliche Darstellung wissenschaftlicher Studien gelegt. Sie beweisen nämlich eindeutig: Jiaogulan heilt zahlreiche Krankheiten und stärkt das Immunsystem. Er ist zugleich ein wunderbares Anti-Aging-Mittel. Er verlangsamt den Alterungsprozeß und hält den Körper gesund und fit bis ins hohe Alter. Darüber hinaus steigert Jiaogulan die physische Leistungsfähigkeit. Deswegen wird er bereits von vielen Sportlern verwendet, die ihre Fitness damit deutlich verbessern!

In einem speziellen Kapitel zeigt Heilpraktiker Weicker, wie man Jiaogulan mit Ling Zhi kombinieren und täglich einnehmen kann. So verstärken beide Pflanzen ihre Wirkung sogar gegenseitig!

Ca. 136 Seiten, Paperback mit Abbildungen.
ISBN: 978-3-932961-33-5.

Dr. Conrad Anton Zwierlein
Dr. Leopold Großberger
Frank-Daniel Schulten

Heilwunder Eiche

Ob Rinde, Blätter, Wurzeln, Misteln oder Eicheln: In jedem Teil der Eiche verbergen sich kostbare Heilkräfte. Der Bad Brückenauer Badearzt Dr. Conrad Anton Zwierlein sammelte 1824 in diesem Buch seine langjährigen Erfahrungen mit all diesen pflanzlichen Mitteln.

Er beschreibt darin seine Heilerfolge bei Hautkrankheiten, Magen-Darm-Beschwerden, rheumatischen Leiden, Hämorrhoiden, Pilzerkrankungen, Infektionen, Unterleibsbeschwerden, Inkontinenz, offenen Beinen, Entzündungen im Mundraum sowie die Anwendung zur Entgiftung und Steigerung der Potenz.

Insbesondere die Wiederentdeckung des Eichelkaffees als einheimisches Superfood macht dieses Buch besonders wertvoll.

Zwierleins Standardwerk erscheint hier zum ersten Mal in modernisierter Form, erweitert um zusätzliche Rezepte. Ergänzt wird es durch die Schrift des berühmten mittelalterlichen Arztes Arnaldus von Villanova über die Heilkräfte der Eiche.

Paperback, 116 Seiten.
ISBN: 978-3-932961-46-5.

Johann Georg Theodor Graesse

Biergeschichte, Bierbräuche und Biersagen

Vollständig überarbeitet von Frank-Daniel Schulten

Das Bier begleitet den Menschen seit prähistorischen Zeiten. Dabei war es immer umrankt von Erzählungen, Bräuchen und Geheimnissen. Mit diesem Klassiker veröffentlichte Johann Georg Theodor Graesse im Jahr 1872 die erste umfassende Geschichte des Bieres, die noch heute eine faszinierende Lektüre ist.

Sein Buch ist eine Schatzkammer voller Informationen über lokale historische Biersorten, kuriose alte Biernamen, Trinkrituale, Biersagen, Wunderbiere, Biersprichwörter, Bierfeste, Bieraberglauben sowie längst vergessene Brautechniken, Rezepte und Brauergeheimnisse.

Zeitgenössische Impressionen aus den Bierkellern vergangener Tage runden dieses Standardwerk ab. Das Buch wurde in moderne Schrift übertragen und behutsam überarbeitet und ergänzt. Es ist für jeden Bierkenner, Hobby- oder Craftbeer-Brauer eine unerschöpfliche Fundgrube traditionellen Wissens.

Ca. 196 Seiten, Paperback mit Abbildungen.
ISBN: 9783932961960.